LE FLUX
ET L'INSTANT

DANS LA MÊME COLLECTION

BOURGEOIS-GIRONDE (S.), *La reconstruction analytique du cogito*, 2001, 304 pages

CHAUVIER (S.), *Dire "Je" – Essai sur la subjectivité*, 2001, 256 pages

De la perception à l'action. Contenus perceptifs et perception de l'action, édité par P. LIVET, 2000, 240 pages

DEBAISE (D.), *Un empirisme spéculatif. Lecture de* Procès et réalité *de Whitehead*, 2006, 192 pages

Herbert Feigl. De la physique au mental, édité par B. ANDRIEU, 2006, 224 pages

GOODMAN (N.), *La structure de l'apparence*, traduction coordonnée par J.-B. Rauzy, 2004, 352 pages

GANDON (S.), *Logique et langage. Études sur le premier Wittgenstein.* 2002, 272 pages

La philosophie en Pologne, 1918-1939, sous la direction de R. POUIVET et M. REBUSCHI, 2006, 256 pages

LE DU (M.), *La nature sociale de l'esprit. Wittgenstein, la psychologie et les sciences humaines*, 2004, 208 pages

RYLE (G.), *L'itinéraire de Platon*, suivi de *En manière d'autobiographie*, traduction et notes de J. Follon, préface de M. Dixsaut, 2003, 256 pages

SAINT-SERNIN (B.), *Whitehead. Un univers en essai*, 2000, 208 pages

THOMAS-FOGIEL (I.), *Référence et autoréférence. Étude sur le théme de la mort de la philosophie dans la pensée contemporaine*, 2005, 336 pages

WHITE (M.), *Une philosophie de la culture. Du point de vue pragmatiste,* traduction de G.Kervoas, 2006, 192 pages

WHITEHEAD (A.N.), *Modes de pensée*, traduction et notes par H. Vaillant, préface de G. Gurand, 2004, 208 pages

ANALYSE ET PHILOSOPHIE

Directeur : Michel MALHERBE

LE FLUX ET L'INSTANT

Wittgenstein aux prises avec le mythe du présent

par

Denis PERRIN

PARIS
LIBRAIRIE PHILOSOPHIQUE J. VRIN
6, Place de la Sorbonne, V^e

2007

ISSN 1624-2459
ISBN 978-2-7116-1938-2

www.vrin.fr

Ce livre est issu d'un travail de doctorat achevé en 2003. Je ne saurais le livrer au public sans remercier très chaleureusement pour leur aide précieuse à sa réalisation : Jacques Bouveresse, Christiane Chauviré, Sandra Laugier, Jean-Jacques Rosat, Ludivine Revelli, Philippe Saltel, Antonia Soulez, Charles Travis et Denis Vernant. Que chacune et chacun d'entre eux trouve ici l'expression de ma reconnaissance.

ABRÉVIATIONS

ŒUVRES DE WITTGENSTEIN

Nous indiquons d'abord les abréviations utilisées en note, puis (quand il y a lieu) celles utilisées dans le corps du texte; « Ms » abrège « manuscrit » et « Ts » abrège « tapuscrit ».

C	*Tagebücher 1914-1916*
TLP, *Tractatus*	*Tractatus logico-philosophicus*
SRLF, « Some Remarks… »	« Some Remarks on Logical Form »
LC	*Lectures and Conversations on Aesthetics, Psychology and Religious Belief*
WWK, *Wittgenstein et le Cercle de Vienne*	*Wittgenstein und der Wiener Kreis*
PB, *Remarques*	*Philosophische Bemerkungen*
RROF, *Remarques sur le Rameau d'or*	*Remarques sur le* Rameau d'or *de Frazer*
WLC 30-32	*Wittgenstein's Lectures, Cambridge 1930-1932*
WLC 32-35	*Wittgenstein's Lectures, Cambridge 1932-1935*
PG	*Philosophische Grammatik*
DWW	*Dictées de Wittgenstein à Waismann et pour Schlick I*
BlB/BrB, *Cahier bleu/ Cahier brun*	*The Blue and Brown Books*
WLC 30-33	G.E. Moore, *Wittgenstein's Lectures, 1930-1933*
NPESD	« Notes on Private Experience and Sense-Data »
NFPL	« Notes for the "Philosophical Lecture" »
LSD	« The Language of Private Experience and Sense-Data »
LFW	« Lectures on the Freedom of the Will »
EPB, *Eine Philosophische…*	*Eine Philosophische Betrachtung*

LFM	*Wittgenstein's Lectures on the Foundations of Mathematics*
BGM, *Remarques sur les fondements...*	*Bemerkungen über die Grundlagen der Mathematik*
PU, *Recherches*	*Philosophische Untersuchungen*
BPP I	*Bemerkungen über die Philosophie der Psychologie – (I)*
BPP II	*Bemerkungen über die Philosophie der Psychologie – (II)*
LPP	*Wittgenstein's Lectures on Philosophical Psychology 1946-1947*
LS I	*Letzte Schriften über die Philosophie der Psychologie – (I)*
LS II	*Letzte Schriften über die Philosophie der Psychologie – (II)*
BF	*Bemerkungen über die Farben*
ÜG	*Über Gewissheit*
Z	*Zettel*
VB	*Vermischte Bemerkungen*
WC	*Wittgenstein. Conversations 1949-1951*

AUTRES OUVRAGES

Principles	W. James, *The Principles of Psychology*
AoM	B. Russell, *The Analysis of Mind*
IMT	B. Russell, *An Inquiry into Meaning and Truth*
ML	B. Russell, *Mysticism and Logic and Other Essays*
OKEW	B. Russell, *Our Knowledge of the External World*
PLA	B. Russell, *The Philosophy of Logical Atomism*
OP	B. Russell, *An Outline of Philosophy*
PP	B. Russell, *The Problems of Philosophy*
TK	B. Russell, *Theory of Knowledge*

INTRODUCTION

> [Ulrich à Diotime] Nous surestimons infiniment ce qui est présent, le sentiment du présent, ce qui est là ; je veux dire la façon dont nous sommes là, vous et moi, dans cette vallée, comme si on nous avait déposés au fond d'une corbeille et que le couvercle de l'instant nous fût retombé dessus. Nous surestimons cela [1].

On se plaint beaucoup chez les psychologues et les philosophes, à la fin du XIXe et au début du XXe siècles [2], de la difficulté d'appréhender la nature du temps au moyen du langage, comme si celle-là se dérobait essentiellement à la prise de celui-ci. Bien que ses commentateurs n'y aient guère accordé d'attention, la critique de la philosophie engagée par Wittgenstein a consisté pour une part importante à contester la légitimité de cette plainte, en montrant que là où cette dernière croit prendre la mesure du fossé qui sépare le langage et le temps, elle est en réalité empêtrée dans des erreurs de langage. Celle, parmi ces erreurs, qui a donné lieu au traitement le plus insistant de la part de Wittgenstein peut être désignée comme le *mythe du présent* et se formule, ainsi que notre étude cherchera à l'établir, en des thèses psychologiques, ontologiques aussi bien qu'épistémiques et sémantiques.

1. R. Musil, *Der Mensch ohne Eigenschaften*, trad. fr. Ph. Jaccottet, *L'homme sans qualité*, Paris, Seuil, 1956, t. 1, p. 364.

2. W. James, *The Principles of Psychology*, London, Harvard University Press, 1981, chap. VII, p. 193-195 ; H. Bergson, *Essai sur les données immédiates de la conscience*, Paris, PUF, 1959, II, p. 85-87 ; B. Russell, *The Analysis of Mind*, London, Routledge, 1995, chap. XII, p. 251-252 ; E. Husserl, *Vorlesungen zur Phänomenologie des inneren Zeitbewusstseins*, La Haye, Nijhoff, 1966, trad. fr. H. Dussort, *Leçons pour une phénoménologie de la conscience intime du temps*, Paris, PUF, 1964, § 36, p. 99. Voir déjà Augustin, *Confessions*, trad. fr. P. de Labriolle, Paris, Les Belles Lettres, 1989, § 14 et 26.

Mais quelle représentation commune à ces thèses plaçons-nous sous le terme « mythe » ? On peut en brosser cette première esquisse. La représentation incriminée se fait jour avec l'idée qu'il existe quelque chose – le présent (quelle que soit son étoffe, qu'il s'agisse d'une entité ou d'une propriété) – et que cela constitue un élément majeur de la réalité : on parlera par exemple de la « dimension » du présent, en remarquant qu'elle constitue l'extension temporelle dans laquelle se tient la réalité. Elle se fortifie lorsqu'il nous semble qu'en conséquence il y a peu de questions philosophiques qui n'exigent qu'une place privilégiée soit reconnue au présent : on dira que notre vie psychique est essentiellement « au présent » ou que nous ne sommes qu'en tant qu'êtres présents. Rien – ni le psychisme, ni la réalité matérielle, ni la signification, ni la connaissance – ne saurait être qui ne se définisse de façon nécessaire et suffisante comme « présent ». La représentation considérée s'immisce peu à peu dans toutes nos pensées et il ne paraît pas que l'on puisse se passer d'elle. On en vient à dire alors des choses comme : « Jamais homme n'a vécu dans son passé, ni ne vivra dans son avenir; c'est le *présent* seul qui est la forme de toute vie (...). Le présent existe toujours, lui et ce qu'il contient; tous deux se tiennent là, solides en place, inébranlables »[1]. La maladie a atteint son acmé. Mais à l'examen – c'est ce qui consacre la représentation considérée en un mythe – celle-ci est étroitement attachée à certaines erreurs de langage, soit qu'elle en résulte, soit qu'elle les produise et s'en nourrisse : la prééminence du présent qu'elle croit constater s'avère n'être qu'une illusion.

Le renoncement à un tel mythe suppose de tracer la généalogie langagière de ses multiples origines. C'est assez dire que notre perspective de lecture donne aux réflexions de Wittgenstein une finalité principalement *thérapeutique*. Qu'on ne s'attende, en effet, à aucune conception ou philosophie du temps chez cet auteur. En définitive, on ne trouvera chez lui qu'un ensemble de remarques destinées à nous remémorer notre emploi des expressions temporelles afin de dénouer les « crampes mentales » de la philosophie du temps – et au premier chef, celle du mythe du présent. Le retour au langage ordinaire a consisté pour Wittgenstein – qu'on lui accorde ou pas d'avoir réussi – à se soustraire à l'emprise de *toute* philosophie, et cela est vrai du thème du temps comme des autres : s'il peut être ardu et philosophiquement frustrant d'être reconduit à la multiplicité des expressions ordinaires du temps au terme de l'examen du problème

1. A. Schopenhauer, *Die Welt als Wille und Vorstellung*, trad. fr. A. Burdeau *Le monde comme volonté et comme représentation*, Paris, PUF, 1966, p. 354.

philosophique que celui-ci constitue, il reste que cela forme le cœur de la leçon wittgensteinienne, dans toute sa désarmante radicalité.

On ne saurait soutenir cependant qu'à aucune des étapes de son parcours Wittgenstein n'a été tenté par, ou n'est tombé sous le joug (éventuellement à son insu) de certaines conceptions philosophiques du temps : l'attention toute particulière dont il gratifie le solipsisme instantanéiste (« Seule l'expérience présente est réelle ») et l'instantanéisme du présent (« Seul le présent est réel ») au début des années 1930 s'explique, de son propre aveu [1], par l'attrait qu'ils ont exercé sur lui. Il reste que la finalité et le résultat de son travail ont été de se guérir de telles maladies de l'entendement. La démarche philosophique wittgensteinienne présente ainsi quelques fortes analogies avec celle de la confession, puisqu'elle contient à la fois « une entière reconnaissance de la tentation (...) ainsi que la volonté de la corriger et de l'abandonner » [2]. L'activité thérapeutique s'exerce avant tout sur celui qui la conduit, et cela parce que son entendement subit les attaques de certaines images philosophiques. On se gardera donc d'attribuer à notre auteur l'idée que les problèmes philosophiques, parce qu'ils sont de nature langagière, sont *seulement* des erreurs de grammaire. Au contraire, selon Wittgenstein, leur extrême importance résulte de l'extrême importance du langage pour nous et ils constituent un aspect majeur du rapport que nous entretenons avec celui-ci. La philosophie est l'un des traits fondamentaux de notre condition d'êtres parlants – et le mythe du présent l'une des tentations philosophiques les plus insistantes.

D'autres avant Wittgenstein ont prétendu déjouer des croyances philosophiques illusoires (comme Hume à l'égard de la causalité), d'autres aussi (comme Husserl) ont affirmé restreindre leur travail philosophique à une description de ce qui est donné, mais à chaque fois une nouvelle conception était visée en guise d'alternative. L'originalité de la démarche de Wittgenstein est de chercher dans le rappel de l'emploi ordinaire des mots utilisés par la philosophie un moyen d'échapper à toute instauration d'une conception philosophique. Il n'en va pas autrement avec sa méditation sur le temps. Après bien d'autres, il a éprouvé avec quelle force le besoin d'accorder un privilège au présent peut s'emparer de la pensée de celui qui philosophe, jusqu'à ce que l'idée selon laquelle nous sommes toujours dans le présent prenne les allures d'une évidence incontestable.

1. *Philosophical Occasions 1912-1951*, G.E. Moore, *Wittgenstein's Lectures, 1930-1933*, Cambridge, Hackett, 1993, trad. fr. J.-P. Cometti, *Philosophica I*, G. E. Moore, *Les cours de Wittgenstein en 1930-33*, Mauvezin, TER, 1997, p. 124.

2. Cavell, « The Availibility of Wittgenstein's Later Philosophy », St. Shanker (ed.), *L. Wittgenstein, Critical Assessments*, London, Croom Helm, 1986, vol. 2, p. 55.

Mais il a considéré de façon à peu près constante que nous sommes alors aux prises avec un mythe philosophique.

Nous nous emploierons donc à répondre à ces deux questions : comment le mythe du présent se constitue-t-il (ou) quelles sont les erreurs qui mènent jusqu'à lui, c'est-à-dire également : en quoi est-ce un mythe ? Et s'il s'agit bien d'un mythe, comment s'en défaire, quelles voies sont susceptibles de nous conduire jusqu'à reconnaître son caractère erroné et à renoncer à lui ? En un mot, que nous empruntons à l'Ulrich de Musil : pourquoi « surestimons »-nous le présent et comment cesser de le faire ? Mais dégager *une* question serait inévitablement artificiel puisque Wittgenstein n'a jamais prétendu développer un questionnement unique, mais poser *des* problèmes éventuellement liés entre eux. En particulier, le sort que Wittgenstein réserve au substantif « temps » n'est pas lié à la question du mythe du présent et montre néanmoins de façon exemplaire l'attitude qu'il prend à l'égard des questions relatives au temps. Il reste que la critique du mythe du présent constitue sans doute la voie principale et continue du traitement wittgensteinien du temps.

Mais de *quel* présent ce mythe est-il le mythe ? Car le privilège dévolu au présent sur le passé et le futur est sans doute d'abord celui que l'on accorde à *certains* emplois de « présent » sur d'autres du même terme. Le présent mythologisé est d'abord le produit d'une vue déformante de notre usage du terme « présent ». Mais de laquelle ? Répondre à cette question suppose que l'on introduise une deuxième spécificité de notre étude. Celle-ci aborde la pensée wittgensteinienne dans la progressivité de son élaboration, en effectuant une lecture du *Nachlaß* qui respecte et épouse la continuité de sa constitution. Le questionnement du temps, gommé par les recueils publiés par les exécuteurs testamentaires de Wittgenstein, s'impose alors comme l'un des chantiers majeurs de la pensée de cet auteur. Mais tout autant que la révélation d'un questionnement, c'est l'accès à la nature propre d'une pensée qui est en jeu ici. L'état presque intégralement posthume de l'œuvre de Wittgenstein rend toujours discutable la publication isolée de tel ou tel recueil de ses remarques. Certes, le fait qu'il n'ait jamais franchi le pas de la publication au-delà de 1929 peut être compris comme le signe d'une insatisfaction à peu près permanente à l'égard de sa production philosophique. Mais une autre raison, non moins décisive, est que la nature même de son activité philosophique trouve dans le ressassement, dans la reprise des mêmes remarques, une forme d'écriture qui lui convient[1] : que la finalité de la philosophie wittgensteinienne soit thérapeutique et ne vise pas à l'instauration d'une nouvelle conception philosophique signifie notamment que l'écriture philosophique importe plus en tant que processus de libération qu'en tant qu'œuvre aboutie présentant la formulation définitive d'une pensée. Bien sûr, certaines formulations servent plus efficacement le dessein thérapeutique que d'autres – la distinction au sein du *Nachlaß* entre les manuscrits et les dactylographies l'atteste – et les reformulations n'ont pas toutes la même valeur, certaines exprimant une modification du contenu de l'analyse, d'autres cherchant à présenter de façon différente une même pensée à des fins de clarté, de concision ou d'exactitude. Mais cela signifie que la thérapie progresse : la version la plus achevée de telle ou telle remarque vaut comme l'aboutissement d'un processus de libération qui s'opère dans la succession des différentes formulations qui l'ont précédée. Eu égard à ce mode de progression, isoler telle formulation d'une remarque, même s'il s'agit de celle à laquelle Wittgenstein a souscrit le plus fermement (en lui donnant une forme tapuscrite, par exemple), risque fort de lui retirer une grande partie de sa raison d'être. Les versions initiales et intermédiaires ne sont pas de simples brouillons qui perdraient beaucoup de leur intérêt une fois la pensée visée exactement exprimée ; elles sont, dans leur succession et leur multiplicité, l'expression et la trace scripturales du passage du travail thérapeutique. Que Wittgenstein ait renoncé à publier la plus grande partie de ses textes signifie donc notamment qu'il a renoncé à les couper du processus continu de cette activité thérapeutique qui les avait engendrés.

Le présent du mythe du présent ne peut être identifié que si l'on adopte le mode de lecture indiqué. De ce point de vue, la période dite « intermédiaire » (1929-1932/33) se révèle être décisive puisque c'est en son sein qu'apparaît l'image du « présent fluant » de l'expérience immédiate, qui a exercé sur Wittgenstein une fascination forte et durable. Il faut réinscrire le traitement de cette image dans la continuité de la pensée de Wittgenstein pour pouvoir suivre les ramifications du mythe du présent jusque dans des textes au premier abord étrangers à tout questionnement du temps. Ainsi, si l'intérêt de notre auteur pour ce concept est manifeste au cours des années 1929-1937, il ne disparaît qu'en apparence dans la période suivante : nous en reconnaîtrons l'insistance jusqu'au cœur des *Recherches*, lorsqu'il s'avèrera que le traitement du temps du langage (en particulier, la lutte contre la sublimation du langage en une sémantique et une logique

1. Et cela en partie contre le gré de Wittgenstein lui-même. Cf. *Philosophische Untersuchungen*, Frankfurt a. M., Suhrkamp, 1984, trad. fr. E. Rigal (dir.), *Recherches philosophiques*, Paris, Gallimard, 2004, « Préface ».

atemporelles) est étroitement dépendant de l'analyse du langage du temps et de la mise en lumière, au premier chef, du mythe du présent. C'est que l'abandon de l'image philosophique de l'atemporalité du langage exige un renoncement aux images philosophiques du temps ; revenir à la temporalité ordinaire du langage suppose de revenir à l'expression ordinaire du temps.

Ces considérations introductives circonscrivent et organisent le corpus que nous aurons à couvrir. Notre objet d'investigation ne sera pas formé de certaines strates du *Nachlaß* (par exemple, le Wittgenstein des *Recherches*), mais de certaines de ses lignes de développement (par exemple, l'évolution du thème de l'extension temporelle du langage à partir des manuscrits de 1929-1930 et jusque dans les *Recherches*), qui partagent le lien de parenté que constitue le questionnement du temps. De cette façon seulement pourra être exhumé le travail thérapeutique progressif accompli par Wittgenstein. C'est donc l'ensemble de la période 1929-1951 qui doit être envisagé, même si la décennie des années 1930 y occupe une place privilégiée. L'épisode phénoménologique de 1929 mérite cependant une attention particulière, non pas parce qu'il délimiterait une position philosophique à laquelle Wittgenstein aurait pleinement adhéré, mais parce qu'il est le creuset dans lequel se mêlent nombre d'images philosophiques dont les années 1930 et 1940 dérouleront la critique. Il est l'objet de la première partie. Cette étude du projet d'un langage primaire ouvre deux voies qu'emprunte la seconde partie. Celle de l'expression ordinaire du temps, tout d'abord, qui doit éclaircir les différenciations inhérentes à notre grammaire du temps et par là supprimer les points de vue philosophiques sur les concepts psychologiques de durée (et à cette occasion, d'intention et de vouloir-dire), de souvenir et d'attente. Celle, ensuite, de l'expression de la temporalité de notre langage, qui requiert l'examen de la grammaire de concepts comme ceux de signification et de compréhension, afin de supprimer le besoin illusoire d'une sémantique et d'une logique atemporelles, extérieures à la pratique ordinaire du langage.

PREMIÈRE PARTIE

LE TEMPS PHÉNOMÉNAL

L'année 1929 au cours de laquelle Wittgenstein désigne son projet philosophique par le terme « phénoménologie »[1] a suscité récemment chez les commentateurs un regain d'intérêt sans doute rendu possible par la mise à disposition du public des textes datant de cette époque[2]. On a considéré que la compréhension de l'évolution de Wittgenstein au début des années 1930 serait susceptible de donner la clé de ses positions ultérieures. Nous aimerions, quant à nous, montrer la présence d'une réflexion approfondie sur le temps dont le prolongement dans la suite de l'œuvre n'apparaît en pleine clarté qu'à la lumière des réflexions développées au cours de la période intermédiaire. Tel est l'enjeu pour nous d'une étude de ce moment singulier. Dans cette perspective, l'examen de l'idée d'un langage phénoménologique primaire telle qu'elle apparaît en 1929 s'avère particulièrement important. Il est requis par la compréhension de l'émergence du thème du temps parmi les préoccupations philosophiques de Wittgenstein, puisque c'est en explorant le projet phénoménologique que celui-ci est amené à aborder certaines conceptions philosophiques du temps, ainsi que divers aspects de l'expression linguistique du temps. Au cours de la période intermédiaire, sa pensée est fortement évolutive (il la qualifie alors de « provisoire »[3]); il sera donc parfois difficile de trouver une entière

1. Wittgenstein emprunte sans doute le terme « phénoménologie » à Boltzmann et Mach. Sur ce point, *cf.* Marion, *Wittgenstein, Finitism and the Foundations of Mathematics*, Oxford, Clarendon Press, 1998, p. 128 *sq.* et L. Soutif, *Wittgenstein et le problème de l'espace visuel*, Paris, Vrin, à paraître.

2. *Cf.* la *Wiener Ausgabe Gesamtwerk*, M. Nedo (hgb.), Wien, Springer, dont la publication a débuté en 1994, et le *Wittgenstein's Nachlaß – The Bergen Electronic Edition*, Oxford, Oxford University Press, 1998.

3. Ms 106, p. 4.

détermination aux idées que nous analyserons. Quelques lignes directrices se dégageront cependant.

Le projet phénoménologique de 1929 constitue pour Wittgenstein beaucoup plus une très forte tentation philosophique qu'une position qu'il aurait pleinement adoptée pendant quelques mois. Il ne faut pas négliger pour autant la fascination qu'a exercée sur lui ce projet au point de ressurgir, sous des formes diverses, au sein de ses réflexions tout au long de la période 1930-1951. Il n'en reste pas moins que la conception phénoménologique de l'activité philosophique ne l'a jamais entièrement satisfait, même à l'époque où il paraît lui avoir accordé le plus de crédit. C'est dans cette perspective que nous réouvrons le dossier de la phénoménologie wittgensteinienne.

L'« ABSURDITÉ » TEMPORELLE DU LANGAGE PHÉNOMÉNOLOGIQUE

Les deux sens de « phénoménologie » en 1929

Comment doit-on définir, selon Wittgenstein, le « phénomène » que la phénoménologie est censée se donner pour objet d'investigation ? Sans prétendre à une réponse parfaitement satisfaisante, il est néanmoins possible de distinguer les trois traits définitionnels suivants.

En premier lieu, le champ phénoménal est conçu par Wittgenstein comme l'ensemble de ce qui apparaît dans l'expérience en tant que cela apparaît, c'est-à-dire indépendamment de toute modélisation de cette apparition : telle tache de couleur ou telle impression auditive sont des phénomènes, par différence avec (respectivement) la face de la boîte colorée ou la séquence de la mélodie, qui résultent d'hypothèses qui donnent aux phénomènes considérés le statut de parties d'*objets*. En ce sens, le phénomène de la phénoménologie désigne l'apparition prise en elle-même, le pur donné de « l'expérience immédiate (*die unmittelbare Erfahrung*) »[1] ou la « donnée sensible (*Sinnesdatum*) »[2], au sujet desquels on ne peut se tromper[3] et qui constituent la réalité elle-même[4]. La forme logique des propositions élémentaires et la nature des objets, sur lesquels Wittgenstein

1. *Philosophische Bemerkungen*, Frankfurt a. M., Suhrkamp, 1984, trad. fr. J. Fauve, *Remarques philosophiques*, Paris, Gallimard, 1975, § 225bc.

2. Notamment Ms 107, p. 217-218.

3. *Wittgenstein und der Wiener Kreis*, Frankfurt a. M., Suhrkamp, 1984, trad. fr. G. Granel, *Wittgenstein et le Cercle de Vienne*, Mauvezin, TER, 1991, 22.12.29, p. 14.

4. PB, § 225ab et g.

reste étonnamment silencieux dans le *Tractatus*[1], trouvent de cette façon une incarnation censée permettre d'opérer effectivement l'analyse logique. La modification du statut des propositions élémentaires s'accompagne en outre d'une modification moins remarquée, mais tout aussi importante, du sujet métaphysique tractarien (5.641) auquel conduisait la critique du solipsisme en 1922. Le *Was* (5.552) devient le flux phénoménal absolu de l'expérience, ou encore: il devient essentiellement (logiquement) temporel. Ainsi est conçu désormais le « monde » du sujet métaphysique. A cet égard, il est instructif de rapprocher les propositions du *Tractatus* « Le monde et la vie ne font qu'un » (5.621) et « le monde est mon monde » (5.641) de celle-ci, datant de la fin 1929 : « Le cours de la vie, ou le cours du monde s'écoule rapidement ["tout s'écoule"] »[2], qui confère au flux le statut d'un trait de l'*unmittelbare Erfahrung* comprise en son sens formel[3]. Le monde et la vie ont désormais un cours (*Strom*) – celui du présent fluant de l'expérience immédiate – qui est une forme logique de la réalité phénoménale. La proximité et la nuance qui lient le statut du monde dans le *Tractatus* à celui de 1929 sont donc remarquables. Une méprise possible se trouve écartée par là même. Le flux absolu n'est ni « subjectif » (idéalisme) ni « objectif » (réalisme). Wittgenstein ne pense pas plus à une intériorité psychologique factuelle qu'à un processus réel inhérent aux choses. Le monde n'existe que par son apparition et cette apparition est propre à un sujet non pas factuel psychologique mais métaphysique (*cf.* 5.641), puisqu'elle ne se distingue (et ne dérive) de rien d'extérieur à elle. Par conséquent, si Wittgenstein emprunte l'idée du flux phénoménal à la psychologie, c'est pour la placer aussitôt sur un plan non psychologique – celui du « sujet métaphysique ». Le flux phénoménal n'est pas le *stream of consciousness*.

En second lieu, il appartient à la phénoménologie wittgensteinienne de 1929 d'inclure au sein du champ phénoménal les propriétés logiques des phénomènes[4]: ces propriétés seraient disponibles à une certaine expérience immédiate, même si cette expérience est d'un type différent de celle

1. *Tractatus logico-philosophicus*, Frankfurt a.M., Suhrkamp, 1984, trad. fr. G.-G. Granger, Paris, Gallimard, 1994.

2. Ms 107, p. 222.

3. Ts 213 (désormais cité BT en raison de son nom usuel « Big Typescript »), § 107, p. 528; A. Soulez (dir.), *Dictées de Wittgenstein à Waismann et pour Schlick I*, Paris, PUF, 1997, p. 164-165; Ts 219, p. 20.

4. Entre autres Ms 106, p. 197-199.

(par exemple) d'une tache colorée[1]. Voilà pourquoi Wittgenstein écrit que : « Les choses mêmes sont peut-être les quatre couleurs fondamentales, l'espace, le temps et tout autre *donné* de ce type »[2]. La conséquence de cette position – et le présupposé sur lequel repose la phénoménologie wittgensteinienne de 1929 – est que l'expérience immédiate est notamment celle de la structure logique de la réalité[3]. Une expérience du sens serait possible[4].

Le phénomène de 1929 comporte en dernier lieu une détermination temporelle essentielle. C'est que Wittgenstein conçoit alors le champ phénoménal à partir d'un modèle héraclitéen issu de la psychologie empiriste. Dans ce cadre, le phénomène est « quelque chose qui n'arrive qu'une fois (*etwas Einmaliges*) »[5] et un élément au sein d'un flux – Wittgenstein parle ainsi du « flux de l'expérience visuelle (*der Strom des Gesichtserlebnisses*) »[6]. Rien d'étonnant dès lors à ce qu'il explicite en 1933 sa conception antérieure comme celle selon laquelle :

> Tout ce qui nous est donné, c'est l'image visuelle et les autres données sensibles, tout autant que le souvenir, dans l'instant présent (*in dem gegenwärtigen Augenblick*)[7].

Le phénomène se détermine donc comme l'*apparition présente*, avec cette ambiguïté, levée progressivement par Wittgenstein, que l'on qualifie ainsi le champ phénoménal au moyen du terme « présent » alors que ce champ n'est encadré ni par un futur ni par un passé – le concept de phénomène oscille ainsi entre le renoncement à l'attribution d'une situation temporelle dans le présent[8] et sa représentation sur le modèle d'une coupe effectuée au sein du flux phénoménal[9].

Si sa durée de vie est relativement courte, le concept de phénoménologie en tant qu'analyse *a posteriori* des phénomènes reçoit cependant

1. Pour autant, Wittgenstein n'adopte pas une position claire à l'égard de cette expérience du logique, puisqu'il lui arrive, à la même époque, de la rejeter (SRLF, *Proceedings of the Aristotelician Society*, suppl. t. IX, 1929, p. 34).

2. PB, § 147g – nous soulignons.

3. D. Stern, *Wittgenstein on Mind and Language*, Oxford, Oxford University Press, 1995, p. 134.

4. J. Bouveresse, *La force de la règle*, Paris, Minuit, 1987, p. 173. Cette conception est celle que Wittgenstein attribue et reproche à Husserl dans l'« Anti-Husserl » de WWK, p. 37-38.

5. WWK, p. 244.

6. Ms 106, 55.

7. BT, § 102, p. 494.

8. Ms 107, p. 6-7/PB, § 75g et Ms 108, p. 2-3/PB, § 54f. Nous utilisons « / » pour réunir les références qui contiennent littéralement ou quasi littéralement la même remarque.

9. WWK, p. 240-241.

incontestablement l'attention de Wittgenstein au cours de l'année 1929. Quel est le cadre dans lequel il apparaît ? Wittgenstein opère à l'époque une distinction entre le langage physicaliste et la phénoménologie en tant que grammaire *a priori* des phénomènes [1]. Selon cette acception, la phénoménologie concerne la connexion logique totale du langage et de la réalité. En effet, toute proposition pourvue de sens (qu'elle soit vraie ou fausse) suppose nécessairement une vérifiabilité complète, qui serait impossible si le rapport du langage et de la réalité phénoménale n'était pas *déjà* en place. La phénoménologie, selon sa première acception, vise à présenter le langage au niveau de cette relation fondamentale en exhibant les propriétés logiques communes au langage et aux phénomènes.

En conséquence, le niveau apriorique de la phénoménologie n'autorise pas une confrontation du langage et de la réalité, puisque c'est lui qui assure la connexion de ces deux termes et se trouve donc présupposé par toute confrontation[2]. C'est pourquoi il faut préférer parler d'une connexion « logique » plutôt qu'« empirique »[3]. A l'inverse, le point de vue propre au langage physicaliste (celui de la valeur de vérité et du fait) autorise une telle confrontation. Par exemple, l'attente est confrontée à l'événement censé la satisfaire et se trouve ainsi satisfaite ou déçue ; l'attente consiste ici en l'hypothèse selon laquelle l'événement attendu se produira à tel instant futur. En revanche, du point de vue phénoménologique *a priori* (celui du sens et de la possibilité), la structure d'attente est donnée *a priori* : l'expérience immédiate (le phénomène) de l'attente et son expression incluent de façon nécessaire la relation à l'événement attendu en tant qu'événement possible et au futur dont on espère qu'il sera occupé par l'événement attendu.

Wittgenstein ne s'en est pourtant pas tenu à cette seule distinction, même s'il lui accorde une grande importance au cours de la période intermédiaire. « Phénoménologie » n'a pas désigné pour lui la seule grammaire des phénomènes sur lesquels la physique édifie ses théories, elle ne se cantonnait pas à exposer les possibilités phénoménales *a priori* comme autant de fondements nécessaires à toute description physicaliste. Entre le point de vue de la connexion logique totale du langage et de la réalité et celui de leur confrontation possible, Wittgenstein s'est engagé sur une voie intermédiaire. Cette troisième voie devait être celle d'une phénoménologie

1. Ms 105, p. 3-5 et WWK, p. 33.
2. WWK, p. 191.
3. Sauf à entendre « empirique » au sens selon lequel Wittgenstein emploie ce terme en WWK, p. 48 et 199.

a posteriori[1], qui aurait voulu concilier la connexion totale du langage et de la réalité avec leur confrontation et leur adéquation : telle était la tâche du langage phénoménologique primaire, chargé de décrire de façon effective, exhaustive et exclusive le donné phénoménal immédiat. Il faut donc distinguer le langage primaire et la phénoménologie entendue comme grammaire.

C'est au cours des tentatives d'élaboration de ce langage et de la phénoménologie *a posteriori* que Wittgenstein rencontre le problème du temps sous les deux formes suivantes : 1) d'abord celle d'une articulation grammaticale qui, tout comme les relations logiques entre les propositions de couleur, lui avait échappé à l'époque du *Tractatus* – cet aspect renvoie à la phénoménologie comme grammaire *a priori* censée exhiber les traits temporels logiques mis en évidence par la description phénoménologique *a posteriori*; 2) ensuite, celle d'une certaine image du donné immédiat (celle du flux) qui le tiendra captif durant plusieurs mois et alimentera son investigation critique ultérieure du concept de temps. En d'autres termes, Wittgenstein découvre à l'époque la valeur grammaticale de la temporalité, mais il le fait à travers une image dont il jugera nécessaire peu après de se débarrasser. Le temps compte donc à la fois parmi les raisons qui l'ont conduit à entreprendre l'élaboration d'un langage phénoménologique primaire et parmi celles qui l'ont obligé à renoncer à une telle entreprise. Cela signifie qu'il a joué un rôle important aussi bien dans la position critique adoptée par Wittgenstein en 1929-1930 envers la philosophie du *Tractatus* que dans son acheminement vers sa « seconde philosophie ».

Mais pourquoi une phénoménologie *a posteriori* ? Le projet phénoménologique wittgensteinien se laisse difficilement comprendre si on ne le rattache pas à l'une des notions majeures du *Tractatus*, celle de l'inférence (*Ausfolgen*)[2], ainsi qu'à la problématique dans laquelle cette notion prend place, celle de la notation adéquate à la monstration des relations de « conséquence »[3] logique (ou « relations internes »[4]). Dans le cadre tractarien, c'est le régime de manifestation propre à ces relations que d'être « montrées » par la « forme » ou la « structure »[5] des propositions qui les

1. SRLF, p. 32 ; *Bemerkungen über die Farben*, Frankfurt a. M., Suhrkamp, 1984, trad. fr. G. Granel, *Remarques sur les couleurs*, Mauvezin, TER, 1984, II, § 3.

2. Pour ce concept dans le cadre du *Tractatus*, *cf.* en particulier Schmitz, « Relation interne, inférence et règle », dans DWW II, et Dilman, *Induction and Deduction*, Oxford, Blackwell, 1973, II, chap. 8.

3. *Cf.* 5.11.

4. 4.123. Pour la distinction wittgensteinienne interne/externe, voir WWK, p. 54.

5. Wittgenstein est hésitant. Comparer 5.13 et 5.131.

entretiennent[1]. Et il revient au symbolisme logique (*i.e.* à l'idéographie ou à la notation tabulaire) de laisser « voir »[2] la structure ou la forme logique des propositions considérées. Pour que la notation retenue soit logiquement adéquate, la relation interne doit pouvoir être saisie à même les symboles et les articulations qui les composent : sous la forme d'un tableau de vérité[3], le « signe propositionnel » permet la vision directe d'une éventuelle relation interne avec une proposition dont le symbole est juxtaposé au premier; les différenciations (la « multiplicité ») des *signes* doivent à elles seules laisser voir les relations logiques des *symboles*[4].

L'insatisfaction éprouvée par Wittgenstein en 1929-30 à l'égard des analyses du *Tractatus* est suscitée au premier chef par le problème que soulève le statut des propositions élémentaires dès lors qu'on tente de donner un exemple de celles-ci. La thèse de l'indépendance de ces propositions formule l'une de leurs caractéristiques principales en 1922[5] : une proposition élémentaire n'entretient aucune relation interne avec d'autres propositions élémentaires. A l'époque où il reprend son activité d'écriture philosophique, Wittgenstein est amené à reconnaître que les propositions qui attribuent une couleur à un point du champ visuel ne peuvent pas être tenues pour des produits logiques de différents degrés de la couleur considérée : lorsque je vois une tache rouge d'une certaine clarté, je ne vois pas en elle les différents degrés inférieurs de clarté du rouge comme autant de ses composantes, mais « quelque chose de nouveau » par rapport à ces autres nuances[6]; la proposition qui décrit cette tache rouge ne dissimule pas en elle un produit logique qu'une analyse pourrait *de jure* amener au jour[7]. La description du champ visuel impose donc que l'on accorde la simplicité à l'impression de couleur et l'absence de complexité logique à la proposition qui la décrit, et donc que l'on donne à celle-ci le statut de proposition élémentaire, contrairement à la position défendue par le *Tractatus*[8]. Mais alors il faut conclure qu'il existe des relations internes entre propositions élémentaires. Or ces relations phénoméno-logiques prennent en défaut la notation tabulaire du *Tractatus* : celle-ci laisse en effet toujours apparaître, pour deux propositions élémentaires p et q, une ligne où la proposition de

1. 4.1211, 4.122, 4.124, 5.13 et 5.131.
2. 5.13.
3. 4.442.
4. 3.32 *sq.*
5. 4.211, 5. 134 et 6.3751.
6. Ms 106, p. 71 et 73 ; PB, § 76 et plus généralement IV.
7. *Philosophische Grammatik*, Frankfurt a. M., Suhrkamp, 1984, trad. fr. M.-A. Lescourret, *Grammaire philosophique*, Paris Gallimard, 1980, Appendice 1, p. 216.
8. 4.123 et 6.3751, ainsi que Ms 106, p. 75.

gauche (p) comporte un *Vrai* là où celle de droite (q) comporte un *Faux*, ce qui interdit de montrer au moyen de la seule notation tabulaire que $p \rightarrow q$ est une tautologie et donc que p et q entretiennent une relation interne. Le caractère implicatif ou inférenciel de la relation qu'entretiennent certaines propositions élémentaires ne peut donc être montré par la notation logique de 1922.

Le temps et le langage primaire

Une nouvelle notation est donc requise en lieu et place de celle du *Tractatus*. Il revient au langage primaire phénoménologique de remplir ce rôle, en pourvoyant la phénoménologie *a priori* en descriptions destinées à montrer la structure logique des phénomènes à laquelle la notation du *Tractatus* restait aveugle. Quelles sont les finalités assignées à ce langage ? En premier lieu, son symbolisme doit calquer sa multiplicité logique, par l'opération descriptive, sur celle des phénomènes qu'il décrit[1] : que la forme logique des propositions élémentaires « ne se laisse pas prévoir »[2] implique qu'une description effective soit amenée à jouer un rôle central dans le projet phénoménologique. Wittgenstein déroge donc en 1929 à l'interdit qu'il édictait dans le *Tractatus*[3] de décider d'une question logique en observant le monde – il reconnaît d'ailleurs lui-même par la suite ne pas avoir respecté cet interdit[4] et le reniement de l'article « Some Remarks… » montre à lui seul que cette solution ne le satisfait pas. En second lieu, la phénoménologie *a posteriori* devra alimenter la phénoménologie *a priori* des résultats de ses descriptions, c'est-à-dire que les règles d'inférence entre propositions élémentaires exposées par la phénoménologie comprise comme grammaire seront celles découvertes par les descriptions effectuées au moyen du langage primaire. Ainsi sera construite la *Begriffschrift der Phänomene*[5] souhaitée par Wittgenstein à l'époque.

La dualité *a priori/a posteriori* propre au concept de phénoménologie de 1929 est parfaitement caractérisée par Wittgenstein des années plus tard (autour de 1950) dans une remarque souvent citée :

> Mais de quel type est cette proposition : l'adjonction de blanc ôte de sa coloration à une couleur ?
> Tel que je le pense, ce ne peut être une proposition de physique.

1. SRLF, p. 32 et 35.
2. TLP, 5.55 ; SRLF, p. 32-3 ; WWK, p. 10, 162 et 233.
3. 5.55-551 et 6.37.
4. WWK, p. 162.
5. W. Kienzler, *Wittgensteins Wende zu seiner Spätsphilosophie*, Frankfurt a. M., Suhrkamp, 1997, p. 115.

> Ici, la tentation est très grande de croire à une phénoménologie, à quelque chose d'intermédiaire entre la science et la logique (*ein Mittelding zwischen Wissenschaft und Logik*)[1].

En effet, le projet d'une phénoménologie ne relève ni simplement de la science puisqu'il n'est pas destiné à établir des faits et des relations causales de valeur empirique, ni simplement de la logique puisqu'il ne se cantonne pas à manifester des relations *a priori* entre propositions. Et pourtant, il relève bien et de l'une et de l'autre puisqu'il doit examiner des phénomènes factuels et en même temps dégager ce qui en eux ressortit à la nécessité logique. Ainsi, en 1929, Wittgenstein affirme à la fois que l'analyse logique doit prendre la forme d'« une investigation des phénomènes eux-mêmes, *i.e.* en un certain sens *a posteriori* »[2] et que, dans le domaine de l'analyse logique des phénomènes, « il n'y a pas d'hypothèse »[3]. Il situe donc la phénoménologie très précisément « entre » la science et la logique[4].

L'idée de Wittgenstein de 1929 selon laquelle une description effective des phénomènes est requise le conduit, à l'occasion de l'étude de l'espace visuel, à attribuer au temps un statut logique semblable à celui qu'il accorde alors à la couleur ; le temps est inclus dans cette partie de la syntaxe logique négligée par le *Tractatus*[5] : « Il est réellement d'emblée vraisemblable que le temps ne peut pas entrer après-coup (*nachträglich*) comme une fioriture dans l'examen de l'espace visuel »[6], une description complète de l'espace visuel ne peut se passer de la mention de déterminations temporelles[7]. Wittgenstein reconnaît donc désormais que la logique inclut des relations internes propres au temps, c'est-à-dire qu'une proposition élémentaire n'est pas indépendante *quant au temps* des autres propositions élémentaires[8]. Le temps fait son entrée dans les relations internes élémentaires et les propriétés logiques[9] des phénomènes[10]. Cependant, cette introduction

1. BF, II, § 3.
2. SRLF, p. 32.
3. WWK, p. 11.
4. R. Alva Noë, « Wittgenstein, Phenomenology and What It Makes Sense to Say », p. 8 ; Marion, *op. cit.*, p. 126.
5. Ms 108, p. 52 et WWK, p. 44-47.
6. Ms 105, p. 11. Même idée p. 72 et dans Ms 106, p. 55 et SRLF, p. 34.
7. *Ibid.*, p. 72.
8. Ramsey le suggérait déjà dans son compte-rendu du TLP de 1923 (5, p. 18).
9. WWK, p. 196-7 et PG, I, Appendice 5, p. 221 *sq.*
10. Même si à cette entrée succèdera peu après une certaine réticence, de la part de Wittgenstein, à attribuer au temps et aux autres propriétés logiques phénoménologiques la même généralité logique que celle des connecteurs logiques. *Cf.* Ms 108, p. 54/PB, § 85 et Ms 109, p. 125-133/BT, § 31/PG, I, Appendice 5.

s'accompagne de l'apparition de deux questions épineuses. 1) Tout d'abord : existe-t-il des données immédiates de temps comme il existe des données immédiates visuelles de couleur? « Y a-t-il en général du temps dans le premier système? Peut-on dire d'un événement ou, bien plus, d'un fait "il était" dans le système des *data*? » [1]. 2) Et si l'on répond par l'affirmative à cette première série de questions : à quelle condition peut-on construire le langage primaire de telle sorte que sa multiplicité tienne compte de la multiplicité temporelle de l'expérience immédiate? [2] Ces deux questions ont préoccupé Wittgenstein au cours des quelques mois durant lesquels il a envisagé sérieusement l'exigence d'une phénoménologie *a posteriori*. Quelles réponses leur apporte-t-il?

1) La première question est problématique pour la raison suivante :

> Si je compare les faits du premier système avec les images sur l'écran et les faits du second système avec les images sur la pellicule, il y a sur la pellicule une image présente, des images passées et futures; mais sur l'écran, il n'y a que le présent [3].

Du point de vue de l'expérience immédiate, tout est présent, y compris le souvenir, ainsi que l'événement passé dont on se souvient et le caractère passé attaché à cet événement. En un sens, l'expérience immédiate supprime la profondeur temporelle propre au temps physique du second système en attribuant à tout ce qui apparaît la propriété d'être présent. Mais pour cette raison, Wittgenstein se trouve confronté à la question suivante :

> Si le souvenir *n'est pas* un voir dans le passé, comment savons-nous donc qu'il doit être interprété en relation avec le passé? Nous pourrions alors nous souvenir d'une chose donnée et nous demander si nous avons affaire,

1. Ms 105, p. 84.

2. Ms 106, p. 108-118 où Wittgenstein tente d'élaborer le langage primaire.

3. Ms 105, p. 84. Cette analogie apparaît chez Wittgenstein en 1911, à l'occasion d'une réflexion sur le *cogito* de Descartes (*Wittgenstein. Conversations 1949-1951*, O. Bouwsma (ed.), Cambridge, Hackett, 1986, p. 10 et 13). Elle réapparaît en 1929 (voir le texte cité) dans le cadre de la distinction des temporalités respectives des premier et second systèmes. Sans que l'on puisse préciser son importance, un lien manifeste unit cette réapparition à l'utilisation que Russell fait de la même image dans « The Ultimate Constituents of Matter », dans *Mysticism and Logic*, London, Longmans, Green & Co, 1918, p. 128-129. L'analogie cinématographique change cependant de statut au début des années 1930. Après son utilisation dans le but d'éviter la confusion des deux temporalités phénoménale et physique, Wittgenstein considère qu'elle l'a trompé au moment même où il croyait s'en servir pour déjouer certaines erreurs : l'idée de *specious present* résulte en effet de la confusion des images sur la pellicule et de celle de l'écran, qui conduit à croire que l'image sur l'écran est animée par un changement incessant même lorsqu'elle présente une scène strictement immobile (BT, § 102, p. 495 et 498, § 105, p. 519-20/Ms 112, p. 128r; Ms 156a, p. 10v et 15v/Ts 219, p. 19).

> avec notre image du souvenir, à une image du passé ou à une image du futur.
> On peut dire, bien sûr : je ne vois pas le passé mais une image du passé. Mais d'où *sais*-je qu'il s'agit d'une image du *passé*, si cela ne se trouve pas dans l'être de l'image du souvenir [1].

Wittgenstein formule ici la question tout à fait classique pour la psychologie d'inspiration empiriste[2] de l'intentionnalité temporelle de l'image du souvenir : si l'on part du constat que le souvenir consiste en un événement mental présent et qu'il ne peut consister qu'en un tel événement parce que le passé (par définition) n'est plus, alors se pose la question de savoir comment un rapport au passé peut être établi à partir d'un tel matériau psychique exclusivement présent; il semble qu'il y ait contradiction à vouloir trouver le caractère de la « passéité » dans un phénomène *présent*. « Puis-je dire d'un *datum* qu'il est plus tôt (*früher*) qu'un autre? J'ai justement des images sensibles *présentes* et des images de souvenir *présentes* »[3]. Et notre question revient : qu'est-ce qui, dans le présent phénoménal, permet de parler d'une temporalité des *data* phénoménaux ?

Immédiatement après la formulation de la question relative au souvenir et selon la même inspiration psychologique, Wittgenstein développe la réflexion suivante :

> Si l'on demande : « Quel vécu (*Erlebnis*) se trouve au fondement du concept de temps (*Zeitbegriff*), de la supposition du temps ? ». Comment doit-on répondre ? – C'est le souvenir, s'il y a un présent ponctiforme (*eine punktartige Gegenwart*) ; ou c'est une perception continue dont le présent est le point terminal et que l'on peut également appeler souvenir en un sens plus large [4].

Cette remarque apporte à la question classique évoquée une réponse qui ne l'est pas moins et qui repose sur l'idée que le vécu du souvenir est ce qui engendre le sentiment et le concept du temps. Plus précisément, le second moment de la réponse (le « souvenir en un sens plus large ») évoque le phénomène psychologique du « souvenir primaire » dans lequel l'idée du *specious present* situe l'expérience originelle du passé et donc celle du temps[5] : l'expérience originelle du temps serait engendrée par la conscience de la durée qui sépare, au sein d'une « perception continue », les phases tout-juste-passées du présent ponctuel. Que le présent ponctuel

1. Ms 105, p. 96.
2. James, *Principles*, chap. XVI et Russell, AoM, Lecture IX.
3. Ms 105, p. 86.
4. *Ibid.*, p. 98.
5. Pour cette idée, *infra*, p. 44.

s'enfonce dans le passé tout en étant retenu dans le présent de conscience par le souvenir primaire comme instant tout-juste-passé, cela constituerait la durée minimale du présent psychologique située au fondement de notre conscience du temps et permettrait de « dire qu'un *datum* est plus tôt qu'un autre ». Le *datum* phénoménal de temps apparaîtrait donc avec la conscience de l'écart temporel que le souvenir creuse entre l'instant présent et le passé. Relativement au temps, le langage primaire aurait donc pour tâche d'effectuer une description phénoménologique *a posteriori* du vécu de souvenir primaire afin d'exhiber la multiplicité logique propre à la temporalité des phénomènes. Le vécu (*Erlebnis*) de souvenir primaire serait ainsi une donnée immédiate susceptible de fournir à l'image (*Bild*) de souvenir son intentionnalité temporelle spécifique. Bien que Wittgenstein n'explicite pas cette solution psychologique, il semble bien qu'il en envisage alors l'adoption.

Le modèle psychologique précédent est explicitement indiqué par Wittgenstein lorsqu'il écrit :

> N'est-ce pas ainsi : /?/ le phénomène (*specious present*) contient le temps (*enthält*) [1] mais n'est pas dans le temps ?
> Sa forme est le temps mais il n'a aucune place dans le temps [2].

Le contexte de cette remarque ne laisse aucun doute sur le sens physicaliste qu'elle confère au terme « temps ». Wittgenstein pointe ainsi vers le fait « que le concept de temps dans le premier système est radicalement différent de celui du second système » [3] : puisque tout est présent du point de vue de l'expérience immédiate, on ne peut pas assimiler le présent dont il s'agit au présent entendu en son sens physicaliste, essentiellement distinct du passé et du futur (le *specious present* n'est pas « dans le temps »). Pourtant, l'expérience immédiate a la « forme » du temps, ce qui signifie qu'elle possède bien une certaine temporalité et à ce titre « contient le temps », c'est-à-dire la possibilité du temps physique, celui-ci ne pouvant être fondé sur rien d'autre que le présent fluant de l'expérience immédiate. La temporalité phénoménale fonde donc le temps physique sans être une partie de celui-ci.

Que faut-il comprendre par là ? Tout d'abord, Wittgenstein trouve dans le modèle psychologique du *specious present* (que l'on rencontre très

1. *Cf.* également Ms 107, p. 7/PB, § 75g : la réalité phénoménale « contient (*enthält*) un temps », et Ms 113, p. 123v où Wittgenstein parle du « temps dans le phénomène » comme n'étant pas « un segment du temps [physique] ».

2. Ms 105, p. 114.

3. *Ibid.*, p. 98.

souvent à l'époque dans les analyses de la conscience du temps) le moyen de penser une temporalité qui ne soit pas physique, *i.e.* le moyen de combiner le seul temps du présent avec l'existence d'une véritable temporalité – bref, le moyen de penser la temporalité phénoménale spécifique dont l'irréductibilité logique s'est imposée à lui. Le *specious present* censé désigner le présent psychologique se définit en effet comme la durée minimale présente permanente de la conscience : il est donc à la fois durée et durée exclusivement présente, au prix d'un élargissement de ce dernier concept. Voilà pourquoi Wittgenstein parle d'un « présent fluant » [1] à son sujet : la « forme » du temps propre au *specious present* est celle du flux caractéristique de la temporalité phénoménale.

Mais quel rapport convient-il d'établir alors entre ce concept de temps propre au premier système et celui du second ? Seule la *possibilité* du temps physique appartient au champ phénoménal (c'est en ce sens que « le phénomène *contient* le temps ») : tandis que la structure logique temporelle propre au phénomène fait partie de ce qui est donné dans l'expérience immédiate [2], à l'extension temporelle au sens physicaliste – la réalité d'une succession d'instants qui se répartissent en passés et futurs au-delà du présent – ne correspond aucune expérience [3]. Autrement dit, seule la possibilité de se placer dans l'hypothèse du temps physicaliste appartient à l'expérience immédiate et l'adoption effective de cette hypothèse nous conduit au niveau du second système [4]. L'exemple cinématographique offre à cet égard une parfaite analogie : sur l'écran, *i.e.* dans le champ phénoménal de l'expérience immédiate, nous n'observons qu'un présent d'une certaine durée finie, qui n'est bordé ni par un passé ni par un futur et qui contient pourtant en lui la possibilité de son extension infinie en direction du passé et du futur [5].

L'emprunt par Wittgenstein du modèle psychologique du *specious present* attribue donc à celui-ci un statut logique, car cette notion ne fournit plus le moyen de construire une généalogie psychologique du sentiment et du concept de temps physique, mais celui de penser la visibilité des structures logiques du temps phénoménal à même le phénomène. Toutefois, si Wittgenstein évoque la « construction » [6] du temps physique à partir du temps phénoménal, il faut bien reconnaître qu'il ne va pas au-delà

1. Ms 107, p. 2.
2. Ms 106, p. 197-9.
3. *Ibid.*, p. 203.
4. Ms 106, p. 203.
5. *Cf.* p. 26 et 60 pour cette analogie.
6. Ms 105, p. 86.

de l'affirmation que le présent phénoménal, temporellement fini, montre la possibilité de son extension infinie.

2) L'expérience d'un laps de temps fini a pour propriété interne la possibilité de prolonger ce laps à l'infini, *i.e.* la possibilité d'une réitération infinie d'instants en direction de l'avenir ou du passé [1]. Wittgenstein répond donc par l'affirmative à la question: « Le temps primaire est-il infini (*unendlich*)? » [2], mais seulement si cette infinité est comprise au sens « intensionnel » d'une possibilité et non au sens « extensionnel » d'une réalité [3]. Il n'existe rien de tel qu'un laps de temps infini : « nous disons que le temps et l'espace physiques sont infinis mais nous ne saurions voir ou éprouver d'eux que des morceaux finis (...). L'expérience comme vécu (*Erleben*) me donne le fini; les objets *contiennent* l'infini » [4]. Et de même que « nous reconnaissons [l']être infini de l'espace dans le plus petit morceau [d'espace] » [5], nous devons être capables de reconnaître dans le plus petit laps de temps immédiatement éprouvé la possibilité infinie d'étendre celui-ci.

La dualité de signification relevée au sein du concept wittgensteinien de phénoménologie prend ici tout son sens. L'investigation descriptive (« en un sens *a posteriori* ») des phénomènes ne peut parcourir qu'un objet fini puisque toute expérience est nécessairement finie; mais cette description doit amener au jour la structure logique du phénomène décrit, c'est-à-dire en particulier la possibilité infinie de prolonger l'espace et le temps phénoménaux. La phénoménologie *a posteriori* saisit donc à même les phénomènes les traits grammaticaux qu'expose la phénoménologie *a priori*. Cela suppose que puisse avoir lieu une certaine expérience de la logique du temps des phénomènes. Ainsi, alors qu'il distingue l'expérience d'un laps de temps fini et la possibilité infinie que contient celui-ci et s'interroge sur la façon dont on « connaît » cette infinité, Wittgenstein remarque : « Je dois donc en un certain sens avoir deux types d'expériences (*Erfahrungen*) » [6], celle du laps de temps fini et celle de la possibilité infinie [7]. En ce sens, les propriétés logiques appartiennent elles-mêmes au champ phénoménal [8]. Précisons enfin que ces propriétés logiques du temps diffèrent de celles

1. Ms 106, p. 29. Voir également p. 238.

2. *Ibid.*, p. 29.

3. *Ibid.*, p. 238. Pour cette distinction élaborée à l'occasion de conversations avec F. Ramsey, voir Schmitz, art. cit., p. 56-59 et Marion, *op. cit.*, p. 94-96.

4. *Ibid.*, p. 197-199.

5. *Ibid.*, p. 199.

6. *Ibid.*, p. 197.

7. Alors qu'il n'y a pas d'expérience de l'infini, *ibid.*, p. 203.

8. *Ibid.*, p. 171.

propres à l'espace visuel ou de celles propres à l'espace auditif : un point de l'espace visuel n'est pas juxtaposé à un autre comme un instant en précède un autre. Une logique phénoménologique spécifique doit donc être reconnue au temps.

Si la question de la bonne notation est centrale pour la compréhension des changements qui s'opèrent en 1929, et si le langage primaire est destiné à se substituer à la notation tabulaire au titre de symbolisme adéquat à l'exhibition des relations logiques, il doit être capable d'avoir relativement au temps la même multiplicité logique que celle des phénomènes de l'expérience immédiate. Le caractère dynamique du langage primaire est donc requis aux yeux de Wittgenstein[1]; pour pouvoir montrer les relations internes élémentaires propres à la temporalité des phénomènes, le langage primaire devrait avoir lui-même pour propriété essentielle de se développer dans le temps. Très vite, cependant, les réponses que Wittgenstein apporte aux deux questions de l'intentionnalité temporelle du souvenir et de la multiplicité temporelle du langage primaire ne le satisfont plus. Et le projet phénoménologique s'effondre.

L'absurdité temporelle du langage primaire

Le 22 octobre 1929, Wittgenstein opère une rétractation très ferme à l'égard du projet de langage phénoménologique, dont il affirmait encore peu auparavant qu'il était réalisable[2] :

> L'hypothèse selon laquelle un langage phénoménologique serait possible et dirait avant tout véritablement ce que nous devons/voulons/exprimer est – je crois – absurde. Nous devons nous en sortir avec notre langage ordinaire et nous contenter de le comprendre correctement. C'est-à-dire que nous ne devons pas nous laisser conduire par lui à dire des non-sens.
> Je veux dire : ce que j'appelle signe doit être ce que l'on appelle un signe dans la grammaire, quelque chose sur la pellicule et non pas sur l'écran[3].

1. *Ibid.*, p. 1 et Ms 105, p. 112-116. A cet égard, l'indépendance des propositions élémentaires condamnait sans doute le *Tractatus* à défendre une conception « cinématographique » (Favrholdt, *An Examination and a Critique of Wittgenstein's Tractatus*, Copenhague, Munskgaard, 1967, p. 66) ou « photographique » (Bouveresse, *Wittgenstein, la rime et la raison*, Paris, Minuit, 1973, p. 46) du langage, capable de représenter seulement des états de choses fixes et instantanés.

2. Ms 107, p. 3.

3. *Ibid.*, p. 176. Cette rétractation est attestée par d'autres textes, de peu ultérieurs à celui-ci : Ms 107, p. 205; Ms 108, p. 29; WWK, p. 14; PB, § 1. Les différentes versions de cette rétractation présentent quelques nuances de formulation non négligeables. Le texte du Ms 107 qualifie d'« absurde » le langage phénoménologique (22.10.29) avant de dire qu'il

Quelle est la nature de l'« absurdité » invoquée par Wittgenstein à l'appui de sa rétractation ? Celle-ci présente deux traits importants : Wittgenstein qualifie d'« absurde » le langage phénoménologique et il évoque l'analogie cinématographique pour expliciter ce qualificatif. Cette allusion à l'existence d'un lien du rejet du langage phénoménologique et de la question de la temporalité est capitale [1] pour comprendre aussi bien ce qui se passe en octobre 1929 que le traitement que Wittgenstein réserve à la question du temps à la même époque [2].

Ce qui est absurde désormais, aux yeux de Wittgenstein, c'est le projet de construire un langage qui, grâce à sa stricte simultanéité avec l'expérience présente, serait le seul à pouvoir clarifier la structure de celle-ci. Il est donc difficile de comprendre la rétractation de Wittgenstein sans prendre en compte ses analyses relatives à la temporalité phénoménale : l'incompatibilité entre tout langage en raison de son caractère nécessairement physique (sa propriété d'être étendu dans le temps physique) et le présent de l'expérience immédiate repose sur la différence du temps physique et du temps phénoménal telle qu'elle est dessinée par l'analogie cinématographique [3]. Le présent phénoménal ne peut pas être décrit sous les conditions de construction imposées au langage phénoménologique – l'exigence d'exprimer exclusivement et exhaustivement le phénomène présent afin de s'assurer une vérifiabilité intégrale et une stricte mise à l'écart de tout élément hypothétique [4] – parce que pour ce faire, il faudrait que la proposition descriptive soit strictement simultanée à ce qu'elle décrit. Or le *specious present* est un présent soumis à un changement incessant, alors que toute proposition, en raison de son articulation, prend toujours du temps.

Wittgenstein exprime cette même difficulté quelque temps plus tôt :

> Le type de conception qui conduit pour ainsi dire dans un cul-de-sac dont on ne peut plus sortir pour rejoindre le grand air est la conception du présent comme la seule chose réelle. Ce présent que l'on conçoit en flux permanent ou bien mieux en changement permanent ne se laisse pas saisir. Il disparaît avant que nous ayons pu penser à l'attraper. Nous restons dans ce cul-de-sac, pris dans un tourbillon de pensées.

n'est pas « possible » (25.11.29) (p. 205) – ce qui est la version initiale du § 1 des PB. Le § 1 des PB dit qu'il n'est pas « nécessaire », tout en sous-entendant qu'il n'est pas possible.

1. Voir aussi PB, § 53.

2. Ainsi, qu'on ne puisse pas dire *Alles fliesst* (Ms 108, p. 1) est une conséquence directe de la rétractation à l'égard du langage phénoménologique.

3. Ms 105, p. 84-86.

4. *Ibid.*, p. 108 et Ms 107, p. 5.

> L'erreur doit être que nous essayons de saisir le présent fluant avec une méthode scientifique. Comme si nous voulions saisir la solidité d'une poutre isolément de cette poutre. Pour ainsi dire, l'extraire de la poutre.
> Nous devons être préservés de tenter cette chose impossible par le fait de savoir que nous disons des non-sens lorsque nous essayons d'engager notre langage dans cette entreprise.
> Nous nous trouvons avec notre langage, pour ainsi dire, non pas dans le domaine de l'image projetée mais dans celui de la pellicule [1].

Bien qu'au moment où il écrit ces lignes, Wittgenstein n'en tire pas encore la conclusion que le projet d'un langage phénoménologique doit être abandonné[2], il exprime déjà très clairement l'incompatibilité du présent fluant et du langage en invoquant la même analogie cinématographique que lors de la rétractation, mais dans des termes critiques plus radicaux qu'alors puisqu'ils atteignent l'objet même de la description phénoménologique. En effet, le texte cité à l'instant met en cause la saisie du présent fluant par une méthode scientifique, c'est-à-dire la tentative de parler du présent fluant comme on parle d'un phénomène naturel ordinaire. Nous l'avons vu : la phénoménologie en tant qu'investigation *a posteriori* se donne pour projet de saisir à même les phénomènes leur structure logique et de la décrire. Mais, objecte Wittgenstein, une telle entreprise revient à peu près à vouloir isoler d'une poutre sa solidité comme si l'on avait affaire avec celle-ci à un phénomène au même sens que le phénomène visuel de la poutre, puisqu'il s'agirait de décrire la fluance même du champ phénoménal. Or pas plus que la solidité de la poutre, la fluance du présent ne peut être décrite de la façon dont est décrit un phénomène visuel ordinaire. En somme, l'erreur est ici d'accorder un statut empirique à une propriété logique, ou encore, de confondre la possibilité du mouvement avec un mouvement[3]. La tâche phénoménologique d'une description intégralement vérifiable n'est donc pas une tâche impossible à remplir, comme lorsqu'on soutient que le présent passe trop vite pour qu'une description simultanée puisse en être effectuée (comme le dit le texte de la rétractation), mais une pure et simple illusion de tâche en raison de l'objet qu'elle cherche à saisir. Bien plus que celle des réquisits qui pèsent sur le langage primaire, Wittgenstein engage donc (même s'il ne fait que l'entamer) la critique de l'image de la temporalité du donné phénoménal : se représenter le temps sous la forme d'un flux formel absolu que le langage phénoménologique aurait à décrire revient à s'abandonner à une image

1. Ms 107, p. 1-2.
2. *Ibid.*, p. 3.
3. PB, § 52b.

trompeuse à la fois du logique et du phénoménal. La mise en évidence de l'absurdité du langage primaire, quant à sa méthode et quant à son objet, équivaut ainsi à la mise en évidence du caractère illusoire du projet d'une investigation logique *a posteriori* des phénomènes.

Le point d'attache[1] du langage primaire et de la réalité phénoménale s'avère donc non seulement introuvable[2], mais même illusoire. S'il est absurde de vouloir former des propositions simultanées à ce qui phénoménalement change sans cesse, il l'est plus encore de se donner pour objet de description ce dont, en raison de sa nature logique, il n'y a pas de sens à vouloir effectuer une description[3].

La conséquence de la rétractation est exprimée par le texte suivant :

> J'aimerais exposer maintenant pourquoi je n'adhère plus à cette conception [celle d'un langage phénoménologique primaire distinct de notre langage]. Je crois que nous n'avons essentiellement qu'une langue, et que c'est le langage ordinaire. Nous n'avons pas besoin d'inventer une nouvelle langue ou de construire une symbolique, car la langue ordinaire *est* déjà *la* langue, pourvu que nous nous débarrassions des obscurités qu'elle renferme[4].

Wittgenstein ne retire pas ici toute pertinence à la notion de phénoménologie, mais propose plutôt, par l'abandon du projet d'un langage phénoménologique distinct, une redéfinition du langage physicaliste. C'est ce qui explique que, dans l'entretien « Solipsismus » de *Wittgenstein et le Cercle de Vienne*, il ne parle plus du « langage physicaliste », mais de « *la* langue » (*die Sprache*), incluant désormais en elle aussi bien la grammaire de la phénoménalité que celle des objets physiques. Il peut donc affirmer ce même jour (22 décembre 1929) : « Ce qui, *dans notre langue*, paraît le plus étrange à qui l'examine en philosophe, c'est la différence entre *être et paraître* »[5]. La partition entre le physique (« être ») et le phénoménal (« paraître ») vaut donc désormais comme une partition *interne* au langage ordinaire, ou encore, à « *la* langue ». Par conséquent, une distinction s'impose entre la proposition phénoménologique descriptive propre au

1. *Cf.* la question « Wo muss diese Halt machen ? » dans Ms 107, p. 3 et la question de Waismann : « lässt sich der entgleitende Augenblick festhalten in Zeichen ? » (*Logik Sprache Philosophie*, Stuttgart, Reclam, 1976, p. 302).

2. A ce niveau, le langage phénoménologique est condamné à se réduire à un « son inarticulé » (Ms 105, p. 112).

3. On saisit alors la vanité des tentatives de construction effective du langage primaire effectuées par Wittgenstein (Ms 105, p. 110-116 ; Ms 107, p. 5-6, repris dans PB, § 67-68, 71, 75 ; DWW, p. 158 ; Kienzler, *op. cit.*, p. 115-123).

4. WWK, p. 14.

5. *Ibid.*, p. 17 – nous soulignons « dans notre langue ».

langage primaire et celle, vraie ou fausse, qui décrit les *sense data*[1] et qui est distinguée de l'hypothèse par Wittgenstein au cours de la période 1930-1932. Cette seconde acception caractérise un certain emploi de nos expressions ordinaires[2], et non plus un symbolisme distinct.

La mise en cause de l'image du présent fluant et l'abandon simultané, à la fin de l'année 1929, du projet du langage primaire retirent au présent de l'expérience immédiate le caractère mystérieux qu'il possédait jusqu'alors : désormais il n'est plus quelque chose d'inaccessible à la prise de la description philosophique et dont l'explicitation (conçue comme une tâche extrêmement difficile) exigerait la construction d'un langage artificiel ; pour cette raison, nous pouvons très bien nous en sortir avec notre langage de tous les jours. Toutefois, le privilège dont il était investi par la phénoménologie de 1929 ne disparaît pas. En effet, dans le cadre du vérificationnisme de la période fin 1929-32/33 tel qu'il articule le couple « hypothèse »/« proposition *stricto sensu* (phénoménologique) », le présent conserve son statut fondationnel sémantique puisque c'est en lui qu'ultimement nos propositions se vérifient (ou non) et donc que nos hypothèses sont confirmées ou infirmées. Il faudra que Wittgenstein accomplisse un pas de plus pour renoncer définitivement à l'image qui fait du présent le centre temporel de notre langage.

Des analyses précédentes, deux questions ont émergé qui tracent les deux voies qu'empruntera la seconde partie de cette étude. La première question demande : comment exprimer la temporalité des phénomènes ? Nous avons formulé le problème que pose à Wittgenstein la tâche d'élaborer un langage dont la multiplicité logique temporelle soit identique à celle des phénomènes. Plus généralement, cette question interroge *l'expression du temps par le langage*. Avec l'évolution qui éloignera Wittgenstein, au début des années 1930, de ses positions de 1929 et en particulier avec la thèse nouvelle du caractère arbitraire de la grammaire, cette première question deviendra : qu'est-ce que (et non plus : comment) exprimer la temporalité ? Que signifient les expressions temporelles de notre langage[3] ? Bref, il s'agira d'interroger la situation du temps dans le langage, ou encore,

1. *Ibid.*, p. 73-4 et *Wittgenstein's Lectures, Cambridge 1930-32*, Oxford, Blackwell, 1980, trad. fr. E. Rigal, *Les cours de Cambridge, 1930-32*, Mauvezin, TER, 1988, p. 75.

2. WLC 30-32, p. 85-86 et 122.

3. Ce qui différencie le texte du Ms 105, p. 108-114 de sa reprise dans le Ms 113, p. 123v, c'est que Wittgenstein ne s'interroge plus sur la façon d'élaborer un langage capable d'exprimer la temporalité phénoménale, mais procède à une distinction clarificatrice de différents concepts de temps.

notre « grammaire du temps »[1]. La seconde question porte pour sa part sur *l'expression de la temporalité du langage*. Nous avons vu le problème que pose en 1929 la conciliation de l'appartenance de tout système articulé de signes au temps physique et de l'exigence d'opérer au moyen du langage primaire la description du présent fluant. Or Wittgenstein abandonnera cette conception de la temporalité du langage pour une analyse entièrement différente de la même question : révoquant le présupposé de la possibilité d'un point de vue extérieur sur le langage qui permettrait de le confronter à la réalité (c'est le présupposé commun à l'élaboration et à l'échec du langage primaire), il développe le thème de la temporalité du langage *de l'intérieur* de la grammaire et met en évidence une temporalité de notre langage, ce qui lui permet de débusquer certaines erreurs fondatrices de la philosophie du langage.

Mais on ne peut s'engager dans ces deux voies sans préciser quelles sont les images philosophiques du temps qui, issues du projet phénoménologique, ont longuement retenu l'attention de Wittgenstein durant les années 1929-1937. Non seulement, en effet, il a consacré à ces images prises en elles-mêmes de nombreuses remarques, mais il a également révélé leur présence dans les conceptions philosophiques des temporalités psychologique et langagière. La critique qu'il leur adresse élabore donc la perspective dans laquelle il se place lorsqu'il s'en prend à ces conceptions.

L'IMAGE HÉRACLITÉENNE DE LA RÉALITÉ PHÉNOMÉNALE

Dans le contexte du début des années 1930 que l'on vient de dessiner, Wittgenstein est conduit à s'interroger sur la façon dont le concept de temps se constitue en problème philosophique, *i.e.* à se demander ce qui provoque la cristallisation de certains traits de notre langage (ceux qui appartiennent à notre « grammaire du temps ») en une question – « Qu'est-ce que le temps ? » – qui semble alors revêtir une importance et une profondeur particulières. Comment le mot tout à fait ordinaire « temps » acquiert-il le statut d'objet philosophique d'investigation privilégié tel que nous l'offre la célèbre question d'Augustin ?

Outre le substantif « temps » lui-même, deux images philosophiques apparentées font alors leur apparition dans les réflexions de Wittgenstein et sont destinées à occuper en leur sein, de façon plus ou moins définitive et sous des formes variables, une place de choix : ce sont celles de l'héraclitéisme (*Alles fliesst*) et du solipsisme instantanéiste (*Nur die Erfahrung des*

1. BT, § 91, p. 427.

gegenwärtigen Augenblicks hat Realität). Après avoir été tenté par elles, Wittgenstein adopte à leur égard dès la fin de l'année 1929 une attitude critique qui développe une généalogie de ces images et de leur caractère philosophiquement attractif. Il ne parvient cependant à ce type de traitement qu'au terme d'une évolution dont l'interprétation est problématique et qui oblige à s'interroger sur la place à accorder aux textes de la période intermédiaire dans l'ensemble de son parcours philosophique.

Le statut des textes de la période intermédiaire : la question de la valeur philosophique du non-sens

A la lecture des textes de la période intermédiaire qui nous intéressent, le débat actuel opposant défenseurs d'une lecture « austère » (« résolue ») et défenseurs d'une lecture « naturelle » ou « substantielle » de la notion wittgensteinienne de non-sens au sein du *Tractatus* [1] redouble de vigueur. Il n'est pas anodin que P. Hacker – qui se range parmi les adversaires de la première position évoquée (et qui est rangé par ses adversaires du côté de la seconde) – invoque en particulier, dans un article très critique à l'égard des *therapeutic readings* [2] de Wittgenstein, une remarque centrale pour l'expression *Alles fliesst* [3]. Quel est l'objet du litige? Il consiste en la question de savoir quelle valeur logique il convient d'accorder, selon Wittgenstein, aux affirmations philosophiques dépourvues de sens (*unsinnig*). Faut-il considérer que sans pouvoir « dire » quelque chose, les propositions philosophiques peuvent néanmoins faire signe vers ce sur quoi le langage n'a pas prise, dans la mesure où, bien que dépourvues de sens en raison du fait qu'elles ne respectent pas les lois de la syntaxe logique, chacun des éléments qui les composent possèdent effectivement une signification? Si tel est le cas, on devra distinguer entre le *mere nonsense* (par exemple, « Socrate est abracadabra ») et le *substantial nonsense* qui fait signe vers une propriété essentielle du langage et du monde (par exemple, « *Les frontières de mon langage* sont les frontières de mon monde »); et l'on ajoutera que c'est précisément à cause des significations

1. Pour une présentation de ces deux positions adverses, *cf.* J. Conant, « Elucidation and nonsense in Frege and early Wittgenstein », dans A. Crary (ed.), *The New Wittgenstein*, London, Routledge, 2000, p. 176-177 et 191 et « Le premier, le second et le dernier Wittgenstein », J. Bouveresse, S. Laugier, J.-J. Rosat (éd.), *Wittgenstein, dernières pensées*, Marseille, Agone, 2002, p. 77-78. Voir également C. Diamond, *The Realistic Spirit*, London, MIT Press, 1995, chap. 3 « What Nonsense Might Be » et chap. 6 « Throwing Away the Ladder », ainsi que Bouveresse, *Dire et ne rien dire*, Nîmes, J. Chambon, 1997, chap. 5-7.

2. *The New Wittgenstein*, « Introduction », p. 7.

3. « Was he trying to whistle it? », dans *ibid.*, p. 378.

respectives de « frontières » et de « monde » que l'expression composée de ces deux mots n'a pas de sens. Adoptant ce type de lecture, D. Stern soutient ainsi que les propositions « Tout s'écoule » et « Seule l'expérience présente est réelle » sont des « non-sens profonds (*deep nonsense*) parce qu'elles sont motivées par le désir de mettre "l'essence du monde" dans le langage »[1], bien qu'elles ne réussissent pas à le faire. Mais de cette façon Stern s'expose inévitablement à une « objection dévastatrice »[2] (Conant) : en affirmant que « la thèse de Wittgenstein est que tout s'écoule et que sa méta-thèse est que la thèse ne peut pas être affirmée »[3], Stern présuppose la possibilité d'un langage dans lequel il est possible de dire « Tout s'écoule » et de produire des affirmations au sujet de cette formule, alors même que l'argument qu'il présente est que celle-ci n'a pas de sens.

Faut-il alors considérer à l'inverse que pour Wittgenstein il n'y a qu'un seul type de non-sens – le *mere nonsense* –, que les propositions philosophiques ne sont pas plus des propositions que n'importe quel autre assemblage de signes dépourvu de sens et qu'en conséquence on ne peut soutenir qu'elles font signe vers l'essence du monde? Selon cette seconde lecture, les propositions philosophiques ne pourraient accomplir qu'une tâche d'« élucidation » (*Erläuterung*), c'est-à-dire révéler que ce que nous prenions pour une proposition n'en était pas une et doit être considéré comme un pur et simple non-sens[4]. Dans cette perspective, si les propositions philosophiques présentent le cas de non-sens *psychologiquement* différents dans la mesure où elles donnent l'impression de vouloir dire quelque chose et suscitent, pour cette raison, la réflexion philosophique, elles ne sont pas des non-sens *logiquement* différents de n'importe quel autre : la proposition « Tout s'écoule » n'est pas dépourvue de sens au seul motif qu'elle ne respecte pas le principe de bivalence en raison des significations respectives de ses constituants; elle n'est même pas une proposition et les mots qui la composent ne possèdent en définitive aucune signification. Elle ne peut donc pas faire signe vers quoi que ce soit. Dès lors, il faudrait lire de façon « résolue » l'affirmation 6.54 du *Tractatus* selon laquelle les propositions contenues par ce traité sont « dépourvues de sens » (*unsinnig*).

De celle des deux lectures que l'on adopte dépendent le statut que l'on donne aux textes de la période intermédiaire, ainsi que le contenu précis

1. *Op. cit.*, p. 162. Voir également p. 165 pour l'adoption très nette de la conception substantielle du non-sens.

2. « Le premier ... », p. 54 et 60. Voir également C. Diamond, *op. cit.*, p. 19.

3. *Op. cit.*, p. 165.

4. Conant, « Elucidation and nonsense... », p. 178-179.

que l'on reconnaît à l'évolution de Wittgenstein à l'époque. Une grande partie des textes de cette période sont en effet encore pris dans la pensée du *Tractatus*. De ce fait, l'alternative dessinée par les deux lectures évoquées met directement en question la valeur des images philosophiques de l'héraclitéisme et du solipsisme instantanéiste. A laquelle des deux Wittgenstein donne-t-il raison à l'époque ? La présentation que l'on donnera de sa pensée du temps se décide avec la réponse apportée à cette question.

Il est certain que les textes de la période intermédiaire semblent mettre à mal la lecture de Wittgenstein inspirée par la conception austère du non-sens. Hacker ne s'y trompe pas lorsqu'il remarque qu'« il est frappant que les défenseurs de l'interprétation de Diamond (*et alii*) n'ont produit absolument aucune preuve tirée des documents d'après l'année 1929 à l'appui de leur position »[1]. Les textes de la période intermédiaire constitueraient donc un point aveugle des *therapeutic readings*, par-dessus lesquels celles-ci devraient sauter à pieds joints pour pouvoir attribuer à la pensée de Wittgenstein une stricte continuité. Deux arguments peuvent être avancés qui confortent la position de Hacker. Tout d'abord, il semble bien que Wittgenstein ait été fortement tenté, lorsqu'il a envisagé la construction d'un langage phénoménologique primaire, par l'adoption de cette « perspective d'où nous contemplons la structure logique de la pensée telle qu'elle est »[2] et dont le rejet est censé constituer (d'après la lecture austère) une position fondamentale et constante de Wittgenstein dès 1922, puisque pour déterminer sa multiplicité logique, le langage phénoménologique entendait justement s'en remettre à l'observation de la structure logique de la réalité phénoménale – Wittgenstein le reconnaît d'ailleurs lui-même[3]. Si l'on ne peut affirmer que Wittgenstein ait jamais adopté résolument cette perspective, il reste qu'au cours des premiers mois de 1929 il flirte avec elle et que cela est sans doute rendu possible par une ambiguïté du *Tractatus* lui-même. En outre, le caractère évolutif de la pensée de notre auteur pendant la période intermédiaire porte atteinte par lui-même à la lecture austère. Wittgenstein a en effet procédé en 1931-1932 à la reprise de certaines de ses remarques philosophiques de 1929-1930 tout en modifiant en profondeur la valeur qu'il leur accordait, et il est passé alors de l'idée que ces propositions sont des non-sens pourvus d'une certaine valeur (mais laquelle ?) à l'idée qu'elles sont de purs et simples non-sens. Le Wittgenstein de la période intermédiaire est un penseur beaucoup plus indécis philosophiquement que celui présenté par les défenseurs de la lecture austère. La

1. Art. cit., p. 381.
2. Conant, art. cit., p. 197.
3. WWK, p. 163.

tentation philosophique dont Wittgenstein dit clairement qu'il l'a éprouvée avec force[1] implique non seulement qu'il lui est arrivé d'être captif de certains non-sens sans savoir comment s'en libérer, mais également qu'il a été tenté d'accorder une valeur particulière à certains non-sens tout en la refusant à d'autres. Que le non-sens philosophique ne soit pas toujours reconnu d'emblée pour ce qu'il est (ce qu'implique le fait que Wittgenstein pratique la philosophie comme une *auto*-thérapie) explique le caractère évolutif des textes de la période intermédiaire.

Quelle place accorder dès lors à la lecture austère ? Nous ne soutenons pas que le non-sens philosophique du *Tractatus* et de la période intermédiaire n'en soit pas véritablement un ou n'en soit un qu'à strictement parler. Conant a raison de rappeler que seules les propositions qui « disent » quelque chose sont susceptibles de « montrer » quelque chose[2] – Hacker l'accorde d'ailleurs sans mal[3] – et que les non-sens ont tous la même valeur logique. L'affirmation philosophique « Tout s'écoule » ne dit donc ni ne montre rien. La conception substantielle n'est pas recevable car elle prétend accorder, contre les affirmations répétées de Wittgenstein, un certain sens intrinsèque au non-sens philosophique. Il faut adopter l'idée austère de non-sens et rejeter la lecture qui fait du *Tractatus* et des textes de la période intermédiaire un ensemble d'affirmations à finalité métaphysique[4] : dès cette époque, la finalité de l'activité philosophique de Wittgenstein est thérapeutique.

Comment peut-on soutenir alors que « Tout s'écoule » fait signe vers quelque chose ? On le peut non pas en raison d'une valeur intrinsèque du non-sens philosophique, mais en raison de *ce qu*'il *essaie* de dire (et qui ne peut en réalité qu'être montré), c'est-à-dire en raison du « *motif* » (Hacker)[5] qui conduit à la *tentative* de juxtaposer une suite de signes, sans qu'elle produise cependant quelque sens que ce soit, ni que ses éléments possèdent une signification quelconque. S'il ne dit absolument rien, en revanche il y a bien quelque chose que le philosophe essaie de dire : en cela réside la profondeur du non-sens philosophique dans le cadre tractarien, profondeur qui ne saurait donc être réduite à un simple effet psychologique. Qu'il y ait des non-sens plus profonds que d'autres en 1922 et 1929 ne revient donc pas plus à ce qu'il existe des non-sens un peu plus doués de sens que

1. WLC 30-33, p. 124.
2. Art. cit., p. 178.
3. Art. cit., p. 356 et 365.
4. Par exemple Stern, *op. cit.*, p. 147.
5. Art. cit., p. 365. C'est précisément le changement de motif qui explique le passage de la première à la seconde occurrence de la remarque analysée plus bas.

d'autres, qu'à ce que les non-sens philosophiques se distinguent uniquement par l'importance qu'on leur accorde. En outre, la lecture que nous adoptons n'enlève rien au projet thérapeutique du *Tractatus*, mais plutôt à sa capacité à le mener à bien : comme Wittgenstein le reconnaît lui-même, le traité se donne le bon objectif, mais il ne l'atteint pas[1]. Il ne s'agit donc pas de nier ce qu'écrit Wittgenstein dans l'avant-propos (et qu'il rappelle dans la suite de l'ouvrage[2]) relativement à l'impossibilité d'appréhender le langage à partir d'un point de vue extérieur à lui, mais plutôt de soutenir que s'il rejette la possibilité d'un tel point de vue, le *Tractatus* ne s'est cependant pas totalement libéré de celui-ci, puisqu'il pense encore de façon philosophique (« dogmatique »[3]) le rapport du langage et de la réalité. Comme le confesse Wittgenstein en 1932 : « Je pensais à l'époque qu'il y avait une “liaison du langage et de la réalité” »[4], et les guillemets indiquent assez qu'il s'agit d'un rapport fondamental et nécessaire. Autrement dit, la façon dont le *Tractatus* nous enferme dans le langage en soutenant que la forme logique commune au langage et à la réalité (la « liaison du langage et de la réalité ») ne peut être que montrée suppose qu'il y *a* quelque chose qu'on ne peut pas dire et accorde par là encore un sens à l'idée d'un point de vue extérieur, compris comme point de vue qu'on ne peut pas prendre. Certes, tenter de dire cette liaison consisterait à vouloir « sortir du langage avec le langage »[5] et donc à ne rien dire, mais il reste qu'il y a une telle liaison et qu'elle se montre[6]. Bref, la façon dont le *Tractatus* entreprend de mener à bien son projet thérapeutique le conduit à y déroger.

Il est de surcroît erroné de soutenir que le renoncement à la lecture austère du *Tractatus* et des textes de la période intermédiaire situés dans son sillage condamne à ne pas saisir l'originalité du second Wittgenstein et à lui attribuer une position de type anti-réaliste[7], vérificationniste ou conventionnaliste[8]. Tout au contraire, reconnaître dans les années 1930 que le *Tractatus* reposait sur la conception philosophique d'un rapport

1. Anscombe rapporte : « Wittgenstein disait que *tout* n'était pas faux dans le *Tractatus* : ce n'était pas un bric-à-brac prétendant constituer une horloge, mais comme une horloge qui ne dirait pas l'heure exacte » (*An Introduction's to Wittgenstein's Tractatus*, Philadelphie, University of Pennsylvania Press, 1959, p. 78).

2. 4.12.

3. WWK, p. 166.

4. *Ibid.*, p. 191-192.

5. PB, § 6.

6. 2.17, 2.172, 2.18 et 4.121.

7. Au sens que Dummett donne à ce terme. *Cf.* « The Reality of the Past », dans *Truth and Other Enigmas*, London, Duckworth, 1978.

8. A. Crary, *op. cit.*, « Introduction », p. 3.

fondamental du langage et de la réalité et ménageait encore une place à une extériorité et une intériorité mythologiques du langage, consiste à rejeter du même mouvement l'isomorphisme et l'idée que nous aurions besoin, pour comprendre notre langage, de penser un rapport fondamental, qu'il soit d'isomorphie ou d'indépendance logique de notre langage à l'égard de la réalité. Notre lecture entend donc développer l'idée propre aux *therapeutic readings* que le projet philosophique de Wittgenstein est thérapeutique et qu'il n'écarte pas moins la conception anti-réaliste et conventionnaliste du langage que n'importe quelle autre. Mais elle s'en sépare en soutenant que le point de vue de Wittgenstein sur le non-sens philosophique change de façon décisive entre 1929 et 1932-1933, lorsqu'il réalise que les motifs à l'origine des non-sens philosophiques ne sont pas des traits propres à l'essence du monde mais de pures et simples erreurs de langage[1].

Au total, la lecture austère n'échappe pas à l'illusion rétrospective qui prend l'aboutissement du cheminement pour son point de départ et son motif originel : elle présente ainsi une pensée parvenue à maturité dès 1922 et isolée de la progressivité de son élaboration. Or lorsque Wittgenstein affirme en 1949 : « Les philosophes devraient se saluer en disant : "Prends ton temps !" »[2], il vise justement cette temporalité irréductible et sinueuse de la maturation philosophique, qui comprend des moments d'abandon aux conceptions qui seront finalement abandonnées ainsi que des moments où l'on croit s'en être libéré alors qu'elles habitent encore insidieusement nos pensées[3]. « En philosophie, écrit Wittgenstein, on ne doit pas *arrêter* une maladie de la pensée. Elle doit suivre son cours naturel, et le plus important est que la cure soit *lente* »[4]. Parole de malade. S'il est juste d'affirmer, avec la lecture austère, que Wittgenstein a joué le jeu « de l'intérieur » des conceptions philosophiques qu'il a critiquées, en revanche il nous semble faux de considérer qu'il a effectué ce travail en portant toujours sur lui un regard extérieur, comme s'il n'avait jamais cru à ces conceptions. Les textes de la période intermédiaire constituent, par leur caractère évolutif, l'une des meilleures preuves de la progressivité de la pensée qui s'y élabore. La temporalité de la méditation philosophique que manifeste la façon dont se constitue peu à peu le *Nachlaß* wittgensteinien interdit donc d'adopter sans

1. Que Wittgenstein affirme lui-même avoir eu en main très tôt ses idées les plus importantes ne permet pas non plus d'argumenter en faveur d'une continuité fondamentale de sa pensée, puisqu'il affirme par ailleurs avoir mis du temps à comprendre ces mêmes idées : voir WWK, p. 163.

2. *Vermischte Bemerkungen*, Frankfurt a. M., Suhrkamp, 1984, p. 80.

3. *Ibid.*, p. 79-80.

4. *Zettel*, Frankfurt a. M., Suhrkamp, 1984, § 382.

réserve la lecture austère. L'analyse de la remarque relative à *Alles fliesst* étaiera ces affirmations.

L'héraclitéisme : Alles fliesst

Les origines de l'héraclitéisme chez Wittgenstein

L'un des intérêts d'un examen du projet de langage primaire est qu'il permet de discerner l'image envisagée en 1929 par Wittgenstein (et empruntée à la psychologie) d'un champ phénoménal fluant. La reconnaissance de cette image a joué un rôle insigne dans l'abandon du projet de construction d'un langage phénoménologique. Il est significatif à cet égard que le *dictum* héraclitéen « Tout s'écoule » n'apparaisse qu'après l'abandon du projet de langage primaire, alors même que l'image héraclitéenne est à l'œuvre dès le début de 1929 : avec ce *dictum*, Wittgenstein nomme une image philosophique erronée, et pour cela il fallait d'abord qu'il prenne conscience de cette image. De même qu'il désigne une certaine image philosophique de la signification en s'appuyant sur la référence à Augustin, il nomme donc une certaine image de la temporalité en se référant à Héraclite. Cependant, la présence explicite de l'image héraclitéenne et son traitement critique ne donnent pas lieu à une position fixe de Wittgenstein à leur égard entre 1929 et 1933. Nous en voulons pour preuve le travail de reprise auquel le *dictum* est soumis au cours de cette période. Comme d'autres à la même époque [1], l'image héraclitéenne évolue quant à la valeur qui lui est reconnue. Ce qui demeure, en revanche, c'est l'idée que cette image incarne une certaine représentation philosophique du temps, que l'on retrouve aussi bien dans la comparaison du champ phénoménal à une pellicule qui se déroule [2] que dans la métaphore de la rivière du temps à la surface de laquelle flotteraient les événements [3].

A quelle source Wittgenstein puise-t-il l'héraclitéisme dont il éprouve la tentation ? Parmi les trois fréquentations susceptibles de lui avoir donné connaissance de la position héraclitéenne, celle de James s'impose à l'analyse [4]. Wittgenstein a lu de près les *Principles of Psychology* de James, celui-ci fait explicitement référence à Héraclite et le sens de son héraclitéisme est très proche de celui qu'envisage Wittgenstein. James défend en

1. Voir en particulier l'analogie cinématographique.

2. Entre autres BT, § 102, p. 495 et *The Blue and Brown Books*, Oxford, Blackwell, 1958, trad. fr. M. Goldberg et J. Sackur, *Le Cahier bleu et le Cahier brun*, Paris, Gallimard, 1996, p. 69.

3. Entre autres BrB, p. 177-8.

4. Les deux autres sont celles de Platon et du Cercle de Vienne.

effet dans son œuvre de 1890 un héraclitéisme phénoménal modéré, d'inspiration empiriste et de type psycho-physiologique. Au chapitre IX – consacré à l'étude du *stream of thought* – après avoir distingué la perception d'une chose de la chose perçue, il affirme qu'aucune sensation, aucune pensée, ni aucune idée [1] ne peuvent jamais se présenter deux fois à l'identique dans le cours de l'expérience. Cette thèse est liée de façon étroite à celle qui soutient le caractère essentiellement et incessamment fluant du contenu de l'expérience, présentée au chapitre XV (*The Perception of Time*) [2]. Selon James, à chaque nouvel instant se présente une expérience différente des précédentes qui, une fois remplacée, reflue à tout jamais vers le passé. Le fleuve héraclitéen s'incarne donc psychologiquement dans le courant de conscience (*stream of consciousness*) [3].

La fluance essentielle du vécu fournit à James le fondement sur lequel il élabore sa genèse psychologique empiriste de la perception du temps, et par suite, de nos concepts temporels (présent, passé, futur, succession, temps) [4]. Adoptant l'idée cardinale d'un présent psychologique pourvu d'une certaine durée minimale – c'est le *specious present*, composé de la pensée strictement présente, ainsi que du souvenir et de l'attente primaires [5] – James confère à cette durée le statut de condition de possibilité psychologique de la perception de tout processus temporel et, au premier chef, de la succession des sentiments ou pensées eux-mêmes (*feelings* ou *thoughts* [6]). Que le présent psychologique ait une certaine durée signifie à la fois qu'il s'écoule et qu'il se retient : une conscience de la durée d'un processus quelconque ne peut émerger sans une durée de la conscience que l'esprit a de lui-même, c'est-à-dire sans une retenue, en chaque nouvel instant d'existence de l'esprit, des instants qui ont tout juste précédé celui qui entre en scène. La durée minimale présente de la conscience est donc antérieure à, et rend possible la perception de la « succession des sentiments (*succession of feelings*) » par l'esprit, et donc le « sentiment de la succession (*feeling of succession*) » [7]. En conséquence, la durée du *specious present* est à l'origine du sentiment élémentaire du passé [8], et en conséquence, de la conscience du temps.

1. *Principles*, p. 227 et 229.
2. *Ibid.*, p. 593.
3. *Ibid.*, p. 227.
4. *Ibid.*, chap. XV.
5. Pour le *specious present*, *ibid.*, p. 573-574 et 593. Pour la *primary memory*, *ibid.*, chap. XVI, p. 606-610.
6. *Ibid.*, chap. VII, p. 186 pour la synonymie de ces deux termes.
7. *Ibid.*, chap. XV, p. 591.
8. *Ibid.*, p. 570.

Lorsqu'il entreprend de réformer le cadre théorique du *Tractatus*, Wittgenstein retient une version de l'héraclitéisme très proche de celle de James. Waismann relate la position de Wittgenstein à l'époque en disant que « le phénomène est quelque chose qui n'arrive qu'une seule fois »[1]. L'expérience immédiate (la conscience, les phénomènes) a pour forme essentielle la fluance et chacune des expériences immédiates n'existe effectivement qu'en un certain point du flux. Cette conception repose sur le fait que parmi les relations internes élémentaires des propositions phénoménologiques figure le temps, et donc que chaque proposition phénoménologique décrit un état de l'expérience immédiate par opposition à ceux qui le précèdent ou le suivent. Tout comme James, Wittgenstein adopte donc une représentation de l'expérience comme flux phénoménal.

En outre, certaines remarques font manifestement référence au *specious present* jamesien. Au cours de l'année 1929, Wittgenstein l'évoque explicitement[2] et règle sur sa structure la représentation qu'il se fait du présent de l'expérience immédiate. De même, lorsqu'il recourt à l'analogie cinématographique, il présente l'image sur l'écran (distincte des images sur la pellicule) comme étant à la fois toujours présente (le carré lumineux éclaire toujours l'écran) et soumise à un changement incessant (le contenu de l'image change sans cesse). Il qualifie encore l'expérience immédiate de « présent fluant », expression qui articule à son tour les deux propriétés d'être toujours présent et de changer sans cesse[3]. Enfin, il n'est pas jusqu'aux deux conceptions du solipsisme instantanéiste et du mobilisme qui ne correspondent respectivement aux deux traits essentiels de la réalité phénoménale d'être toujours présente et de changer sans cesse[4]. On retrouve ainsi très précisément la description du présent psychologique donnée par James :

> Son contenu est soumis à un flux incessant. (…) Tandis que le *specious present*, la durée intuitive, se tient permanent comme l'arc-en-ciel au-dessus de la chute d'eau, avec ses propriétés que les événements qui le traversent ne changent pas[5].

La reconnaissance de la source jamesienne permet de réinscrire la méditation wittgensteinienne du temps dans son contexte[6], celui du

1. WWK, Appendice B, « Thesen », p. 244.
2. Ms 105, p. 114 et Ms 107, p. 159. Cf. *supra*, p. 28 *sq*.
3. Ms 107, p. 2.
4. Ms 108, p. 1.
5. *Op. cit.*, p. 593.
6. Il n'est pas inutile de rappeler qu'au début du siècle à Cambridge les *Principles* faisaient figure d'œuvre de référence en matière de psychologie et de philosophie psychologique.

problème si insistant (que l'on pense à Bergson ou à Husserl) de la conscience du temps. Le sort réservé à la conception du « présent fluant » ne circonscrit dès lors plus seulement le parcours de la méditation singulière de notre auteur, mais questionne au-delà de l'exégèse la recevabilité de l'idée du présent de conscience largement adoptée à l'époque.

Le destin du dictum *héraclitéen* Alles fliesst *dans la période intermédiaire*

Parmi les pièces essentielles à verser au dossier de sa méditation du temps figure une remarque que Wittgenstein a récrite pas moins de cinq fois entre 1929 et 1933; elle dessine par son évolution la forme originale de cette méditation. Bien entendu, on ne peut lire correctement chacune de ses occurrences si l'on ne sait pas, au préalable, qu'elle prend place dans un processus de réécriture et quel sens il convient de donner à son caractère évolutif. Les considérations philologiques formulées en introduction de cette étude, ainsi que la mise au point relative au débat entre les lectures « résolue » et « irrésolue » du *Tractatus*, constitueront à cet égard nos principes de lecture.

De 1929 à 1933, les trois premières propositions reviennent à l'identique lors de chacune de leurs six occurrences. Et pourtant, ces six occurrences diffèrent les unes des autres : des inflexions significatives interviennent sous le double aspect de la variation du contexte et du contenu. Nous nous attacherons à comparer la première et la dernière occurrences, les autres pouvant être considérées comme des phases intermédiaires de l'évolution progressive entre ces deux termes.

Band I, Ms 108, p. 1 (13.12.29) Ts 208, p. 111-112 (1930) Ts 209, p. 20 (1930)	*Band* X, Ms 114, p. 21r-v (03.06.32) Ts 211, p. 763 (été 1932) Ts 213, § 91, p. 427 (1933)
Ce qui appartient à l'essence du monde, le langage ne peut l'exprimer. C'est pourquoi il ne peut pas *dire* que tout s'écoule. Le langage ne peut dire que ce que nous pourrions nous représenter autrement. Que Tout s'écoule doit être exprimé (*ausgedrückt sein*) dans l'utilisation (*Anwendung*) du langage, et non pas dans *un* type d'utilisation, par opposition à un autre, mais dans *l*'utilisation. Dans ce que nous appelons donc l'utilisation du langage. Par utilisation, j'entends ce qui en définitive, de combinaisons de sons et de traits sur du papier etc., fait un langage. Au sens où c'est l'utilisation qui fait	Ce qui appartient à l'essence du monde, le langage ne peut l'exprimer. C'est pourquoi il ne peut pas *dire* que tout s'écoule. Le langage ne peut dire que ce que nous pourrions nous représenter autrement. [? Que tout s'écoule doit se trouver (*liegen im*) dans l'essence de l'application (*Anwendung*) du langage à la réalité. ? (Ms 114 et Ts 211)] Que tout s'écoule doit se trouver dans l'essence du contact (*die Berührung*) du langage et de la réalité. Ou mieux : que Tout s'écoule doit se trouver dans l'essence du langage. Et souvenons-nous : dans la vie ordinaire, cela ne nous frappe pas (*auffal-*

d'une règle graduée un *étalon de mesure*. L'*application* (*das Anlegen*) du langage à la réalité. [Et cette application est la vérification des propositions. (Ms 108)].	*len*) – aussi peu que les bords flous de notre champ visuel (« parce que nous y sommes habitués » diront certains). Comment, à quelle occasion croyons-nous en prendre conscience ? N'est-ce pas lorsque nous voulons former des énoncés qui s'opposent à la grammaire du temps ? Lorsque l'on dit que « tout s'écoule », nous nous sentons empêchés d'établir le vrai, la véritable réalité.

La première occurrence

En affirmant l'indicibilité du présent fluant, la première occurrence de la remarque propose déjà une critique de l'idée exprimée par la formule *Alles fliesst*. Que Wittgenstein décide de composer un tapuscrit en 1930 (le Ts 209) montre qu'il pense alors être parvenu à un traitement thérapeutique satisfaisant de l'attaque phénoménologique dont il a été victime au cours des mois précédents. Précisons.

Douze jours avant cette occurrence, Wittgenstein avait donné un nom à l'idée du flux phénoménal présente dans ses réflexions depuis plusieurs mois [1] en citant le célèbre *dictum* héraclitéen παντα ρει (*Alles fliesst*)[2]. Il soumet désormais ce *dictum* à une critique articulée dans les termes du *Tractatus* : si « la forme de la réalité » est notamment celle du flux en 1929, alors dire que « Tout s'écoule » revient à prétendre se placer « en dehors du monde » de façon à voir et figurer cette forme logique comme on voit et figure un fait contingent[3]. Comme le rappelle notre remarque : « Le langage ne peut dire que ce que nous pourrions nous représenter autrement ». Si la formule « Tout s'écoule » avait un sens, alors sa négation aussi : il serait concevable que tout ne s'écoule pas et que « Tout s'écoule » n'exprime qu'un fait empirique général. Or en disant « Tout s'écoule », le philosophe ne vise évidemment pas un tel fait, mais « l'essence du monde » et donc une nécessité logique. Le caractère dépourvu de sens de la phrase d'Héraclite provient du fait qu'elle tente de dire une propriété phénoménologique du monde qui, à la fin 1929, peut seulement être montrée par l'emploi de notre langage et non pas dite par le langage primaire. Wittgenstein ne défend donc pas, dans le Ts 209, la thèse qu'il y a un flux absolu et qu'il est indicible, mais que vouloir dire la temporalité phénoménale logique conduit à affirmer (de façon dépourvue de sens) qu'il y a un

1. Notamment Ms 105, p. 114 et Ms 107, p. 1-2 et 159.

2. Ms 107, p. 222. Il s'agit de la première occurrence de cette formule au sein du corpus wittgensteinien.

3. Respectivement 2.18 et 4.12.

flux indicible. Rien d'étonnant, dès lors, à ce que notre remarque fasse directement écho au *Tractatus*. A : « Ce qui, dans les signes, ne parvient pas à l'expression (*zum Ausdruck*), l'emploi (*Anwendung*) de ceux-ci le montre. Ce que les signes escamotent, leur emploi l'énonce (*spricht aus*) » [1] répond : « Que tout s'écoule doit être exprimé (*ausgedrückt sein*) dans l'utilisation (*Anwendung*) du langage ».

On ne peut cependant s'en tenir à une lecture strictement tractarienne ; ce serait faire preuve d'une étrange amnésie, puisque cela reviendrait à oublier l'épisode du langage primaire de 1929, qui constitue pourtant le lieu d'émergence de l'image du flux. Il faut se souvenir, lorsqu'on lit la première occurrence de notre remarque, que la rétractation de Wittgenstein à l'égard du langage primaire s'est produite un peu moins de deux mois auparavant, et que parmi les tâches assignées à ce langage figurait celle de décrire la temporalité (la fluance) de l'expérience immédiate. C'est précisément l'incapacité du langage primaire de s'acquitter de cette tâche qui conduit Wittgenstein à qualifier d'« absurde » le projet de construire un tel langage, et c'est à elle qu'il fait référence lorsqu'il évoque l'impossibilité de dire le flux essentiel du monde. La première occurrence de notre remarque enregistre ainsi les conséquences pour le temps du constat d'échec relatif au langage primaire, et cela en appliquant l'activité thérapeutique du *Tractatus* au projet phénoménologique. Que « le langage ne puisse pas exprimer ce qui appartient à l'essence du monde » signifie en particulier que nous ne pouvons nous en remettre qu'à notre langage et devons renoncer à l'idée d'un langage primaire [2].

La première occurrence de la remarque prend donc place dans une évolution – et cette évolution est, en réalité, relativement rapide. Empruntant une piste ouverte au début du Ms 107 [3], Wittgenstein en vient très vite à mettre en cause l'idée même d'une forme phénoménologique du temps – cette mise en cause intervient dès le 21 décembre, soit huit jours après la première occurrence. Celle-ci ne constitue donc qu'une étape dans un processus de questionnement critique amorcé plus tôt. Quelles sont les étapes principales de ce processus ? Le 1er décembre, Wittgenstein fait usage de façon non critique du *dictum* ; le 13, il enregistre les conséquences pour le temps de l'échec du langage primaire ; le 21, il critique le motif

1. 3.262.

2. Si la première occurrence vise de façon générale le projet phénoménologique de 1929, elle critique plus particulièrement la remarque du 1er décembre : « Le flux de la vie ou le flux du monde s'écoule ["tout s'écoule"] et nos phrases ne sont vérifiées pour ainsi dire que par l'instant. Nos phrases ne sont vérifiées que par le présent » (Ms 107, p. 222).

3. *Cf.* p. 1-2.

même qui suscite la tentation de faire usage du *dictum* héraclitéen ; le 23, il rédige deux paragraphes qui développent cette critique et qu'il fera figurer dans la dernière occurrence de la remarque [1]. Il parcourt donc en dix jours l'espace qui sépare les deux occurrences extrêmes de la remarque. Si les prémices de la dernière occurrence sont présentes dès cette époque, il se passe néanmoins plusieurs mois avant qu'elles ne libèrent toute leur puissance critique. Comment situer alors la première occurrence au sein de cette évolution ? Wittgenstein s'en prend ici au projet d'une phénoménologie du temps quant à ses conséquences logiques, tout en conservant une certaine légitimité au motif de ce projet – il y a encore une essence du monde. Si la dernière occurrence prend, elle aussi, pour cible ce projet, elle accomplit cependant un pas de plus en renvoyant le motif même du *dictum* à une erreur commise à l'égard de notre langage, et non plus à une temporalité fondamentale que le *dictum* essaierait de dire en vain parce qu'elle ne pourrait que se montrer. Bref, le statut du motif qui conduit à vouloir formuler le *dictum* se transforme entre la fin de 1929 et 1932-1933.

Selon la première occurrence de notre remarque, vouloir dire une forme logique des phénomènes condamne au non-sens. La temporalité du langage n'est donc plus envisagée dans le cadre de la confrontation du langage physique avec le présent fluant et de leur incompatibilité (comme c'était encore le cas en octobre 1929) – ce qui supposerait d'accorder un sens à l'idée de présent fluant – mais dans celui d'une dissolution de l'idée même de flux absolu (dans des termes que nous précisons plus bas). La disposition des remarques au sein du Ts 209 l'atteste : le § 48 des *Remarques* rappelle le point de vue de l'année 1929 en évoquant l'idée que la nature spatio-temporelle physique de nos propositions doit être « commensurable » au présent phénoménal de la vérification, comme si la question légitime était celle de l'adéquation empirique du langage au phénomène (le langage devrait se dérouler assez vite pour pouvoir être simultané au phénomène qu'il décrit) ; puis le § 54 opère la critique logique d'inspiration tractarienne de la tentative de dire une forme phénoméno-logique, écartant ainsi la pertinence critique de l'idée d'incommensurabilité.

Mais afin d'élucider plus avant le sens de cette critique, il nous faut prendre en compte le pendant de l'héraclitéisme en 1929. En effet, la méprise commise par l'héraclitéisme, le solipsisme de l'expérience présente la commet à son tour lorsqu'il affirme : « Seule l'expérience de l'instant présent est réelle » [2]. Il n'y a rien d'étonnant à ce que cette autre conception philosophique du temps succède immédiatement à celle du

1. BT, § 91, p. 428.
2. Ms 108, p. 1.

mobilisme dans le Ms 108, puisqu'elle constitue à la fois le rejeton et le complément de celle-ci. Elles tentent en effet d'exprimer les deux aspects essentiels du présent fluant et sont en réalité les deux faces d'une même erreur : celle de croire que ce présent offre quelque chose à dire. D'abord attestée du point de vue des sources[1], leur étroite parenté s'atteste ensuite du point de vue du sens. L'utilisation de l'adverbe « seulement » (*nur*) manifeste en effet qu'une image erronée du temps est à l'œuvre : si l'on dit que tout s'écoule à la mode mobiliste, on sera tenté de considérer qu'au sein du flux universel seule la partie qui constitue actuellement l'expérience immédiate est réelle, puisque les parties passées ne sont plus et que les parties futures ne sont pas encore – l'énoncé du solipsiste instantanéiste parle bien de l'expérience « de l'instant présent (*des gegenwärtigen Augenblicks*) »[2]. Mais adopter l'idée du flux absolu revient à assimiler l'expérience présente – si l'on utilise l'analogie cinématographique – à l'image de la pellicule qui se trouve devant le projecteur, encadrée par celles qui sont passées et celles qui passeront, alors qu'elle correspond à celle de l'écran, qui ne s'oppose à aucune. L'erreur mobiliste nous soumet ainsi par elle-même au travestissement solipsiste intanstanéiste du présent phénoménologique[3], et nous conduit du même coup à parler de celui-ci en termes physicalistes[4]. Or si le présent doit être compris comme une forme phénoménologique, on ne peut pas dire que le passé le borde, mais seulement qu'il est « contenu » en lui, et même, puisque le présent de l'expérience immédiate ne s'oppose à aucun passé ni à aucun futur, qu'en l'occurrence « le mot “présent” est superflu »[5]. De surcroît, si l'on ne peut pas dire que le présent phénoménologique est une parcelle du flux, on ne peut pas dire non plus qu'il est « traversé » par le « flux » de la réalité, car l'image du flux suggère l'existence d'un amont et d'un aval constitutifs d'un hors-champ de l'expérience présente[6]. En conséquence, le premier résultat de la tentative de dire la forme phénoménologique du temps est qu'on la présente (sous les traits du flux phénoménal) comme une propriété du langage et du monde d'une nécessité empirique, et qu'à cette occasion, on glisse (avec les

1. Voir *infra*, p. 43 *sq.* Wittgenstein range explicitement James parmi les représentants du solipsisme instantanéiste dans *Wittgenstein's Lectures, Cambridge 1932-1935*, Oxford, Blackwell, 1979, trad. fr. E. Rigal, *Les cours de Cambridge, 1932-1935*, Mauvezin, TER, 1992, p. 39.

2. Le génitif est objectif. *Cf.* la même formulation dans BT, § 102, p. 494.

3. Ms 107, p. 6-7.

4. *Ibid.*, p. 160/BT, § 94, p. 438.

5. Ms 108, p. 2-3.

6. Ms 107, p. 1 (où Wittgenstein écarte le terme *Fluss* au profit de *Veränderung*) et Ms 108, p. 33 (où il préfère *Verlauf* à *Fluss*).

termes « flux » et « présent ») du mode d'expression phénoménal au mode d'expression physicaliste[1].

Mais si le présent fluant n'est qu'une illusion, *qu'*est-ce que l'on vise lorsque l'on tente de dire la temporalité phénoménologique commune au monde et au langage? Et qu'est-ce que, pour le langage, « exprimer » ou « montrer » cette temporalité ? L'expression-ostension des relations phénoménologiques temporelles est conçue dans un cadre spécifique en 1929, en partie distinct de celui du *Tractatus*. Wittgenstein précise qu'elle est assurée par « l'application du langage à la réalité » qui fait d'un ensemble de signes un langage, puis que « l'application du langage est la vérification des propositions ». Il revient donc à la *vérification* de montrer que tout s'écoule.

Après sa rétractation à l'égard du langage primaire, Wittgenstein distingue deux types d'énoncés parmi ceux qui, au sein de notre langage, portent sur le cours de l'expérience et sont donc temporels[2]. D'une part, les « propositions phénoménologiques », qui décrivent exclusivement l'expérience immédiate et possèdent une valeur de vérité, celle-ci pouvant être décidée complètement grâce à la vérification fournie par l'expérience immédiate (par exemple: « Je vois une tache rouge au milieu de mon champ visuel »). D'autre part, les « hypothèses », qui décrivent la réalité selon un mode particulier de présentation (*Darstellung*) – celui des objets physiques – qui à la fois se distingue par sa simplicité (alors que la description de l'expérience immédiate est compliquée) et produit des attentes quant au développement du cours de l'expérience. Mais parce qu'elles ne portent pas strictement sur l'expérience immédiate présente, les hypothèses ont pour régime de satisfaction non pas la vérité mais la probabilité. Le mode d'expression physicaliste est composé de telles hypothèses[3]. Il revient en outre aux propositions phénoménologiques de jouer le rôle de confirmation ou d'infirmation des hypothèses.

Seul ce cadre vérificationniste permet de comprendre l'idée de l'ostension de la temporalité phénoménale par l'emploi du langage, puisque à la relation des hypothèses et des propositions phénoménologiques correspond celle du mobilisme et du solipsisme instantanéiste. La vérification (entendue en un sens large qui inclut la satisfaction des hypothèses) montre d'abord ce que le solipsiste instantanéiste prétend dire, puisque « nos propositions ne se vérifient que dans le présent » : le présent de l'expérience immédiate permet la décision de la valeur de vérité des énoncés phénomé-

1. *Ibid.*, p. 160.
2. A la différence des énoncés mathématiques et grammaticaux.
3. Pour ces deux notions, PB, XXII.

nologiques, et par voie de conséquence, la confirmation (ou l'infirmation) de l'hypothèse. Elle montre ensuite ce que le mobiliste prétend dire, puisque le mode de satisfaction des hypothèses repose sur la succession incessante d'expériences et des propositions phénoménologiques correspondantes [1]. Si les deux traits essentiels du *specious present* sont décrits par le mobilisme et le solipsisme instantanéiste, ces deux (pseudo-)conceptions échouent à dire les modes de vérification corrélatifs et respectifs de l'hypothèse et de la proposition phénoménologique [2]. Ainsi, l'affirmation mobiliste/solipsiste instantanéiste n'est pas la tentative avortée de dire la forme logique du temps qu'est censé constituer le présent fluant, mais l'image d'un tel présent le résultat de la tentative de dire le trait logique de notre langage que constituent les modes de vérification propres à certains de nos énoncés.

Sous la forme de la détermination temporelle de ces modes, le temps s'incorpore à la grammaire. Ce ne sont donc pas les « signes » mais bien les « symboles » qui montrent que tout s'écoule. Mais de cela on ne peut rien dire, seule la façon dont nous vérifions l'énoncé phénoménologique ou hypothétique le montre. L'extension temporelle de la pratique linguistique n'importe donc pas seulement en raison de l'observation que la manipulation du langage prend du temps du fait de sa matérialité [3]. Elle importe également par la façon (vérificationniste, à la fin de 1929) dont le langage ordinaire *signifie*. Le constat que la temporalité constitue un trait irréductible du caractère signifiant de notre langage apparaît donc dès 1930 [4], tout en ne recevant de notre remarque qu'une formulation succincte destinée à être profondément remaniée à partir du milieu des années 1930 avec l'abandon du vérificationnisme.

La dernière occurrence

Quelles sont les raisons de la transition vers l'occurrence ultime du Ts 213 ? On ne peut les comprendre sans préciser ce que Kienzler a appelé le processus de la « reprise » dans la constitution du *Nachlaß* [5]. Divisé en trois périodes (juillet 1931, novembre 1931 et avril-juin 1932), ce processus consiste en un retour critique de Wittgenstein sur un nombre important

1. Que l'hypothèse relève du monde physique alors que le flux héraclitéen est propre au présent de l'expérience immédiate ne peut faire objection ici, dans la mesure où Wittgenstein considère que les hypothèses se rapportent directement, « par certaines de leurs faces », à l'expérience immédiate et que leur validité spécifique dépend de ce rapport (PB, § 225).

2. Ms 109, p. 19.

3. PB, § 15.

4. Voir *infra*, p. 166 *sq.*

5. *Op. cit.*, p. 83-88.

des remarques qu'il a écrites entre février 1929 et janvier 1930. Il se produit dans les Ms 111 et 114 et, une fois achevé, conduit à la dictée du Ts 211, qui constitue le matériau principal à partir duquel a été constitué le Ts 213. Le tracé sinueux de ce processus est dessiné de façon exemplaire par les six occurrences de notre remarque. Celle-ci prend tout d'abord une forme manuscrite dans le Ms 108, à la fin de 1929. Puis l'année suivante, elle est dactylographiée dans le Ts 208. A partir de ce tapuscrit, Wittgenstein compose la même année la dactylographie plus élaborée du Ts 209; notre remarque y figure à l'identique. Ainsi se clôt le premier moment de son évolution, examiné par nos analyses précédentes. En 1932, Wittgenstein découpe le début de la remarque (ainsi que les deux paragraphes qui la précèdent) dans le Ts 208 pour le coller dans un volume manuscrit (Ms 114). Il entreprend à cette occasion la réécriture d'une partie de la remarque dont l'occurrence du Ts 213 représente l'aboutissement. Cette reprise (découpage, collage et réécriture) correspond à une modification profonde du statut conféré au non-sens *Alles fliesst*.

L'occurrence du Ts 213 exprime une prise de position nouvelle de Wittgenstein à l'égard de la question du temps. Comme nous l'avons indiqué, cette inflexion est déjà esquissée quelques jours après la première occurrence[1]. Comment s'amorce-t-elle? Le 21 décembre 1929, Wittgenstein écrit :

> Ce que je semble vouloir dire véritablement [quand je dis que tout s'écoule] est que le présent s'enfuit de façon incessante et pour ainsi dire ne peut être saisi. (Mais cela, naturellement, on ne peut pas le dire). Que je *veuille* dire cela doit reposer sur une certaine mécompréhension. Cette *volonté* d'attraper le présent doit reposer sur une mécompréhension. Et à la vérité sur le fait que l'on veut appliquer à l'expérience immédiate une catégorie qui ne doit être appliquée que dans le langage du monde physique [2].

La raison du changement avancée par ce texte présuppose que l'on n'engage plus l'analyse de la formule « Tout s'écoule » sur le seul plan de la *logique*, mais également sur celui des *motifs :* « Comment se fait-il que je *veuille* dire que tout s'écoule? »[3]. Le non-sens du *dictum* ne réside plus dans la tentative de dire ce qui ne peut l'être, mais dans l'idée qu'il y aurait quelque chose qui ne saurait être que montré : il ne reste plus rien que le

1. BT, § 91. On ne peut donc pas expliquer un tel changement par l'adoption de l'idée de l'indépendance de la grammaire à l'égard de la réalité, puisque cette idée s'impose ultérieurement à la série de textes que nous étudions (dans la seconde moitié de février 1930, notamment Ms 108, p. 98 (28.02.30), que l'on comparera avec WLC 30-32, p. 10-11).

2. Ms 108, p. 26-27.

3. Nous soulignons.

dictum héraclitéen pourrait chercher à dire, même en vain. Wittgenstein se détourne donc de la question de la dicibilité pour rejoindre celle des motifs de l'affirmation mobiliste. Il suggère alors qu'une certaine mécompréhension des règles grammaticales de notre langage – la confusion de celles propres aux énoncés phénoménologiques avec celles propres aux énoncés physicalistes [1] – produit une conception erronée de l'expérience immédiate (celle du flux) et surtout suscite la *volonté* d'affirmer la (pseudo-)proposition correspondant à cette conception (« Tout s'écoule »). Il s'agit là d'une inflexion remarquable. Certes, dans la dernière citation donnée, Wittgenstein ne remet pas encore en cause l'idée d'une forme logique commune au langage et à la réalité : comme dans la première occurrence, il pense que ce dont la phénoménologie *a posteriori* a voulu effectuer la description est cette forme logique qui ne peut qu'être montrée. Pourtant, ce n'est plus dans la tentative de dire une telle forme qu'est située l'origine du *dictum.* Voilà pourquoi Wittgenstein complète son propos deux jours plus tard de la façon suivante :

> Il est étonnant que nous ne ressentions jamais dans la vie courante le sentiment que le phénomène nous échappe, le flux constant de l'apparition, mais seulement lorsque nous philosophons. Cela indique qu'il s'agit ici d'une pensée qui nous est suggérée par une mauvaise utilisation de notre langage (ordinaire).
> Ce sentiment est en effet que le présent disparaît dans le passé sans que nous puissions l'en empêcher. Et nous nous servons ici manifestement de l'image d'une pellicule qui se déroule de façon incessante devant nous et que nous ne pouvons pas retenir. Mais naturellement il est tout aussi clair que l'image est mal utilisée. Que l'on ne peut pas dire « le temps s'écoule » si avec « temps » on signifie la possibilité du changement [2].

Le locuteur-philosophe est affecté par une mécompréhension de son langage [3] et l'effet de cette mécompréhension consiste en un certain sentiment qui suscite la volonté de dire (par exemple) que tout s'écoule. On croit alors avoir voulu décrire, sans y parvenir, une forme phénoménologique. Mais l'indicibilité prétendue de la forme logique du temps se résout en fait en une confusion de règles grammaticales. Telle est la leçon de la dernière occurrence et cette critique occupe désormais toute la scène. « La phénoménologie est de la grammaire » [4] : là où Wittgenstein a voulu opérer la

1. Voir dans notre remarque : « former des propositions à l'encontre de notre grammaire du temps ».

2. Ms 108, p. 32-33 (23.12).

3. Dont le langage lui-même est en partie responsable (BT, § 90, p. 424-425).

4. § 94, p. 437.

description d'une forme au cours de l'année 1929, il n'y avait en réalité rien à ne pas pouvoir décrire. L'erreur de l'occurrence de 1929 est donc d'avoir considéré que la nécessité de nos règles grammaticales (« l'essence de notre langage ») est le reflet de la « forme de notre monde » (« l'essence du monde »), et donné ainsi une image mythologique de la nécessité grammaticale, comme si la rigidité de celle-ci avait besoin d'être fondée dans « l'essence du monde » pour être assurée.

Wittgenstein souligne en outre l'aspect affectif et volitif qui se situe à l'origine de la philosophie[1]. Il se crée, en réponse à l'impression que le langage exerce sur le philosophe, un attachement à telle ou telle représentation – par exemple, à celle de l'expérience immédiate et du temps comme flux – qui rend son abandon très difficile, même s'il se trouve que l'explication de la mécompréhension qui l'a engendrée ou de son incohérence est relativement simple. Plus encore que par une difficulté théorique, notre juste compréhension du langage est donc entravée par notre volonté qui ne veut pas démordre d'une certaine image. C'est là un aspect majeur de l'origine du *dictum* héraclitéen[2]. Il n'est donc plus question pour Wittgenstein de reconnaître une certaine légitimité à la tentative qui s'achève dans le non-sens de l'image et du *dictum* héraclitéens, mais de montrer l'erreur à l'origine de la tentation, quasi irrésistible pour le philosophe, de dire que « tout s'écoule ». Il s'engage ainsi dans une entreprise généalogique de révélation des motifs qui nous conduisent à travailler à la philosophie du temps.

Quelles sont les modifications qui interviennent au sein de la remarque ? La plus frappante concerne la double substitution de « contact » (*Berührung*) à « application » (*Anwendung*) et de « résider dans » (*liegen in*) à « être exprimé » (*ausgedrückt sein*). Depuis la première occurrence, la pensée wittgensteinienne du langage a connu une évolution importante : celle du rejet de la thèse d'une forme logique commune au langage et à la réalité, et de l'idée tractarienne corrélative selon laquelle l'essence du monde se montre dans l'utilisation du langage[3]. Récusant cette conception, Wittgenstein considère dès lors que l'idée d'« une liaison du langage et de la réalité » n'a pas de sens clair[4]. Il juge extrêmement dangereuse l'image philosophique d'un intérieur et d'un extérieur du langage, issue de la déformation de la différence triviale qui existe (par exemple) entre le récit d'un événement et l'événement lui-même, et que règle toujours déjà la

1. BT, § 86, p. 406-407.
2. *Cf.* également Ms 107, p. 231 et Ms 108, p. 28.
3. 4.121 et 6.13. Affirmations répétées dans WLC 30-32, p. 10-11 (février 1930).
4. WWK, p. 191-192 (01.07.32).

grammaire de notre langage. Reconnaître le caractère « arbitraire » de celle-ci ne consiste donc pas du tout, pour Wittgenstein, à constater que nos règles grammaticales seraient indépendantes de la réalité, mais à dénoncer le caractère dépourvu de sens d'un constat de ce type – qu'il affirme ou nie l'isomorphisme logique du langage et de la réalité – et à considérer que la pensée d'une extériorité réciproque et globale du langage et de la réalité à la mode du *Tractatus* est obscure, ne serait-ce que parce qu'elle présuppose le geste contradictoire de se placer hors du langage au moyen de celui-ci alors que l'extériorité au langage est une affaire qui lui est inhérente. L'« essence du monde » ne se « montre » pas comme quelque chose d'extra-linguistique qui fixerait la forme grammaticale de notre langage, mais le terme « monde » présuppose déjà tout un langage qui en règle l'usage. Comme le dira Wittgenstein quelques années plus tard : « L'*essence* est exprimée par la grammaire »[1].

En conséquence, l'expression « le contact (*Berührung*) du langage et de la réalité » ne désigne plus le rapport du langage avec une réalité qui lui ferait face de l'extérieur, comme le suggérait la formule « l'application (*Anlegen*) du langage à la réalité » en 1929. Si le terme *Anwendung* appartient encore, dans le Ms 114, à la formulation principale, tandis que celui de *Berührung* se trouve dans une formulation encadrée de crochets, Wittgenstein ajoute par la suite un trait ondulé en marge de la formulation principale, exprimant par là une insatisfaction qui le conduit, dans le Ts 211, à placer entre crochets et points d'interrogation la formulation qui recourt au terme *Anwendung*. Il écarte donc progressivement l'image de l'application, ce que confirme l'ajout dès l'occurrence du Ms 114 de la phrase : « Ou mieux : que tout s'écoule doit se trouver dans l'essence du langage ». A ses yeux, la formulation la moins dangereuse philosophiquement est encore celle qui se passe de l'idée d'un rapport entre le langage et la réalité. Une fois cette idée abandonnée, « Tout s'écoule » ne peut plus renvoyer à la tentative avortée de dire une propriété essentielle et indicible du monde phénoménal : là où l'on croyait aller au-delà du langage jusqu'à l'essence du monde, on « se trouve » pris tout entier dans le langage (« dans l'essence du langage »)[2]. Lorsque nous pensons confronter la grammaire à la réalité, nous confrontons une partie de la grammaire à une autre – le terme « contact » (*Berührung*) désigne ainsi une articulation intra-grammaticale – sans que cela signifie que nous soyons enfermés dans le langage et privés de toute possibilité d'atteindre les choses elles-mêmes.

1. Ms 116, p. 340 (01.05.45)/PU, § 371.
2. BT, § 94, p. 441, ainsi que PG, § 112.

Deux idées au moins résultent dans la dernière occurrence de ce renouvellement de l'approche du *dictum* héraclitéen : l'une est celle du rejet du *dictum;* l'autre a trait à la question de la temporalité du langage. Il ne fait guère de doute qu'en 1932/1933 Wittgenstein retire toute espèce de légitimité à l'image du présent fluant. La modification du contexte des trois premières propositions de la remarque lors de la dernière occurrence le montre clairement, et cela est confirmé par le traitement exclusivement critique que Wittgenstein accorde à partir de 1931, et jusqu'à la première dactylographie des *Recherches* [1], à l'affirmation d'Héraclite : « On ne peut pas se baigner deux fois dans le même fleuve ». Sous l'éclairage de la fin du premier alinéa de la dernière occurrence et du début du second, les trois premières propositions de notre remarque prennent désormais valeur de citation : Wittgenstein les reproduit en guise de formulation d'une erreur philosophique par laquelle il a été tenté quelques années auparavant et qu'il souhaite déjouer. Plus précisément, il considère que si l'on souhaite continuer à parler d'un « flux » du temps, on ne doit plus lui donner le statut qu'il recevait en décembre 1929, mais le tenir pour un simple mode d'expression métaphorique [2]. Aux considérations que consacre la première occurence à la vérification, Wittgenstein substitue en effet une réflexion portant sur les conditions d'apparition de l'idée d'un flux phénoménal absolu : si l'affirmation mobiliste ne tente pas de dire quelque chose de l'essence de la réalité, comment se fait-il que cette idée surgit et exerce sur nous une telle force de séduction ?

Mais avant de répondre à cette question, il nous faut remarquer que si le traitement critique qui lui est réservé occupe une place centrale dans les réflexions de Wittgenstein au début des années 1930, la formule *Alles fliesst* connaît en leur sein un destin en réalité plus complexe. Il se dessine dès cette époque une certaine utilisation du *dictum* à laquelle Wittgenstein retournera à la fin des années 1940 : celle relative à la question de la temporalité du langage. On trouve ainsi la remarque suivante en 1930 :

> Si je ne sais pas exactement comment commencer un livre, cela provient du fait que quelque chose n'est pas encore clair. Car j'aimerais commencer avec ce qui est donné à la philosophie, avec les phrases écrites et prononcées, pour ainsi dire avec les livres.
> Et ici nous rencontrons la difficulté du « Tout s'écoule ». Et après tout, peut-être est-ce avec elle qu'il faut commencer [3].

1. Ts 220, p. 89.
2. BrB, p. 177.
3. Ms 110, p. 10 (13.12.30).

Cette remarque fait écho au § 18 des *Remarques*, dans lequel Wittgenstein affirme que commencer avec « les livres », c'est aborder la notion de proposition en son sens ordinaire, c'est-à-dire sous la forme des « phrases écrites et prononcées » – et il ajoute que cela constitue par soi-même « un changement de perspective ». Il suggère de cette manière, pour l'heure brièvement, l'adoption possible d'une image du langage qui cesserait de tenir celui-ci pour un système idéal et atemporel, et rendrait à la pratique linguistique son caractère de phénomène spatio-temporel. Stern observe précieusement à ce sujet que la dernière phrase du § 18 est la source du § 108 des *Recherches*, dans lequel se trouve exprimé le changement d'image du langage auquel Wittgenstein veut conduire son lecteur[1].

Généalogies

Si maintenant on essaie de comprendre l'idée de présent fluant en son statut critique du début des années 1930, il faut bien admettre qu'elle recouvre une tentation philosophique généalogiquement surdéterminée; diverses erreurs doivent être débusquées afin de la dissoudre. Un premier type d'erreur est fourni par la mauvaise compréhension de ces très vieilles analogies que nous utilisons si fréquemment pour parler des événements qu'elles se sont « incrustées » (*geprägt*)[2] (ou) sont « passées » (*aufgenommen*)[3] dans notre langage, tant et si bien que nous les utilisons sur fond d'oubli de leur valeur analogique. Il appartient ainsi à notre langage (depuis l'Antiquité grecque) que nous parlions du « flux du temps », ce dont témoignent les expressions ordinaires comme : « le temps passe vite » ou « deux heures se sont écoulées »[4].

Un deuxième type d'erreur réside dans la confusion des modes d'expression respectifs des phénomènes et des objets et événements physiques[5], qui constitue une méprise à l'égard de notre grammaire du temps. Mais cette méprise peut elle-même prendre des formes différentes. Elle peut d'abord consister à « transporter le concept de temps physique sur le cours des vécus immédiats (*auf den Verlauf der unmittelbaren Erlebnisse*) »[6]. La confusion de ces deux catégories grammaticales est alors semblable à celle du « temps de la pellicule et [du] temps de l'image sur l'écran ». Or il est nécessaire de distinguer ces deux « modes d'expression » du temps. Cela signifie en particulier que si le concept de mémoire peut être

1. *Op. cit.*, p. 166-167. Cf. *infra*, p. 192 *sq.* pour le développement de ce point.
2. BT, § 90, p. 423.
3. *Ibid.*, § 87, p. 409.
4. WLC 32-35, p. 26 et BT, § 90, p. 422-424.
5. PB, § 57.
6. Ms 108, p. 33.

utilisé aussi bien du point de vue phénoménal (« la mémoire comme source du temps ») que du point de vue physique (« la mémoire comme conservation plus ou moins fidèle de ce qui s'est "réellement" passé et dont on a d'autres témoignages par ailleurs »), néanmoins des règles de syntaxe différentes régissent chacun de ces types d'emploi du terme « mémoire »[1]. Wittgenstein utilise l'expression « source du temps » (*Quelle der Zeit*) pour désigner les emplois dans lesquels le doute à l'égard de la fiabilité de ce que présente la mémoire est grammaticalement exclu. Autrement dit, d'un point de vue strictement phénoménal, la mémoire *définit* l'ordre temporel des choses qui apparaissent en elle[2]. Dans ce cas, la relation entre ce qui est présenté comme plus tôt et ce qui est présenté comme plus tard par le souvenir est donc « interne »[3], puisqu'elle épuise alors ce que l'on appelle « le temps » – de ce fait, toute interprétation psychologisante doit ici être écartée : l'expression « la mémoire comme source du temps » ne renvoie pas à l'hypothèse (envisagée par notre auteur en 1929) que la mémoire puisse être le « vécu » qui se trouve au fondement du concept de temps, mais à une dimension grammaticale[4]. Wittgenstein invoque sur ce point l'exemple suggestif des « vécus passés »[5], qui présentent de façon exemplaire le cas dans lequel ce dont on se souvient ne peut exister qu'à la condition que l'on s'en souvienne : il est en effet tout aussi dépourvu de sens d'affirmer qu'un objet physique ne peut pas exister pendant « les pauses de notre perception », *i.e.* indépendamment de son apparition[6], que d'affirmer au sujet d'un vécu qu'il peut exister en dehors du champ phénoménal. Lorsqu'on l'utilise « comme source du temps », le souvenir n'est donc pas une image éventuellement fausse de l'ordre des événements réels auxquels on attribue une existence indépendante. Il est alors grammaticalement impossible de parler d'un « souvenir qui pâlit », puisque pour cela il faudrait poser que l'événement dont on se souvient a eu des caractéristiques autres que celles que le souvenir représente et qu'il y a un sens à vouloir comparer l'événement lui-même et la représentation mémorielle. Bref, il est erroné de dire, du point de vue phénoménal : « Je *ne* peux *que* me souvenir »[7]. Si l'on s'en tient exclusivement au phénomène et aux modes d'expression phénoménologiques, on doit s'en tenir également,

1. Ms 107, p. 236 et 242.
2. WWK, p. 22.
3. *Ibid.*, p. 55.
4. Ms 105, p. 98. Voir Ms 110, p. 9-10 : « Et "mémoire" ne désigne pas ici (...) une faculté psychologique, mais une certaine partie de la structure logique de notre monde ».
5. WWK, p. 17.
6. DWW, p. 160-161.
7. WWK, p. 17.

relativement à ce que nous appelons de façon ordinaire le « passé », à ce qui apparaît comme tel dans le souvenir. Or l'image propre au sentiment que « le présent disparaît dans le passé sans que nous puissions l'en empêcher » suppose justement qu'il y ait un sens à parler d'un vécu qui quitte le présent et s'enfonce progressivement dans le passé, c'est-à-dire à parler « du flux constant de l'apparition »[1]. Par là, bien sûr, n'est pas retirée toute légitimité au fait de parler des vécus de façon physicaliste (que l'on pense à la mémoire comme image qui conserve le passé), mais se trouve dénoncée l'immixtion du mode d'expression physicaliste dans le mode d'expression phénoménologique lorsque l'on croit s'en tenir à celui-ci.

La même confusion peut être déjouée par le recours à l'analogie cinématographique. Il n'y a sur l'image de l'écran que du présent puisque aucune image ni passée ni future ne l'encadre. En revanche, l'image de la pellicule qui se trouve présentement devant le projecteur a été précédée et sera remplacée par d'autres images : les apparitions sur l'écran sont toujours seulement présentes (une image qui disparaît n'est absolument plus, du point de vue phénoménal), tandis qu'il appartient aux images physiques sur la pellicule d'exister en dehors de leur projection sur l'écran. Mais si « nous sommes tyrannisés par l'analogie » des vécus avec « des images des objets dans notre esprit », nous assimilons l'image sur l'écran (les vécus) avec les images de la pellicule et nous disons que l'image sur l'écran s'écoule de la même manière que la pellicule et ses images se déroulent. Une conséquence insigne de cette confusion est que même si absolument rien ne change dans le champ phénoménal, même si l'image sur l'écran ne se modifie en aucune façon pendant un certain laps de temps, nous aurons pourtant le sentiment que les phénomènes nous échappent. La confusion en question incite en effet à concevoir le phénomène identique sur l'écran selon le modèle d'une succession d'images identiques les unes aux autres. A l'identité phénoménale est ainsi appliqué un mouvement physique de déroulement, qui la décompose en autant d'instants de contenu identique mais successifs et numériquement différents.

> Au sens philosophique, tout coulerait [encore] alors même que tout, dans l'ordre de l'expérience, demeurerait comme il est. Je considère, mettons, ce bureau devant moi : il ne change pas ; il reste le même. Mais le sentiment qu'avec le langage, nous n'adhérons pas à la réalité, parce que le temps s'enfuit pendant que nous parlons, [ce sentiment] demeure inentamé,

1. Ms 108, p. 32.

même si nous nous représentons un moment où, pour une fois, n'aurait lieu autour de nous aucun changement [1].

Wittgenstein s'en prend par là au modèle psychologique sous-jacent à ses réflexions de l'année 1929. La citation précédente répond directement à un texte du début de l'année 1929 encore prisonnier de la conception héraclitéenne :

> A supposer que notre champ visuel reste toujours le même et que nous n'ayons pas d'autres sens que le sens de la vue, le temps s'écoulerait-il (*verrinnen*) alors ? On doit apparemment supposer que oui ; car le changement inclut aussi en lui la possibilité du repos. Même s'il est difficile de s'imaginer que le temps passe (*vorgeht*) quand tout reste le même. Mais déjà dire que tout reste le même présuppose le temps [2].

L'idée que le flux des phénomènes ne peut être suspendu et constitue une forme phénoménologique nécessaire trouve donc une origine dans la confusion du type de celle de l'image de l'écran avec les images de la pellicule.

La confusion des modes d'expression physicaliste et phénoménologique et l'adoption de l'image du présent fluant résultent également d'erreurs commises à l'égard du concept de continuité. En déjouant cette deuxième version de la confusion, Wittgenstein propose une autre voie pour rejeter le modèle du *specious present*. Dans un cours de Cambridge de l'année universitaire 1931-1932, il prend pour objet d'analyse un exemple classique de la philosophie de la conscience du temps : celui de l'expérience auditive d'un son. Nous avons vu que dans le Ms 105 [3], Wittgenstein décrivait le vécu qui se trouve au fondement du concept de temps sous les traits du souvenir primaire. Quelque temps après (le 11.10.29) [4], il représente par un dessin le présent de l'expérience en faisant figurer à la fois la « perception continue » et le « point terminal » du présent qui borde celle-ci à sa droite.

1. DWW, p. 161. *Cf.* également « The Language of Private Experience and Sense-Data », dans *Philosophical Occasions 1912-1951*, trad. fr. dans E. Rigal, *Philosophica II*, Mauvezin, TER, 1999, p. 209.

2. Ms 105, p. 72. *Cf.* Bouveresse, « Wittgenstein et les énigmes du temps » dans *Essais III. Wittgenstein et les sortilèges de l'esprit*, Marseille, Agone, 2003.

3. Voir p. 98.

4. Ms 107, p. 159. Nous reproduisons le dessin que Wittgenstein fait figurer dans son texte avec l'aimable permission d'Oxford University Press et des Archives Wittgenstein de Bergen.

Parmi les traits caractéristiques du présent fluant, Wittgenstein inclut donc la continuité du rapport du présent ponctuel au tout-juste-passé : les vécus s'écouleraient de façon continue du présent (à droite sur le dessin) vers le passé (à gauche sur le dessin). Selon ce modèle, si j'entends une note tenue au violon, à chaque nouvel instant une nouvelle partie de la note surgit à droite dans le présent et la partie de la note présente à l'instant recule vers le passé. Le tout-juste-passé appartient donc à la fois au passé, puisqu'une nouvelle partie du son occupe le présent, et au présent, puisque la perception d'une note tenue au violon suppose que chaque nouvel instant apparaisse comme le prolongement continu du précédent, et non pas comme l'objet d'un ressouvenir. Le concept jamesien de mémoire primaire ici évoqué correspond très exactement à ce que Wittgenstein appelle dans son cours « une étape intermédiaire (*an intermediate stage*) pendant laquelle vous pouvez dire à la fois que vous entendez et que vous vous souvenez », c'est-à-dire la partie de l'expérience qui assure la continuité de l'écoulement de l'expérience présente vers le passé et que les concepts de perception et de mémoire peuvent tous deux revendiquer.

Or pour Wittgenstein, l'idée de cette partie intermédiaire repose en réalité sur une confusion :

> La confusion réside dans le fait de penser que le son physique et le *sense-datum* [*sc.* celui éprouvé dans l'expérience particulière prise pour exemple] sont tous les deux continus. Le son physique est continu, mais pas le *sense-datum*.
>
> Les deux expériences, entendre et se souvenir, sont entièrement distinctes. Vous pouvez affiner le point où vous finissez d'entendre et où vous commencez à vous souvenir, mais il n'y a aucun point où vous puissiez dire que vous entendez et que vous vous souvenez à la fois. Parler ainsi serait aussi absurde que de dire « Je vois et j'entends du rouge » – à moins que vous n'employiez chacun de ces termes en un sens entièrement neuf, ce qu'il n'y a nul besoin de faire étant donné que la confusion provient de ce

que l'on considère la continuité de l'objet physique et du *sense-datum* comme étant la même [1].

Si l'on reprend l'exemple de la note tenue au violon, il faut dire d'une part que le son physique est continu (c'est la même note qui est jouée pendant plusieurs instants), tandis que le *sense-datum* est discontinu, puisque l'on peut entendre le son physique présent (la partie présente de la note dans sa durée) ou se souvenir du son physique quand il a commencé (la partie passée de la note), mais pas les deux de façon mêlée – la distinction des deux expériences n'écarte pas tant la possibilité de leur simultanéité que celle de la superposition de leurs concepts respectifs. De la *même* note, j'ai une perception auditive *différente* du souvenir que je peux également en avoir; le son physique peut donc être continu tandis que le *sense-datum* est discontinu. Par conséquent, si le *sense-datum* possède bien une continuité (par exemple, celle de la perception auditive), elle n'est cependant pas du même type que celle de l'objet physique.

Croire qu'il existe « une étape intermédiaire » provient de l'application trompeuse du concept physique de continuité au domaine de l'expérience immédiate. On pense alors le rapport des deux expériences (successives, en général) de l'audition et du souvenir sur le modèle du rapport des parties présente et passée de la note physique; la même continuité semble alors caractériser les deux cas. Wittgenstein rend manifeste cette confusion en recourant à des exemples analogues, mais qui présentent l'avantage de ne pas être devenus de fausses évidences philosophiques comme celle du souvenir primaire. Ainsi, dire que les deux expériences du souvenir et de l'audition d'un son peuvent se mêler revient à dire que « voir et sentir un crayon » (par exemple) sont deux expériences qui peuvent empiéter l'une sur l'autre. L'évocation de cet exemple vise à mettre en lumière des différences de catégories grammaticales négligées par l'idée de souvenir primaire : par exemple, il est possible de s'approcher de la source sonore lors d'une perception auditive, mais pas dans le souvenir de la note; en outre, dans le premier cas, l'audition peut cesser sans que je le veuille (si la source sonore est détruite, par exemple), alors qu'on peut se jouer et se répéter le son à volonté dans le second cas, etc. Une discontinuité grammaticale sépare donc le souvenir et la perception auditive. De cette façon, la continuité du présent strict et du souvenir primaire – sur laquelle repose chez James la généalogie de la perception du temps – se trouve contestée. Si nous éprouvons l'impression d'un écoulement phénoménal (impression que nous souhaitons appeler « conscience du temps »), cette impression est

1. WLC 30-32, p. 80-81.

elle-même le produit d'une confusion grammaticale, et le phénomène de la conscience du temps ne peut donc valoir comme expérience originaire dont devrait partir la méditation philosophique, puisqu'il résulte en réalité d'une erreur [1]. Le *specious present* est décidément spécieux [2].

Wittgenstein inverse donc le rapport généralement établi par les philosophes [3] entre le langage et le flux du temps. Nous rappelions en introduction à cette étude que nombre des philosophes contemporains de Wittgenstein se sont plaints des difficultés qu'ils rencontraient à dire le temps en sa fluance même. Pour sa part, Wittgenstein affirme au contraire l'étroite parenté du langage et du sentiment du flux temporel, ce qu'il étaie d'une généalogie de cette expérience psychologique à partir de l'effet du langage sur nous. La difficulté rencontrée par les philosophes à dire le temps ne provient donc pas de l'hétérogénéité extrême de la nature de son flux à celle du langage, mais de l'ignorance dans laquelle ils se trouvent relativement à l'origine de leur prétendue expérience du temps. La dernière occurrence de notre remarque affirme que « nous *croyons* prendre conscience » (nous soulignons) du flux du temps. Ainsi s'énonce la réponse originale de Wittgenstein à ce que Husserl appelait « la croix séculaire de l'analyse de la conscience du temps » [4] : la prétendue conscience du temps n'est que le retentissement psychologique d'une forme d'expression qui nous impressionne ou d'erreurs de langage qui nous troublent [5].

1. Wittgenstein parle des pensées qui nous « charment » (Ms 107, p. 1), des moyens linguistiques qui nous « ensorcellent » (PU, § 109), des analogies qui nous « tyrannisent » (Ms 108, p. 34), des formes de langage qui nous « obsèdent » (WLC 32-35, p. 122), des propos qui produisent « un sentiment de vertige » (*ibid.*, p. 27), de la grammaire de certains mots qui nous rend « perplexes » (BlB, p. 68) et plus généralement de ce « trouble » (WLC 32-35, p. 121) et de ces « inquiétudes » (BT, § 89, p. 421) que suscite le langage en nous.

2. Une autre voie généalogique exhumée par Wittgenstein est celle de l'incompréhension du caractère « flou » ou « indéterminé » de notre expérience immédiate : parce que l'on pense que celle-ci a la même détermination exacte que le monde physique, on croit que notre incapacité à la saisir et à se la remémorer dans toute sa précision est le résultat de la rapidité avec laquelle elle s'écoule. Notamment : WLC 32-35, p. 83 ; BT, § 48, p. 212 et 213-214 ; DWW, p. 160-161.

3. Par la phénoménologie husserlienne en particulier. Nous nous permettons de renvoyer à deux de nos articles : « Husserl et Wittgenstein lecteurs de James : la question du temps » (*Alter*, n° 11, 2003, p. 395-430) et « Husserl, Wittgenstein et l'idée d'une phénoménologie de la conscience du temps » (J. Benoist et S. Laugier (éd.), *Husserl et Wittgenstein. De la description de l'expérience à la phénoménologie linguistique*, Hildesheim, Olms, 2004, p. 71-106).

4. *Op. cit.*, introduction, p. 3.

5. Ms 116, p. 226 et 230-231. Même texte dans Ms 120, p. 58 (09.02.38).

On peut comprendre maintenant la lecture que propose Wittgenstein de la célèbre question d'Augustin[1]. Le passage au questionnement philosophique est traditionnellement considéré comme l'abandon d'une position naïve peu soucieuse des problèmes soulevés par ce dont elle parle – et cette position serait la compagne du trop lâche langage ordinaire. Augustin croit ne prendre conscience des difficultés propres au temps que lorsque surgit la question de sa définition, comme si ces difficultés préexistaient de façon latente avant que l'attention du philosophe ne se porte sur elles. Or aux yeux de Wittgenstein, les prétendues difficultés sont en réalité produites par la question elle-même[2]. Nous « croyons » prendre conscience de l'être même du temps, alors que la question augustinienne et la difficulté qu'elle pense mettre en évidence se formulent en réalité de façon simultanée. Nous ne prenons conscience de rien d'autre que du résultat produit par cette (prétendue) prise de conscience, c'est-à-dire du résultat de l'oubli de la grammaire du mot « temps » qui s'opère lorsqu'on considère ce mot en dehors de son usage (« en vacances », dit Wittgenstein). Aussi, la question d'Augustin n'exige pas du langage une tâche qu'en raison de sa nature propre il ne pourrait pas remplir, mais elle ne demande rien du tout, dans la mesure où la question portant sur la texture essentielle du temps n'a pas de sens pour nous. Elle ne fraye donc pas la voie à un questionnement fondamental sur le temps, mais arrête purement et simplement – contrairement aux apparences – de poser des questions à son sujet.

Wittgenstein conçoit donc désormais la volonté fervente qui l'a animé durant une partie de 1929 comme le résultat de l'emprise sur lui d'une mécompréhension à l'égard de notre grammaire du temps – ce qui confirme que l'absurdité du langage primaire trouve l'une de ses sources principales dans des raisons liées à la question du temps. Il peut donc écrire « que la quête d'une "langue idéale" [*i.e.* celle du langage primaire] n'est rien d'autre qu'une aberration suscitée par une fausse analogie »[3]. De cette façon est désavoué le projet d'une phénoménologie du temps au sens de 1929, c'est-à-dire la tentative de décrire la temporalité originaire et absolue de l'expérience, et se trouvent atteintes aussi bien la phénoménologie husserlienne, la métaphysique bergsonienne que la psychologie jamesienne.

1. PU, § 89.
2. DWW, p. 242.
3. *Ibid.*, p. 161.

Le substantif « temps »

Wittgenstein voit dans le mot « temps » lui-même une source de problèmes philosophiques exemplaire : « “Temps” pris comme substantif est une terrible source de confusion. (...) Les discussions sur le “flux du temps” montrent la façon dont surgissent les problèmes philosophiques » [1]. Ce statut échoit à la forme substantive du mot « temps » en raison des analogies superficielles qu'elle tisse avec d'autres substantifs dont la grammaire est pourtant différente [2]. Mais quelle exposition alternative Wittgenstein donne-t-il du concept de temps en guise de remède aux difficultés philosophiques que celui-ci engendre ?

D'abord cette remarque du début des années 1940 :

> « La minute a 60 secondes ». C'est une proposition tout à fait similaire à une proposition mathématique. Sa vérité dépend-elle de l'expérience ? – Eh bien : pourrions-nous parler de minutes et de secondes s'il n'y avait aucun sens du temps (*Zeitsinn*) ; s'il n'y avait aucune horloge, ou, pour des raisons physiques, s'il ne pouvait y en avoir ; si toutes ces circonstances faisaient défaut, qui donnent sens et importance à nos mesures du temps ? Dans ce cas, dirions-nous, la mesure du temps perdrait son sens (comme l'action de faire mat sans l'institution du jeu de langage [des échecs]) – ou elle aurait alors un sens tout à fait différent [3].

Ce texte importe à un double titre. Tout d'abord, il mentionne certains des faits que Wittgenstein appelle les « faits de nature extraordinairement généraux » qui « expliquent la signification, c'est-à-dire l'importance d'un concept » et « qui en raison de leur grande généralité sont à peine mentionnés » [4]. Ensuite, il compte la mesure du temps (sa possibilité physique) au nombre de ces faits : s'il se trouvait, par exemple, qu'aucune

1. WLC 32-35, p. 28. Voir aussi : DWW, p. 242; BlB, p. 42; PU, § 89. Certains auteurs ont évoqué cet aspect de la pensée de Wittgenstein : Findlay, « Time : A Treatment of Some Puzzles », *Australian Journal of Philosophy*, 19, 1941 ; Prior, *Past, Present and Future*, Oxford, Clarendon Press, 1967, p. 17; Waismann, « How I See Philosophy », dans H.D. Lewis (ed.), *Contemporary British Philosophy*, London, G. Allen & Unwin, 1956, p. 347-350.

2. *Cf.* l'exemple de l'analogie apparente avec le mot « chaise » dans le cours de 1932-1933 (WLC 32-35, p. 28).

3. Ms 124, p. 82-83 (02.07.41). Même texte dans Ms 163, p. 13r et *Bemerkungen über die Grundlagen der Mathematik*, Frankfurt a. M., Suhrkamp, 1984, trad. fr. M.-A. Lescourret, *Remarques sur les fondements des mathématiques*, Paris, Gallimard, 1983, VII, § 18. Voir également Ms 123, p. 19 (20.11.40) et PU, § 142.

4. PU, p. 95 (remarque jointe au § 142). Pour la même idée, voir également *ibid.*, § 492 et p. 321, ainsi que *Über Gewissheit*, Frankfurt a. M., Suhrkamp, 1984, trad. fr. J. Fauve, *De la certitude*, Paris, Gallimard, 1976, § 617-618.

horloge ne s'accorde à aucune autre, notre concept de mesure du temps perdrait son sens et celui de temps lui-même s'en trouverait profondément modifié. Notre concept de temps dépend donc, quant à sa possibilité, de certaines conditions factuelles. Mais quel statut Wittgenstein reconnaît-il à ces faits ?

On a très souvent considéré que la fonction du mot « temps » était de désigner une propriété des choses (soit une propriété ontologique, soit une propriété gnoséologique, soit une propriété phénoménologique) et/ou un quelque chose (le flux de la conscience, une forme de l'esprit ou le devenir cosmique). C'est que les philosophes abandonnent toujours tôt ou tard (et toujours trop tôt) l'emploi effectif de ce terme pour se mettre en quête d'*une* essence ou définition du temps :

> (...) en premier lieu, on pose la question : « Qu'est-ce que le temps ? ». Cette question donne l'impression que ce que nous voulons, c'est une définition. Nous pensons par erreur qu'il nous faut une définition pour éliminer l'embarras (de même que dans certains états d'indigestion, nous ressentons une sorte de faim qui ne disparaît pas quand on mange). On répond alors à la question par une définition qui est fausse, par exemple : « Le temps est le mouvement des corps célestes ». L'étape suivante consiste à voir que cette définition n'est pas satisfaisante. Mais ceci veut simplement dire que nous n'utilisons pas le mot « temps » comme synonyme de « mouvements des corps célestes »[1]. Cependant, ayant dit que la première définition est mauvaise, nous sommes maintenant tentés de penser que nous devons la remplacer par une autre, la bonne définition[2].

A la recherche illusoire d'*une* définition, il faut opposer qu'« un mot substantif important se trouve souvent n'être employé que de façon irrégulière dans le langage qui est le nôtre (par exemple : le mot "temps", ou le mot "règle") »[3]. Comprendre ce qu'est le temps suppose que l'on regarde « l'emploi du langage tout à fait relâché et compliqué » de ce mot[4]. Voilà pourquoi Wittgenstein suggère de revenir à cet emploi effectif et de soumettre à la description grammaticale des expressions comme « je n'ai pas le temps », « beaucoup de temps s'est écoulé depuis », « il est temps maintenant », etc.[5] : en elles seules réside la signification du mot « temps ».

1. Wittgenstein réserve le même sort à des définitions comme « Le temps est la forme de ce qui a lieu » ou « Le temps est la possibilité du changement » (DWW, p. 240) qu'il a lui-même formulées en 1929-1930.

2. BlB, p. 70.

3. DWW, p. 243.

4. *Ibid.*, p. 240. Voir Waismann, « How I See Philosophy », p. 350.

5. *Ibid.*, p. 242.

On pourrait vouloir édulcorer cette approche et considérer que, tout comme Kant a donné au temps la nature d'une forme *a priori* de la sensibilité et Husserl celle d'un mode d'apparaître *a priori* et universel[1], Wittgenstein lui a donné la nature d'une convention linguistique instituant les multiples emplois ordinaires du mot « temps ». Cette vue serait erronée cependant. Sans doute, nombre de remarques de Wittgenstein permettent-elles de dire que le fait que « temps » possède la signification qui est la sienne provient d'une convention[2]. A cet égard, « l'essence du temps » recherchée par le philosophe peut être qualifiée de conventionnelle. Mais il est indispensable d'ajouter aussitôt deux compléments. D'une part, le caractère conventionnel du concept de temps n'équivaut en aucune façon à la possibilité de le transformer arbitrairement. Ce concept a pour nous qui l'utilisons le caractère de la nécessité : la convention dont parle Wittgenstein est distincte de l'adoption libre et délibérée de certaines règles que nous pourrions modifier à loisir, et elle est bien plutôt constitutive de notre nature (renoncer à elle reviendrait à renoncer à nous)[3]. L'insistance de Wittgenstein sur le caractère conventionnel et arbitraire des déterminations grammaticales de nos concepts a sans doute la finalité thérapeutique d'éliminer toute conception mythologique de la nécessité avec laquelle nos concepts s'imposent à nous, mais certainement pas de faire droit à une théorie conventionnaliste classique du langage. D'autre part, et surtout, comme Wittgenstein le précise à la même époque, l'une des équivoques dont il faut se garder consiste à confondre le sens et les conditions de possibilité d'un concept : « La proposition repose sur une technique. Et, si tu veux, sur les faits physiques et physiologiques qui rendent cette technique possible. Mais son sens n'est pas pour autant d'exprimer ces conditions »[4]. Dans le prolongement de la distinction frégéenne[5], le caractère du concept doit ici être distingué de sa propriété. Autrement dit, les grammaires (ou les significations) respectives de l'expression « le concept de temps » et du substantif « temps » ne doivent pas être confondues. Si parmi les propriétés du concept de temps figure celle d'être conventionnel, en revanche la nature conventionnelle ne compte pas systématiquement au

1. Respectivement *Kritik der reinen Vernunft*, trad. fr. A. Delamare et F. Marty, *Critique de la raison pure*, Paris, Gallimard, 1980, Esthétique transcendantale, p. 795 et *Leçons pour une phénoménologie de la conscience intime du temps*, § 8-10.

2. BlB, p. 71 : « Un mot a le sens que quelqu'un lui a donné ». Voir aussi BGM, I, § 74.

3. Cavell, *The Claim of Reason*, Oxford, Oxford University Press, 1979, trad. fr. N. Balso et S. Laugier, *Les voix de la raison*, Paris, Seuil, 1996, p. 177-179.

4. BGM, VII, § 1.

5. *Die Grundlagen der Arithmetik*, Hamburg, Meiner, 1988, trad. fr. Cl. Imbert, *Les fondements de l'arithmétique*, Paris, Seuil, 1969, § 53, p. 180.

nombre des caractères de ce concept. Pour savoir « ce qu'est le temps », il faut examiner la signification de ce mot (ses caractères), et non pas celle de l'expression « le concept de temps », car la nature conventionnelle de nos concepts ne nous dit encore rien de ce qu'ils disent, c'est-à-dire rien ni de leur sens, ni de la nature de ce qu'ils désignent éventuellement, ni même de la pertinence qu'il y a à s'interroger sur la nature de ce qu'ils désignent. Il serait donc aussi irrecevable de considérer que Wittgenstein affirme la nature conventionnelle du temps au motif que le concept de temps est déterminé (au moins en partie) de façon conventionnelle, que de dire (comme certains l'ont fait) qu'il est d'abord de nature psychologique au motif que nous avons ce que l'on peut appeler un « sens du temps » (*Zeitsinn*)[1]. On ne saisira donc pas la signification du mot « temps » par le biais des faits généraux ou des conventions qui déterminent ce mot.

Wittgenstein n'est pas plus conventionnaliste (ou anti-réaliste) que réaliste sur la question de la nature du temps. On ne peut interpréter l'affirmation selon laquelle le philosophe « n'est pas plus intelligent que l'enfant qui regarde sous le miroir pour mieux se voir » et « veut aller derrière la grammaire, en quelque sorte vers la signification originelle »[2], comme si elle signifiait que le temps n'est qu'un mode (d'origine linguistique) d'appréhension de la réalité, un miroir qui fait apparaître selon sa courbure propre ce qui se reflète en lui et derrière lequel ne se tiendrait aucune réalité substantielle, comme si en somme l'affirmation citée disait que tous les êtres apparents qui peuplent notre métaphysique (et au premier chef, le temps) ne sont que des façons de parler. De façon toute différente, Wittgenstein s'en prend au projet même de déterminer la nature du temps. De ce point de vue, la position conventionnaliste qui prétend que « le temps n'est qu'une réalité linguistique » entreprend déjà de répondre à la question métaphysique « Qu'est-ce que ... ? », de dénoncer un *Scheinwesen* et de se faufiler derrière le miroir. Elle tombe donc elle aussi sous le coup de la remarque suivante :

> « Qu'est-ce que le temps ? » – dans la question se trouve déjà une erreur : comme si la question était : de quoi, de quelle étoffe (*aus welchem Stoff*) le temps est-il fait ? Tout comme l'on demande par exemple de quoi est fait un vêtement délicat[3].

Se plaçant au-delà de toute définition philosophique (réaliste ou anti-réaliste, kantienne ou empiriste), Wittgenstein assèche à sa source la

1. *Cf.* également WLC 32-35, p. 26 et PU, § 607-608.
2. DWW, p. 240-241.
3. BT, § 105, p. 521-522. *Cf.* également BlB, p. 42.

légitimité des questions auxquelles ces positions prétendent apporter une réponse, en révélant qu'elles reposent sur un « arrière-plan grammatical fallacieux »[1]. « Le temps peut-il se dérouler indépendamment des événements ? », « Le temps a-t-il été créé ou le monde a-t-il été créé dans le temps ? »[2], « Le temps existe-t-il ? », « Est-il une propriété des choses ou de notre pensée ? », « Le temps s'écoule-t-il ? ». A ces questions, Wittgenstein répond que parmi les façons dont nous employons le mot « temps », rien ne figure qui puisse leur fournir une réponse : dans l'usage ordinaire, le plus souvent, nous n'utilisons pas « temps » pour désigner une réalité conceptuelle et conventionnelle, et lorsque nous le faisons (par exemple, si nous avons à choisir une unité de mesure du temps), notre propos n'est pas de déterminer la nature véritable du temps[3].

On voit désormais quelle est la radicalité de la démarche wittgensteinienne. Elle se marque à la fois par un renversement complet de la perspective classique de l'analyse et par l'élaboration d'un ambitieux programme philosophique (« décrire la grammaire entière du mot [temps] »[4]), que notre auteur se contente d'esquisser[5]. Telle est l'exposition que Wittgenstein propose du concept de temps ; elle constitue comme la *pars construens* adossée à la *pars destruens* formée des généalogies critiques précédentes.

LE MYTHE DU PRÉSENT

Les solipsismes instantanéistes

Parmi les conceptions philosophiques du temps examinées par Wittgenstein, celle du solipsisme instantanéiste mérite une attention toute particulière dans la mesure où elle incarne une représentation du temps – le

1. DWW, p. 240.

2. Pour ces deux questions, WLC 32-35, p. 28. Pour la première, voir également DWW, p. 240.

3. Ce n'est donc qu'en apparence que Wittgenstein réitère une certaine critique positiviste logique de la métaphysique traditionnelle du temps (Hahn, « Überflüssige Wesenheiten », 1929, trad. fr. J. Sebestik dans A. Soulez (éd.), *Le Manifeste du Cercle de Vienne et autres écrits*, Paris, PUF, 1985) : l'*überflüssige metaphysische Wesenheit* viennoise (Hahn) tient la question d'Augustin pour pertinente et lui apporte une réponse, alors que le *metaphysisches Scheinwesen* wittgensteinien (DWW, p. 244) dénonce le caractère illusoire de la question elle-même et écarte donc aussi bien la réponse viennoise que celle du métaphysicien traditionnel.

4. DWW, p. 240.

5. *Ibid.*, p. 247. Voir aussi le texte cardinal p. 242-243.

« mythe du présent » – dont l'insistance dans la pensée de notre auteur déborde largement la question du sort du mobilisme héraclitéen. Les différentes formes prises par cette représentation ont en commun de privilégier le présent sur l'extension temporelle située hors de lui, et elles le font notamment en réduisant la réalité du temps à l'instant présent. C'est à ce dernier aspect que nous nous intéresserons maintenant.

L'attention que Wittgenstein accorde au solispsisme instantanéiste dans ses réflexions est à la hauteur de la force de séduction que cette conception a exercée sur lui. Moore rapporte qu'« à propos du solipsisme et de l'idéalisme, [Wittgenstein] déclara avoir été lui-même souvent tenté de dire "L'expérience présente est la seule réalité" ou "*Mon* expérience présente est la seule réalité" »[1]. Il importe donc d'identifier le contenu précis de ce type d'affirmation afin de pouvoir comprendre ce qu'est le mythe du présent et diagnostiquer ses résurgences au-delà des remarques des années 1930[2].

Les trois versions du solipsisme instantanéiste

Il serait inexact de parler *du* solipsisme instantanéiste chez Wittgenstein car il se ramifie très tôt en plusieurs versions. Même si cette distinction n'est pas thématisée, les textes ne laissent guère de doute quant à son existence.

Le solipsisme instantanéiste dit (croit dire) d'abord que « Seule l'expérience de l'instant présent est réelle » (*Nur die Erfahrung des gegenwärtigen Augenblicks hat Realität*)[3]. Dès décembre 1929, Wittgenstein adresse à cette version une critique dont le principe est que, dans le mode d'expression phénoménologique, le présent de l'expérience ne s'oppose à rien, puisque le concept auquel on a affaire est celui de l'expérience comme « forme »[4] : « Nous sommes tentés de dire : seule l'expérience du moment présent est réelle. Et ici la première réponse doit être : par opposition à quoi ? »[5]. C'est selon cette même acception que Wittgenstein comprend le

1. WLC 30-33, p. 124.

2. Pour le lien du solipsisme instantanéiste au TLP, voir *supra*, p. 18 *sq.* Quant aux sources externes, on doit mentionner James, bien sûr (*Principles*, chap. X, p. 323 – voir WLC 32-35, p. 39), mais sans doute aussi Russell (AoM, Lecture IX, p. 159-160 et *An Outline of Philosophy*, London, Allen & Unwin, 1927, chap. 1, p. 7 pour l'hypothèse sceptique selon laquelle « le monde pourrait avoir été créé il y a cinq minutes ») et le Cercle de Vienne (Carnap, *Der logische Aufbau der Welt*, trad. fr. Th. Rivain et E. Schwartz, *La construction logique du monde*, Paris, Vrin, 2002, § 64 et Schlick, « Vécu, connaissance, métaphysique », trad. fr. A. Guitard dans *Manifeste du Cercle de Vienne*, p. 189-190 notamment).

3. PB, § 54 ; Ms 114, p. 41 ; BT, § 102, p. 497.

4. BT, § 107, p. 528 ; Ts 219, p. 19 ; DWW, p. 163-165.

5. PB, § 54.

concept de *Vorstellung* lorsqu'il le définit comme *das Gegenwärtige*[1], le recours à la substantivation de l'adjectif temporel renvoyant ici à l'expérience immédiate comprise comme le tout de la réalité[2]. La tentative de dire cette forme conduit le solipsiste à confondre la grammaire du temps phénoménologique avec celle du temps physique et à appliquer (à tort) l'adjectif « présent »[3] à l'expérience immédiate. De cette façon naît la représentation de l'expérience immédiate comme une partie du flux expérienciel dans laquelle nous nous tiendrions toujours[4] ; l'image sur l'écran (qui n'a pas de voisin) est de nouveau assimilée à l'image de la pellicule cinématographique (encadrée par des images passées et futures) qui se trouve devant le projecteur.

Le solipsisme instantanéiste affirme, selon une deuxième version, que « Seule la représentation présente est réelle » (*Nur die gegenwärtige Vorstellung ist real*)[5]. Il paraît difficile, de prime abord, de saisir la nuance qui sépare cette version de la première, et cela d'autant plus qu'elles sont souvent énoncées dans les mêmes termes. Il sera utile à cet effet de rappeler que la première émerge durant la période phénoménologique. A cette époque, « l'expérience immédiate présente » désigne le champ d'investigation propre à la phénoménologie. Or à partir du début des années 1930, Wittgenstein distingue de cette acception le « concept [d'expérience] dont la délimitation est triviale »[6] et qui autorise, à la façon de notre concept ordinaire d'expérience, de parler aussi bien d'une « expérience immédiate passée » que d'une « expérience immédiate présente »[7]. Toutefois, ce retour au sens ordinaire ne suffit pas à éliminer la tentation du solipsisme instantanéiste. C'est que même si l'on reconnaît la possibilité de parler d'une expérience immédiate passée, la tentation demeure de dire que seule celle qui est présente est réelle. Il n'est pas si aisé de se défaire du mythe du présent.

1. *Ibid.*, § 49 et BT, 105, p. 518.
2. *Cf.* également BIB, p. 120.
3. PB, § 54 et 75.
4. BT, § 102, p. 494.
5. Ts 219, p. 18-19 ; Ms 156a, p. 10-12 ; WLC 32-35, p. 39 ; Ms 114, p. 41 ; BT, § 102, p. 497 et 498 ; DWW, p. 160-161. On remarquera que tous ces textes datent des années 1932-1933.
6. BT, § 107, p. 528.
7. Cette même reconnaissance du sens ordinaire du concept d'expérience intervient dans d'autres passages du BT, en particulier lorsque Wittgenstein accorde (§ 102, p. 498) qu'il est possible de parler de l'expérience selon le mode d'expression physique et que, dans ces conditions, la phrase « Seule l'expérience présente est réelle » *peut* avoir un sens (elle peut signifier, par exemple, que seule l'image qui est devant l'objectif correspond à celle qui est sur l'écran).

Tandis que la première version commet l'erreur d'introduire le terme « présent » dans un mode d'expression au sein duquel il n'a pas d'application, la deuxième commet celle de comprendre de façon incorrecte ce terme tel qu'il intervient dans un mode d'expression qui l'applique effectivement. Cette évolution se dessine clairement dans le Ts 213, où la remarque qui procède à la reprise de celle du Ts 209 relative au solipsisme instantanéiste [1] apporte à celle-ci un complément destiné à transformer sa signification. Wittgenstein y distingue deux tentations, qu'il exprime par le recours à des catégories mathématiques. La première est celle présentée par le Ts 209. En parlant d'« expérience présente », on utilise une expression similaire à celle de « nombre rationnel », c'est-à-dire qu'on ne fait qu'« indiquer une propriété grammaticale ». De même qu'être rationnel appartient de façon interne au concept de nombre [2], être présent appartient de façon interne au concept d'expérience immédiate. Ou encore : le nombre n'est pas rationnel par opposition au fait d'être autre chose, pas plus que l'expérience immédiate n'est présente par opposition au fait d'être passée ou future : « On pourrait remplacer les deux mots [dans chacun des exemples] par un seul ». De cette tentation doit être distinguée la suivante : par l'affirmation solipsiste instantanéiste, on peut vouloir non plus « indiquer » mais « faire porter l'accent sur une propriété grammaticale », et de cette façon la privilégier par rapport aux autres. Ainsi, de même que l'on peut souhaiter distinguer et privilégier les nombres cardinaux par rapport aux ordinaux en soutenant que « Seuls les nombres cardinaux sont de véritables nombres », on peut vouloir dire que « Seule l'expérience présente est réelle » par opposition aux expériences passées et futures. Dans ce cas, on ne cherche plus à faire ressortir une propriété grammaticale du concept (formel) d'expérience ou de celui de nombre, mais on privilégie une utilisation de ces concepts par rapport à d'autres possibles. Bref, on ne pourrait parler proprement d'« expérience » qu'à propos d'une expérience « présente ».

Si l'on se place dans le cadre de cette tentation, l'argument : « "présent" n'est pas utilisé ici par opposition à "passé" » [3] a une signification sensiblement différente de celle qu'il recevait dans le Ts 209. En l'opposant à l'affirmation russellienne « Le monde pourrait avoir été créé il y a cinq minutes », Wittgenstein pense qu'on ne peut pas dire du présent qu'il est présent par opposition au fait d'être passé [4], pas plus qu'on ne peut dire qu'il est réel par opposition au fait de ne pas l'être : si une telle affirmation est

1. *Ibid.*, p. 497-498.
2. Wittgenstein laisse de côté dans cette remarque l'ensemble des nombres irrationnels.
3. Ts 219, p. 19 et Ms 156a, p. 10 v.
4. BT, § 102, p. 498 et § 106, p. 524.

possible au sujet d'un événement quelconque, elle ne l'est pas en revanche au sujet de la dimension grammaticale du présent elle-même. Lorsque Wittgenstein soutient que dans l'énoncé de cette deuxième version, « présent » n'a pas de sens parce qu'il ne s'oppose ni au futur ni au passé [1], la raison en est double, en réalité : d'une part, comme on l'a vu, l'utilisation en question confond les aspects grammatical et empirique de « présent » et l'on croit exprimer avec elle un fait au sujet du présent [2] ; d'autre part, on simplifie notre grammaire du temps en refusant la possibilité d'appliquer le terme « réel » à tout ce qui n'est pas présent. La pointe de la critique vise donc désormais la confusion d'une norme d'expression avec une proposition contingente et la déformation corrélative de la première.

Avant d'aller plus loin dans l'examen de cette deuxième version, il convient de remarquer qu'elle va de pair avec la conception, pourtant opposée, selon laquelle l'expérience passée « se maintient dans toute sa réalité », comme si la difficulté que l'on rencontre à essayer de l'atteindre était seulement « technique » [3]. Selon cette conception, nous ne pourrions plus rejoindre le passé un peu comme nous ne pouvons plus entrer dans une pièce qui a été murée, à cette différence près que le mur qui nous sépare du passé serait supérieurement solide. Deux erreurs sont donc associées à la deuxième version de l'affirmation solipsiste, et chacune constitue l'inverse de l'autre. La première est celle exprimée par la phrase de Russell, qui équivaut à nier le passé lui-même en tant que dimension grammaticale. La seconde est celle à laquelle nous conduit l'analogie cinématographique en nous laissant penser que le passé et le futur sont réels bien qu'indisponibles. Mais que l'on attribue ou refuse la réalité à la dimension du passé, on est toujours victime de la même confusion. Ces deux conceptions ne diffèrent donc pas autant qu'il y paraît. S'il est incontestable qu'une différence quant à l'ontologie du temps les distingue, il reste que dans les deux cas le passé et le futur sont considérés comme des domaines dont nous serions séparés – soit par l'opposition ontologique être/non-être, soit par la difficulté technique que pose le caractère limité du champ de notre expérience. Nous serions enfermés dans le présent comme sur le seul îlot de réalité où nous pourrions nous tenir, tandis que pour des raisons ontologiques ou techniques, le passé et le futur échapperaient à notre prise. Wittgenstein renvoie

1. Ts 219, p. 19.
2. « Une personne qui dit que seule l'expérience présente est réelle n'affirme pas un fait empirique comparable au fait que M. N. porte toujours un costume brun » (WLC 32-35, p. 40).
3. DWW, p. 160-161.

donc dos à dos la réduction présentiste psychologisante du passé[1] et l'affirmation ontologique de sa réalité[2], au motif que la question de la réalité du passé telle que la posent ces deux conceptions est elle-même discutable.

Quoi qu'il en soit, la deuxième version a pour conséquence remarquable que le souvenir prend à sa lumière l'allure d'un simple succédané de l'expérience présente[3], et les propositions de souvenir celle de « conjectures » formulées au sujet d'un passé auquel il serait désormais impossible d'accéder, alors qu'une vérification complète et définitive l'exigerait pourtant : « J'ai envie de dire : "nous n'avons de connaissance de l'expérience passée que par l'intermédiaire du souvenir ou de documents et d'autres choses semblables ; seule l'expérience présente est devant nous". (...) nous ne savons pas si le monde n'a pas été créé dans *cet* instant avec tous les souvenirs ; de cela il suit que tout le reste n'est que pure conjecture, tandis que l'expérience présente est l'unique matériau qui conduit à toutes les conjectures »[4]. Mais il est dépourvu de sens de donner au souvenir le statut d'une expérience secondaire, comme si la proposition « Je *ne* peux *que* me souvenir »[5] portait sur la dimension du passé elle-même, et non sur un événement particulier. Dans le cas contraire, le caractère inaccessible du passé serait en effet une propriété factuelle dont il serait concevable qu'elle ne lui appartienne pas (par exemple, dira Bergson, si nous détachions notre esprit des exigences de l'action présente) et que l'on pourrait déplorer. Il serait donc concevable, bien que de fait impossible, que j'atteigne le passé directement de la même façon que le présent m'est donné.

Une troisième version place dans la bouche du solipsiste instantanéiste : « Seul le présent est réel » (*All that is real is the present moment*)[6]. Cette dernière affirmation constitue une généralisation de la conception propre à la deuxième version. A ce titre, elle s'expose au même reproche que celle-ci. Toutefois, deux caractéristiques lui reviennent en propre. Elle exprime d'abord le mythe philosophique du présent d'une façon distincte de celle du solipsisme instantanéiste *stricto sensu* présenté par les deux versions précédentes, qui n'évoquaient que l'*expérience* présente. L'occurrence de

1. Telle que la pratiquent James et Augustin, par exemple. Respectivement *Principles*, chap. XV et *Confessions*, Livre XI.

2. Telle que la défend Bergson, par exemple. Cf. *Matière et mémoire*, Paris, PUF, 1959, chap. III, notamment p. 291-292.

3. PB, § 52 et BT, § 101, p. 487.

4. Ts 219, p. 18 et 19; Ms 156a, p. 10 et 14.

5. WWK, p. 17 et 22-23. Voir également PB, § 52; BT, § 101, p. 487; DWW, p. 160-161; Ms 156a, p. 10 v.

6. Notamment WLC 32-35, p. 39 et « LSD », p. 182. Voir également BT, § 105, p. 519-520.

l'énoncé « Seul le présent est réel » est à cet égard capitale car elle indique que le mythe du présent ne concerne pas la seule définition du présent comme « présence à » (qui correspond à l'idée d'expérience), mais également celle qui lui donne le statut d'une détermination objective, au sens où les événements peuvent être présents indépendamment de tout spectateur pour les constater. Comme dans le cas de l'héraclitéisme, une conception du temps qui excède le solipsisme instantanéiste se trouve donc à l'origine de celui-ci : celle du présent comme détermination temporelle privilégiée. Pour cette raison, l'expression « instantanéisme du présent », de préférence à celle de « solipsisme instantanéiste », désignera cette troisième version, « le mythe du présent » renvoyant au privilège accordé au présent aussi bien par le solipsisme instantanéiste que par l'instantanéisme du présent.

Un second élément permet d'affiner la spécificité de la troisième version. Il n'est pas nécessaire que l'opposition du présent au passé et au futur soit ce qui préoccupe celui qui affirme que « seule l'expérience présente est réelle ». L'erreur peut être non plus d'introduire à tort le terme « présent » dans un mode d'expression au sein duquel il n'a pas d'application, ni simplement de privilégier « présent » par rapport à « passé » et « futur », mais de vouloir dégager l'essence même du présent, parce qu'on le tient pour la dimension temporelle la plus importante. Ce que l'instantanéiste cherche alors, c'est à exprimer la quintessence du présent. Et il croit pouvoir le faire en affirmant : « ce qui est présent par excellence, ce qui est l'essence du présent, c'est l'expérience présente (ou) le maintenant », comme si la tautologie possédait dans le cas considéré un pouvoir magique de distillation de l'essence. Le sens de la critique adressée à la réplique selon laquelle « le passé et le futur aussi étaient réels » se modifie dès lors lui aussi. Wittgenstein reproche désormais à cette réplique d'exprimer le point de vue de celui qui ne saisit pas que la pensée de l'instantanéiste est embarquée dans un processus de sublimation linguistique et qu'il est occupé à exprimer ce qui du présent n'est susceptible ni d'avoir été futur ni de devenir passé, bref ce qui est « véritablement » (*eigentlich*) présent[1]. La troisième version porte donc beaucoup moins sur le rapport du présent au passé et au futur que sur le présent lui-même. Et d'après elle, la réalité véritable est ce qui est *véritablement* présent[2].

Résumons. On ne peut pas dire, dans certaines utilisations philosophiques de ce terme, que « présent » s'oppose à « passé » et « futur », et en conséquence, qu'il désigne alors quelque chose de présent : soit lorsque, pour un certain emploi d'« expérience », il n'y a rien d'extérieur à l'expé-

1. « LSD », p. 181.

2. Nous revenons sur cet aspect *infra*, p. 108 *sq*.

rience immédiate; soit parce que «présent», tout comme «passé» et «futur», est considéré quant à son statut grammatical de dimension du temps. Dans ces deux cas, l'affirmation « Seul le présent (ou) seule l'expérience de l'instant présent est réel(le)» ne fait en réalité rien d'autre qu'exprimer une décision grammaticale relativement à l'usage de termes temporels; elle ne décrit aucun fait. En outre, on doit souligner l'existence de cas dans lesquels nous tiendrons à dire que quelque chose de passé est réel, que ce soit pour affirmer qu'un événement a bien eu lieu ou pour soutenir qu'une chose qui existe présentement est la même que celle qui existait par le passé. A cet égard, l'affirmation présentéiste s'avère lisser et simplifier notre emploi effectif des termes temporels jusqu'à produire l'image d'une parfaite étanchéité du présent et du passé. On décide ainsi que doivent être négligées les occasions de dire qu'une chose passée existe encore[1].

Le solipsisme instantanéiste comme décision grammaticale

Un aspect essentiel du traitement que Wittgenstein réserve aussi bien au solipsisme instantanéiste qu'à l'instantanéisme du présent réside dans l'idée que les affirmations correspondant à ces différentes représentations du temps énoncent en réalité des décisions grammaticales, suggérées par des mécompréhensions de notre langage, et n'ont aucune valeur descriptive. En d'autres termes, ces affirmations prescrivent l'adoption de modes d'expression différents des nôtres et trouvent leur motivation dans le sentiment que nos modes d'expression (notre grammaire du temps) sont eux-mêmes faux, comme s'ils échouaient à reconnaître au présent l'importance qui est la sienne. On peut appliquer ici cette remarque de portée plus générale : « Tandis que nous sommes tentés de dire que notre mode d'expression (*unsre Ausdrucksweise*) ne décrit pas les faits tels qu'ils sont réellement. (…) Comme si la forme d'expression (*die Ausdrucksform*) disait quelque chose de faux, même si la proposition se trouvait dire quelque chose de vrai »[2]. Entérinant l'idée du caractère erroné de notre mode d'expression, la première version du mythe du présent prétend ainsi « indiquer » un trait essentiel de la réalité phénoménale (son caractère présent) que notre langage tiendrait sous silence; la deuxième veut manifester le caractère

1. «LSD», p. 182; Ts 219, p. 19; WLC 32-35, p. 39-40.

2. PU, § 402. *Cf.* «Notes on Private Experience and Sense-Data», dans *Philosophical Occasions 1912-1951*, trad. fr. dans E. Rigal, *Philosophica II*, p. 37 : «Mais d'une certaine façon, notre langage ne fait pas ressortir le fait qu'il y a là quelque chose d'unique, à savoir la véritable expérience présente, et ce que vous souhaitez/ce que vous me recommandez/est-ce seulement que je me résigne à cet état de choses ? ».

privilégié de l'expérience présente sur l'expérience passée et future; la troisième a pour présupposé qu'une valeur privilégiée échoit au présent par rapport aux autres dimensions du temps. Bref, à chaque fois on prétend établir dans un langage rectifié ce que notre langage n'exprime soi-disant pas du tout ou seulement de façon inadéquate : la prééminence du présent[1].

L'un des exemples les plus explicites de cette soif de réforme se trouve dans un texte célèbre et très fréquenté par Wittgenstein, qui figure dans les *Confessions* d'Augustin : celui qui expose la théorie du triple présent[2]. A ce texte fait écho de la façon la plus directe le § 402 des *Recherches* que l'on vient de citer. Même récrimination contre notre mode d'expression ordinaire[3], et non pas contre telle phrase particulière construite à partir de ce mode d'expression : selon Augustin, lorsque nous croyons parler du passé, nous parlons de quelque chose de présent qui réfère au passé, mais certainement pas du passé lui-même; aussi, même dans le cas où la proposition que nous formulons au sujet du passé se trouve être vraie, elle est fausse en raison de sa prétention à parler directement du passé. Et même substitution subséquente d'un mode d'expression prétendument plus adéquat à dire la réalité telle qu'elle est[4]. De plus, Augustin opère pour le terme « présent » une réforme tout à fait similaire à celle qu'opère le solipsiste pour le mot « je » et il construit un langage instantanéiste parallèle au langage solipsiste[5]. Il souhaite en effet que l'on dise désormais que tout instant ou toute expérience n'est réel(le) que dans la mesure où il (elle) est comme l'expérience présente ou l'instant présent, tout de même que le solipsiste souhaite dire qu'une personne n'a de douleur que si elle se comporte comme lui[6]. Cependant, il ne parcourt que la moitié du chemin. Tout comme le solipsiste, il est « en voie de détruire l'erreur » consistant à penser que le monde est présent[7], mais il ne va pas jusqu'à adopter une notation dans laquelle « présent » ou « réel » seraient supprimés; c'est ce qu'il devrait pourtant faire « car si le monde est une idée », il n'est pas une idée présente. Autrement dit, la nouvelle notation qu'Augustin souhaite substituer à la notation ordinaire et qui est centrée sur le présent, devrait paradoxalement

1. Pour cette idée, « LSD », p. 174 et 177.

2. *Confessions*, Livre XI, § 26, p. 314.

3. Augustin affirme que « c'est improprement que l'on dit : "Il y a trois temps, le passé, le présent et le futur" », désignant cette pratique comme un « fâcheux usage » et remarquant au passage qu'« il est bien rare que nous parlions avec propriété ... ».

4. « Plus exactement dirait-on peut-être, propose Augustin : "Il y a trois temps : le présent du passé, le présent du présent, le présent du futur" (...) si l'on me permet ces expressions ».

5. Pour l'idée d'un langage solipsiste instantanéiste, WLC 32-35, p. 39-40.

6. PB, § 58 pour l'exposé d'un cas de construction d'un langage.

7. « NPESD », p. 77.

renoncer à utiliser ce dernier terme, puisque vouloir lui conférer le « monopole » équivaut en réalité à le faire « disparaître »[1] : le mode de notation excluant la possibilité de tout instant autre que présent (puisque les instants passés et futurs doivent eux-mêmes être dits « présents »), « présent » ne s'oppose plus à rien et ne peut donc rien vouloir dire. Du point de vue de Wittgenstein, la théorie du triple présent défendue par Augustin aboutit donc, si l'on en suit la logique jusqu'à son terme, à renoncer à parler du « présent »[2]. Le souhait de construire un langage (solipsiste) instantanéiste – souhait suscité par les erreurs de langage dont nous avons tracé la généalogie et énoncé les trois versions – conduit à l'opposé de ce à quoi ce langage était initialement destiné[3].

Toutefois, si la décision d'accorder un privilège grammatical au présent est très séduisante, il n'en reste pas moins possible de tomber sous le coup d'une tentation similaire pour une autre dimension du temps. Wittgenstein établit que le mythe du présent n'est qu'un choix grammatical notamment en montrant la possibilité d'en opérer un autre, qui privilégierait pour sa part le passé. Après avoir envisagé l'hypothèse sceptique russellienne, il en propose la variante suivante dans un cours de 1932-1933 :

> Mais s'il est possible de dire que le monde a été créé il y a cinq minutes, pourrait-on dire que le monde a péri il y a cinq minutes ? Cela reviendrait à dire que la seule réalité est celle qu'il y a eu il y a cinq minutes[4].

Un texte de Bergson illustre parfaitement la façon dont on pourrait en venir à adopter la décision et la conception propres à l'« instantanéisme du passé » :

> Rien n'*est* moins que le moment présent, si vous entendez par là cette limite indivisible qui sépare le passé de l'avenir. Lorsque nous pensons ce présent comme devant être, il n'est pas encore ; et quand nous le pensons comme existant, il est déjà passé. Que si, au contraire, vous considérez le présent concret et réellement vécu par la conscience, on peut dire que ce présent consiste en grande partie dans le passé immédiat[5].

1. WLC 32-35, p. 36.
2. Findlay, art. cit., p. 148-149 et p. 154.
3. Le cas exemplaire d'Augustin pourrait en fait être relayé par bien d'autres. Wittgenstein lui-même évoque notamment l'intrusion du mythe du présent dans le langage de la possibilité : WLC 32-35, p. 77 et 85, ainsi que BT, § 78, p. 364 où Wittgenstein décrit la même intrusion dans le domaine de la volonté.
4. WLC 32-35, p. 40. *Cf.* également Ts 219, p. 19.
5. *Matière et mémoire*, p. 291-292. James défend une position très proche dans *Principles*, chap. XVI, p. 606.

Puisqu'un délai, même extrêmement réduit, sépare toujours l'affection sensible et sa transmission au cerveau, puisqu'en outre le présent en son sens strict n'a pas de durée et qu'en conséquence l'affection sensible est nécessairement passée lorsqu'elle devient consciente, il faut conclure que seul le passé m'apparaît directement. La thèse d'un délai irréductible entre l'instant où une chose ou un événement nous affecte et l'instant où nous prenons conscience de cette affection pourrait constituer une raison de soutenir que seul l'instant passé de l'affection est réel, tandis qu'il n'existe aucune impossibilité logique à ce que le monde ait péri aussitôt après cet instant, qu'entre celui-ci et maintenant mon esprit se soit tenu suspendu dans le néant et que ma consience présente ne soit que le dernier écho d'un monde disparu depuis un instant déjà – et le texte de Bergson a l'intérêt de nous placer dans une disposition d'esprit susceptible de nous conduire à adopter une telle hypothèse. Dans ces conditions, il devient presque naturel de dire : « Seule l'expérience de l'instant passé est réelle ». Et l'instantanéisme du présent s'avère n'être qu'une décision parmi d'autres [1].

Rien n'empêche d'adopter une telle décision relative à notre grammaire du temps dans le cadre d'une réflexion sur le fonctionnement du langage. Pour Wittgenstein, derrière certaines images philosophiques du langage se dissimulent des images du temps produites par des décisions grammaticales. Rappelons qu'à l'époque des *Recherches*, changer d'image du langage suppose avant tout de renoncer à une « façon de [le] considérer » [2], façon qui consiste notamment en l'adoption d'une certaine perspective temporelle sur lui : se restreindre au mode d'expression propre à la signification et à la compréhension instantanées est un cas exemplaire de l'adoption d'une telle perspective issue d'une décision grammaticale, puisque cela revient à omettre d'autres modes d'expression temporels de la signification et de la compréhension pourtant permis par notre langage. Comme nous le verrons, dans bon nombre d'analyses qu'il consacre au langage, il s'agit en fait pour Wittgenstein de se libérer de l'exclusivité accordée par la pensée philosophique aux modes d'expression de la temporalité qu'examine sur le versant de la question du temps la méditation du début des années 1930. Se tisse ainsi une continuité remarquable entre l'instruction du cas du mythe du présent et celle de la temporalité du langage [3].

1. Certains textes suggèrent que l'héraclitéisme peut lui aussi résulter d'une telle décision grammaticale. *Cf.* « LSD », p. 177. Voir également Waismann, LSP, p. 297.

2. PU, § 144 et 295.

3. Elle sera traitée *infra*, p. 166 *sq*.

Le présent des sense-data *et son privilège*

Parmi les nombreuses critiques qu'a suscitées le concept de *sense-datum*, celle élaborée par Wittgenstein au cours des années 1930 se distingue par sa prise en compte de l'aspect temporel de ce concept. Sans doute ce trait s'explique-t-il en partie par l'importance que l'analyse russellienne – à laquelle répond ici Wittgenstein – accorde elle-même à cet aspect, mais il faut ajouter à cela l'intérêt spécifique de Wittgenstein pour la question du temps. En nouant les réflexions relatives à l'expérience immédiate issues de la période phénoménologique et celles consacrées à la possibilité d'une expérience et d'un langage privés, qui occuperont une place centrale dans les *Recherches*, certains textes de 1934-1936[1] soulèvent une question qui a préoccupé une grande partie de la tradition empiriste.

Assurément, ce qui est ressenti dans la sensation ne saurait fournir des indications temporelles du type de celle que nous donne une date[2]. Pourtant, on peut soutenir, comme certains empiristes l'ont fait, que les *sense-data* portent en eux-mêmes des indications temporelles d'un autre type. Selon ces auteurs, l'expérience immédiate donnerait, d'une part, l'intuition de la succession temporelle et, d'autre part, fournirait avec la sensation un moyen de déterminer l'instant présent, c'est-à-dire de l'indiquer aussi bien que de le définir. Non seulement les *sense-data* renfermeraient dans leur nature même des informations qui concernent le temps, mais ils en constitueraient notre expérience première et le fondement sur lequel s'élaborent nos concepts et nos connaissances relatives à lui. C'est précisément une analyse de ce type que Russell a défendue du milieu des années 1900 jusqu'à la fin des années 1910[3] – et c'est à elle que Wittgenstein s'en prend au milieu des années 1930.

Dans une remarque lapidaire de la seconde moitié des années 1940, Wittgenstein discerne une parenté entre trois tentations philosophiques, parmi lesquelles figure celle qui engendre l'idée de *sense-datum*.

> La montre idéale indiquerait simplement toujours l'instant « maintenant ». Cela est lié également au langage qui ne décrit que mes impressions dans

1. « NPESD », « LSD », BrB et *Eine Philosophische Betrachtung*, Frankfurt a. M., Suhrkamp, 1984.

2. Voir Gale, *The Language of Time*, London, Routledge & Kegan Paul, 1968, p. 61.

3. Russell abandonne la notion de *sense-datum* au moment de sa conversion au monisme neutre au début des années 1920.

l'instant présent. Apparenté à l'énoncé originel, qui n'est qu'un son inarticulé. (*Driesch.*) Le nom idéal, qui est le mot « ceci » [1].

La première tentation évoquée est celle de tenir l'adverbe « maintenant » pour un nom d'instant (semblable à « 6 h 00 », par exemple) et le présent pour un instant aux propriétés extraordinaires, au motif que c'est toujours lui que serait censée indiquer une horloge parfaite. La deuxième renvoie au projet d'un langage phénoménologique tel que Wittgenstein l'a lui-même envisagé en 1929 et qui était destiné à décrire exclusivement et exhaustivement l'instant présent de l'expérience tout en étant simultané à lui. Comme Wittgenstein le reconnaît très vite, ce langage devrait renoncer à toute articulation étendue dans le temps et se réduire au « son inarticulé » qu'évoque la citation. Cette deuxième tentation, de même que la précédente, tient pour acquis que l'instant présent est un instant d'une importance considérable, à tel point qu'il mérite que l'on construise un langage nouveau dévolu à sa seule description, comme s'il resserrait en lui le tout de la réalité. Bref, l'une comme l'autre tentations accordent un privilège au présent. Or avec la troisième, Wittgenstein souligne une parenté entre ce privilège et la conception russellienne des *sense-data*, évoquée ici par le cas du démonstratif « ceci ».

Mais quel est le lien qui unit l'idée de *sense-datum* à la conception instantanéiste (solipsiste ou pas) du présent ? D'abord, un privilège philosophique est accordé au présent par chacune des trois tentations en raison d'une conception erronée de ce que signifient les mots « présent » et « maintenant » – ramener ces mots à leur emploi ordinaire leur retirera leur aura philosophique. Ensuite, les tentations évoquées reposent toutes sur l'idée que, le présent constituant une entité extraordinaire, il ne saurait être appréhendé qu'avec des moyens à peu près aussi extraordinaires que sa nature, tels qu'une montre idéale, un langage idéal (qu'il soit phénoménologique ou privé) ou un nom idéal. Aussi ont-elles pour conséquence commune de susciter une profonde insatisfaction à l'égard de nos modes ordinaires d'expression du présent.

Wittgenstein accorde une grande attention au mythe du présent dans ses cours de 1935-1936 ainsi que dans les notes préparatoires correspondantes de 1934-1935. Or au sein du même ensemble de remarques, il rapproche directement de cette conception celle qui considère le *sense-datum* comme ce que nous montre réellement la sensation. Notre hypothèse est que ce traitement du concept de *sense-datum* constitue un point d'aboutissement

1. *Bemerkungen über die Philosophie der Psychologie*, Frankfurt a. M., Suhrkamp, 1984, trad. fr. G. Granel, *Remarques sur la philosophie de la psychologie*, Mauvezin, TER, 1989, I, § 721. Première occurrence dans Ms 133, p. 73r.

de la méditation du temps entamée en 1929. Elle s'étaie du fait que les textes mentionnés établissent la jonction entre le traitement du temps du début des années 1930 et les analyses de l'époque des *Recherches* en situant l'origine de la question du langage privé dans celle du solipsisme instantanéiste : la réflexion sur les *sense-data* est comme le nœud de cette jonction. On pourra alors examiner comment, à partir du milieu des années 1930, la question du temps se charge aux yeux de Wittgenstein d'un enjeu sémantique, puisque l'un des aspects les plus problématiques du concept de *sense-datum* (en particulier chez Russell) est qu'il entérine l'idée d'une signification instantanée. A partir de là, le solipsisme instantanéiste et l'instantanéisme du présent pourront être reconduits à une application discutable de la catégorie d'indexicalité à l'adverbe « maintenant », dont Wittgenstein décrit en retour le comportement sémantique effectif.

L'impression présente et l'instant présent de l'impression

La relation des sense-data *à la temporalité : l'analyse russellienne*[1]

Tout au long de la période pendant laquelle il adopte une conception dualiste et relationnelle de l'expérience sensible[2], Russell tient pour légitime le concept de *sense-datum*. Il définit ce dernier comme une partie distinguée par l'attention au sein du tout donné à la sensibilité en un moment[3] (par exemple, telle tache de couleur ou tel son particulier)[4]. Du point de vue logique, le *sense-datum* est un objet car il n'inclut en lui rien de mental et par conséquent existe indépendamment du sujet auquel il s'offre dans la sensation[5]. S'il est subjectif, c'est seulement du point du vue physiologique, dans la mesure où il est ce qui m'apparaît par l'intermédiaire de mon corps dans la sensation. Mais il s'agit là d'une subjectivité bien ténue, puisque Russell définit le sujet par le mental, qu'il distingue du corps qui « est en fait simplement une partie du monde matériel »[6].

1. Voir en particulier : *Theory of Knowledge*, London, Routledge, 1992, I, chap. III-VI ; ML, « The Relation of Sense-Data to Physics » et « UCM » ; *The Philosophy of Logical Atomism*, London, Allen & Unwin, 1956, trad. fr. J.-M. Roy, *La philosophie de l'atomisme logique*, Paris, PUF, 1989.

2. TK, p. 35 et « UCM », p. 126.

3. Russell utilise (en général) le terme *time* pour le temps mental (qui concerne les relations sujet/objet) et *instant* pour le temps physique (qui concerne les relations entre objets). Nous traduisons le premier par « moment » et le second par « instant ».

4. Le « tout » formant un « fait » qui est l'objet d'une « perception ». Notamment TK, p. 37, « RSDP », p. 147 et « UCM », p. 128.

5. « RSDP », p. 152.

6. *Ibid.*

Quelles sont les caractéristiques du *sense-datum* qui intéressent notre propos ? D'une part, en tant qu'objet de la sensation – en tant que particulier[1] connu par accointance – le *sense-datum* a pour nom propre logique le démonstratif *this*, qui « s'applique directement à un seul objet et ne *décrit* en aucune façon l'objet auquel il s'applique. (...) "ceci" est le nom de l'objet sur lequel porte au moment considéré l'attention de la personne qui utilise le mot »[2]. Il faut pourtant se garder, insiste Russell, de « supposer que "ceci" *signifie* "l'objet vers lequel je dirige mon attention en ce moment". "Ceci" est un nom propre que j'applique à l'objet vers lequel je dirige mon attention maintenant »[3]. Il appartient donc à cette classe de termes qui sont des « noms sur le moment (*names at moment*) »[4], c'est-à-dire qui ne sont les noms propres de tel objet d'accointance qu'aussi longtemps que celui-ci appartient à l'expérience présente. Dès lors qu'il le nomme, *this* ne signifie donc que dans le présent du *sense-datum*. Sa signification (*meaning*) se restreint aux limites du moment présent[5]. Et ce moment ne peut être que très bref selon Russell, qui conçoit les *sense-data* comme des « entités se succédant l'une l'autre dans le temps, chacune ne durant qu'un très court moment », comme des « corpuscules de temps (*time-corpuscles*) » qui sont « dans un état de flux perpétuel »[6].

D'autre part, le *sense-datum* se sépare des autres objets d'accointance par la relation privilégiée qu'il entretient avec la temporalité. Rappelons que Russell distingue la « présence psychologique » et le « moment présent »[7] : la première, qui recouvre le champ de l'accointance, caractérise tout ce qui se présente dans l'expérience (dans le souvenir ou l'imagination, dans la pensée abstraite ou la sensation) ; le second ne concerne en revanche que deux espèces de la relation d'accointance : celles qui ont pour objets respectifs les *sense-data* et l'expérience présente elle-même, qui se situent, dit Russell, dans le moment présent (*at the present time*). La sensation, notamment, est « ce type d'accointance avec des particuliers qui nous permet de savoir qu'ils sont situés dans le moment présent (*at the present time*). Nous appellerons *sense-datum* l'objet d'une sensation. (...) Par conséquent, la sensation doit être une relation spéciale du sujet et de l'objet, différente de toute relation qui ne montre pas que l'objet est situé dans le

1. Pour ce concept, « UCM », p. 129 et AoM, p. 193.

2. TK, p. 39.

3. *Ibid.*, p. 40.

4. *Ibid.*, p. 7.

5. *An Inquiry into Meaning and Truth*, London, Allen & Unwin, 1940, trad. fr. Ph. Devaux, *Signification et vérité*, Paris, Flammarion, 1969, p. 125.

6. « UCM », p. 128-129.

7. TK, p. 38.

moment présent »[1]. La relation spécifique de la sensation implique donc non seulement la présence à la conscience, mais également, et de façon nécessaire, la localisation dans le moment présent – à ce titre, elle détermine la temporalité de son objet. Russell l'appelle la relation de « présence (*presence*) », et elle doit donc être distinguée de la présence psychologique (*to be present to someone*)[2].

La critique wittgensteinienne vise les trois aspects suivants de la relation de sensation. En premier lieu, l'expérience sensible présente se définit par la relation *directe* qu'elle entretient avec les objets qui sont les siens, ce que montre le statut gnoséologique de l'attribution de noms propres à ces objets, *i.e.* l'impossibilité de l'erreur dans leur cas[3]. A la différence des objets remémorés appartenant à un passé reculé[4], qui ne peuvent être connus que par description, c'est-à-dire indirectement, les objets d'accointance sont directement saisis[5], comme dans le cas de l'image du souvenir ou dans celui du *sense-datum*. Mais si le *sense-datum* et l'expérience présente[6] ont la particularité d'être localisés dans le moment présent, ils ont également celle d'être *constitutifs* de ce moment, qui se définit par leur moyen. Dans la quatrième conférence de *Our Knowledge of the External World*, alors qu'il applique au temps son projet de construction du monde physique au moyen de la logique des relations[7], Russell définit la notion d'instant de la façon suivante :

> Prenons un groupe d'événements, dont quelque couple que ce soit interfère, de sorte qu'il y ait un moment, si court soit-il, où tous existent. S'il y a quelque autre événement simultané à tous ceux-ci, ajoutons-le au groupe. Continuons jusqu'à ce que nous ayons construit un groupe tel qu'aucun événement extérieur au groupe ne soit simultané avec eux tous, mais que tous les événements intérieurs au groupe soient simultanés les uns avec les autres. Définissons ce groupe, dans son ensemble, comme un instant[8].

1. *Ibid.*, p. 66. *Cf.* également *ibid.*, p. 58 et AoM, Lecture VIII, p. 141-143.
2. *Ibid.*, p. 38.
3. *Ibid.*, p. 7 et p. 48-49 ; « RSDP », p. 147.
4. *Ibid.*, p. 71-72.
5. *The Problems of Philosophy*, trad. fr. F. Rivenc, *Problèmes de philosophie*, Paris, Payot, 1989, p. 69 ; TK, p. 53 ; « RSDP », p. 148.
6. Le statut de celle-ci est explicitement assimilé à celui des objets de sensation et de perception dans TK, p. 38-39.
7. Russell adopte explicitement la *relational theory of time* dans *ibid.*, p. 76-77. Voir également p. 64.
8. *Our Knowledge of the External World*, London, Allen & Unwin, 1914, trad. fr. Ph. Devaux, *La méthode scientifique en philosophie*, Paris, Payot, 2002, p. 152-153. *Cf.* également TK, p. 76.

Si l'on considère que notre connaissance du temps (aussi bien physique que mental[1]) est fondée sur notre expérience du temps, les événements évoqués par la citation précédente doivent être, dès lors que l'on veut définir l'instant présent, des objets qui entretiennent une relation de « présence » avec le sujet, et donc être simultanés soit à un *sense-datum* soit à une expérience présente[2]. Une conséquence capitale de cette conception est que l'immédiateté de la relation d'accointance de la conscience aux *sense-data* et à l'expérience présente se transporte à la relation du sujet à l'instant et au moment présents eux-mêmes : puisque ces derniers se définissent comme la classe des événements simultanés à un *sense-datum* ou à une expérience présente, la relation du sujet au présent possède le même caractère *direct* que celle du sujet à ces deux entités[3].

Voilà pourquoi Russell considère que l'instant présent est distingué par l'esprit au sein de la série infinie des instants. Sans la sélectivité de l'esprit, la lumière se répartirait de façon impartiale sur l'ensemble du monde et ne serait pas centrée comme elle l'est effectivement en raison du rapport de l'esprit aux objets[4]. Le présent se distingue du passé et du futur en ce qu'il s'offre au sujet d'expérience selon un rapport plus direct que ces deux autres dimensions du temps[5], et en vérité, de façon absolument directe. A ce titre, il constitue comme le *centre* du temps. Les particuliers d'insistance que sont les indexicaux « je », « ceci » et « maintenant » sont la manifestation linguistique du principe de sélection évoqué[6] : en particulier, « maintenant » désigne la relation de simultanéité qui unit certaines entités à une partie du *specious present*, ainsi que le moment qui est défini au moyen de cette relation et avec lequel le sujet est en rapport d'« immédiateté »[7]. Pour cette raison, il est le *nom propre logique* du moment présent.

En deuxième lieu, Russell adopte sur la question du rapport des *sense-data* avec la temporalité l'idée (d'origine empiriste) selon laquelle l'ensemble des relations temporelles (succession et simultanéité pour le temps physique, passé, présent et futur pour le temps mental) sont « données » (*given*) par accointance dans l'expérience immédiate. Ce sont

1. Chacun des deux comprend des propriétés données dans l'expérience et des propriétés construites.

2. Et on a là aussi bien la définition du moment présent (TK, p. 64 et 70).

3. James parle de même de l'« intuition directe du temps » que constitue le *specious present* (*Principles*, chap. XVI, p. 605).

4. TK, p. 40-41. *Cf.* également PLA, p. 381 et IMT, p. 126.

5. C'est seulement en tant qu'il a été récemment un *sense-datum* que le tout-juste-passé est connu par accointance (*ibid.*, p. 72-73).

6. *Ibid.*, p. 40-41.

7. *Ibid.*, p. 20.

notamment les *sense-data* et leurs relations qui fondent notre connaissance du temps : ainsi l'accointance avec la succession de *A* et de *B* joue le rôle de fondement de la connaissance du passé et de la construction du temps mental, mais également de la connaissance de la relation de succession et de la construction par son moyen du temps physique[1]. Bref, la connaissance directe et la construction du temps reposent sur les *sense-data* et les relations qui leur sont propres. Un rôle crucial est donc dévolu dans ce dispositif empiriste à la notion de *specious present* puisque c'est elle qui rend compte de la possibilité d'une donnée immédiate des relations temporelles[2], et par conséquent, d'une fondation dans l'expérience présente de l'ensemble des déterminations temporelles[3].

Enfin, Russell considère comme une vérité empirique forte[4] que l'expérience elle-même d'un sujet ne peut être connue immédiatement par un autre sujet. Ce caractère *privé* doit s'entendre en deux sens. Tout d'abord, si l'objet que je vois peut être vu par quelqu'un d'autre, en revanche ma vision – ma sensation visuelle – ne peut être connue par lui immédiatement[5]. Ensuite, s'il est possible en droit que quelqu'un d'autre ait le même *sense-datum* que moi, étant donné que les *sense-data* sont des objets, de fait il arrive toujours qu'une différence, si minime soit-elle, sépare les *sense-data* respectifs de deux sujets[6]. « Ainsi, écrit Russell dans les deux sens indiqués, chaque personne, du point de vue de ses *sense-data*, vit dans un monde privé »[7].

La notion d'expérience présente chez Wittgenstein

Quel est le lien qui unit les remarques de 1934-1936 à la conception russellienne? A cette différence près qu'elle y est soumise à la critique grammaticale, on trouve chez Wittgenstein une conception très proche de celle de Russell. Il considère en effet que la notion russellienne de *sense-datum* n'est qu'un autre nom pour l'erreur engendrée par l'idée solipsiste instantanéiste d'expérience présente. C'est la raison pour laquelle, à un certain stade de son cours, il propose à ses auditeurs de comparer la tentation de désigner la sensation privée au moyen du démonstratif « ceci » à

1. *Ibid.*, p. 73 et 88.

2. James a lui aussi opéré une telle fondation empiriste des déterminations temporelles. Russell reconnaît sa dette envers cette analyse (*ibid.*, p. 72-73) mais s'en écarte (*ibid.*, p. 70).

3. Plus précisément, si la mémoire immédiate suffit à la connaissance d'un objet passé, la connaissance de ce que signifie « passé » exige que l'expérience propre à la mémoire immédiate devienne elle-même un objet d'accointance dans l'introspection.

4. *Ibid.*, p. 30 et 34.

5. *Ibid.*, p. 34-35.

6. *Ibid.*, p. 29. Wittgenstein critique cette idée dans « NPESD », p. 12 *sq.*

7. « RSDP », p. 159.

celle d'affirmer : « Tout ce qui est réel est mon expérience présente »[1]. Ces deux tentations sont, selon lui, les produits d'une seule et même erreur. Mais de laquelle ?

Comme le rappelle le *Cahier brun*[2], le mot *this* n'a de signification que s'il est complété par un geste d'ostension et la chose indiquée (ou un échantillon), ou s'il l'est par un nom ou une description définie[3]. Le mot *this* n'a donc de signification qu'à la condition que ce vers quoi il pointe soit distingué de ce vers quoi il ne pointe pas, et cela n'est possible que s'il est complété. Employé seul, ce mot ne désigne rien du tout. Or lui conférer le statut de nom propre suppose précisément qu'il puisse être employé seul – *this* désignerait le *sense-datum* tout autant que « M.*N* » désigne un individu. Par conséquent, si comme l'atteste l'usage ordinaire de ce mot, *this* ne peut rien désigner dès lors qu'il est employé seul, et si néanmoins il est considéré comme un nom propre, alors il pourra être le nom de tout et de n'importe quoi. C'est pourquoi Wittgenstein insiste sur l'impossibilité de trancher entre la thèse selon laquelle l'impression présente changerait sans cesse et celle (contraire) de son immuable identité[4] : si l'on dit que *this* est le nom de l'impression présente, la suppression subséquente de ses conditions normales d'utilisation interdit de disposer de critères pour discerner l'impression qu'il est censé nommer. Assurément, on peut « désigner son impression » au sens où il est possible, après avoir regardé dans un télescope, de dessiner ce que l'on a vu et de pointer du doigt vers le dessin en disant : « Je vois ceci ». En revanche, cela n'a pas de sens dans notre langage de dire sans aucun complément : « Je vois ceci », en soutenant qu'il s'agit seulement d'une autre façon de pointer vers son impression présente. C'est pourtant bien ce que font le solipsiste et le philosophe russellien lorsqu'ils prétendent désigner l'impression elle-même de façon directe, par opposition au mode ordinaire de désignation qui a recours à l'intermédiaire d'un dessin. En réalité, en faisant cela, le solipsiste et le philosophe russellien ont tout simplement cessé d'opérer quelque désignation que ce soit.

L'erreur est ici de croire que « pointer vers son impression » revient à faire une chose identique au fait de « pointer vers un objet ». Confondre ces deux jeux de langage conduit à tenir l'impression pour un objet et à soutenir, en raison de l'impossibilité pour moi de le montrer à autrui, que cet objet est privé. Or faire emploi d'un dessin ne consiste pas à opérer une

1. « LSD », p. 179.
2. *Cf.* p. 179.
3. « LSD », p. 179-180.
4. *Ibid.* et « Notes for the Philosophical Lecture », dans *Philosophical Occasions 1912-1951*, trad. fr. dans E. Rigal, *Philosophica II*, p. 236.

désignation moins directe que pointer vers l'impression elle-même; seule une confusion entre « montrer du doigt un objet » et « montrer du doigt une impression » peut nous le laisser croire. Le recours au dessin *est* de plein droit l'une des actions que nous appelons « désigner (directement) son impression »[1], ce qui oblige à distinguer l'ostension d'une impression de celle d'un objet. Tenir compte de cette différence grammaticale revient à replacer l'expression « désigner son impression » dans son contexte d'utilisation ordinaire, à lui retirer son caractère mystérieux et en particulier à abandonner l'idée que l'impression serait un objet privé. En conséquence, là où le solipsiste croit qu'en quittant l'usage ordinaire du mot *this*, au motif qu'il n'est pas satisfait de la forme d'expression à laquelle ce mot appartient[2], il se donne les moyens de désigner enfin directement son impression présente, c'est-à-dire là où il croit avoir établi un nom dont la référence est l'expérience immédiate appréhendée exclusivement dans son actualité et sa singularité, il tombe en réalité dans une totale indifférenciation sémantique. Renoncer à compléter *this* n'équivaut pas à renoncer à toute description pour s'en tenir à une pure ostension (comme si plus la description était mince, plus la désignation serait directe), mais à renoncer purement et simplement à un usage pourvu de sens de ce terme. Le rapprochement que Wittgenstein propose à ses auditeurs entre l'usage philosophique russellien de *this* et l'affirmation solipsiste instantanéiste s'explique donc par le projet commmun à ces deux attitudes de désigner ce qui est présent à la conscience plus directement que ne le fait le langage ordinaire.

Deux traits rapprochent encore le *sense-datum* russellien et la *present experience* wittgensteinienne. D'une part, Wittgenstein ne manque pas de donner à l'adjectif « présent » dans l'expression « l'expérience présente » les deux sens distingués par Russell. Il envisage non seulement la présence du *sense-datum* à la conscience, mais également celle du présent lui-même, puisqu'il place dans la bouche du solipsiste instantanéiste aussi bien l'affirmation « Seule mon expérience présente est réelle » que l'affirmation « Seul le présent est réel »[3], sans introduire de distinction nette entre elles, comme s'il s'agissait des deux faces d'une même tentation. La tentation solipsiste instantanéiste consiste donc à soutenir qu'il existe un rapport privilégié (« direct »[4]) avec l'expérience présente et le présent, tout de même que la conception russellienne soutenait que la conscience entretient une relation directe avec le *sense-datum* et le présent. Dans le cours de

1. Pour l'exemple du télescope, « LSD », p. 178.
2. *Ibid.*, p. 176-177.
3. *Ibid.*, p. 182.
4. *Ibid.*, p. 126, 132 et 178.

1935-1936, l'« expérience présente » du solipsiste instantanéiste est donc synonyme d'« impression (privée) présente », c'est-à-dire de « *sense-datum* » selon son acception russellienne [1]. D'autre part, les *sense-data* du solipsiste sont *privés* [2]. A la question « D'où vient l'idée du caractère privé des *sense-data*? " [3], Wittgenstein répond à la fin de son cours par la notion d'« objectification » [4]. Ce processus consiste à « construire la grammaire du *sense-datum* sur le modèle de la grammaire du corps physique », et en conséquence, à déclarer que le *sense-datum* est « l'"objet" privé qui fait pendant à l'objet public » [5].

Quelques écarts nuanceront néanmoins la proximité relevée. Wittgenstein ne présente pas les thèses russelliennes selon toute leur rigueur et leur précision. Ainsi, au regard de son projet d'« examiner la thèse selon laquelle il se pourrait que seuls les *sense-data* soient réels » [6] et de sa discussion de l'idée d'une exclusive réalité de l'instant présent de l'expérience, on ne peut attribuer simplement les conceptions incriminées à Russell puisque cela supposerait de négliger des aspects essentiels de sa pensée (comme le rôle gnoséologique primordial de la *knowledge about* qui interdit d'en rester à un privilège gnoséologique de l'accointance) et d'oublier que Russell n'a jamais défendu ni la position solipsiste instantanéiste [7], ni la thèse de l'exclusivité ontologique des *sense-data* [8]. De même, lorsque Wittgenstein s'en prend à l'idée que ce qui se produit dans l'instant présent suffit à fonder la signification du nom qui le désigne [9], il est difficile de soutenir qu'il atteint de plein fouet l'ensemble des thèses russelliennes. Mais aussi bien Wittgenstein ne mentionne jamais Russell comme la cible

1. Entre autres *ibid.*, p. 155-156, 174-175 et 180-181.

2. *Ibid.*, p. 125-126, 150-151 et 133 ; « NPESD », p. 279.

3. « NPESD », p. 27-28.

4. « LSD », p. 148-149. *Cf.* également *ibid.*, p. 209-210 et 215; BPP I, § 109; *Letzte Schriften über die Philosophie der Psychologie*, Frankfurt a. M., Suhrkamp, 1984, trad. fr. G. Granel, *Études préparatoires à la 2e partie des* Recherches philosophiques, Mauvezin, TER, 1985, I, § 148.

5. *Ibid.*, p. 210. D'autres similitudes encore attestent que l'examen de l'affirmation solipsiste (en particulier instantanéiste) est une critique des positions défendues par Russell dans les années 1910. *Cf.* l'idée que « ceci » est le seul véritable nom propre (TK, p. 39 et « LSD », p. 180 et 210-211); celle que « maintenant » est le nom d'un instant (BrB, p. 179); l'idée de *time-corpuscle* (« UCM », p. 129 et « LSD », p. 185); celle que « l'objet physique est une construction effectuée à partir des *sense-data* » (« LSD », p. 151, « UCM », p. 129 et OKEW, Lecture IV).

6. *Ibid.*, p. 150.

7. AoM, Lecture IX, p. 160.

8. « RSDP », p. 148.

9. Entre autres « NPESD », p. 9-10, 14, 56 et 75.

unique de ses attaques et il ne se préoccupe pas tant de la réfutation du système russellien que de celle de certaines des intuitions centrales, philosophiquement exemplaires, situées au fondement de ce système.

Que la notion de présent soit définie au moyen de celle de *sense-datum* permet de comprendre l'entreprise de Russell (et d'autres [1]) d'une définition ostensive du présent. En effet, si c'est une propriété essentielle des *sense-data* – à la différence des objets imaginés, par exemple – d'être situés dans le présent, et si les expressions « le présent » et « maintenant » doivent être définies à partir des *sense-data* et donc du démonstratif *this* qui les nomme [2], il semble légitime de proposer une telle définition : en désignant un *sense-datum* ou l'expérience présente, *this* désignerait du même mouvement le moment et l'instant présents [3]. Plus précisément, selon Russell, montrer le groupe des entités simultanées au *sense-datum* et à l'expérience présente, *c'est* montrer le moment présent lui-même [4], c'est-à-dire ce avec quoi le sujet entretient une relation de complète *immediacy* (*intimacy*, *nearness*) [5]. Cela revient également à soutenir qu'« être présent » désigne la relation de simultanéité de l'objet au sujet [6], c'est-à-dire l'actualité ou (si l'on nous passe ce terme) la présentité de l'objet, l'accointance avec laquelle nous donnerait d'elle une connaissance directe. Dès lors, l'idée n'est pas très loin que le présent est ce qui est présent par excellence.

La critique que Wittgenstein adresse à ces analyses de Russell est double [7]. Elle établit d'abord que dans le cas du *sense-datum* privé ou de l'expérience présente du solipsiste, on ne dispose pas de critères d'identité de ce que l'on prétend définir et donc que l'on ne définit (et *a fortiori* ne nomme) rien. Elle soutient ensuite qu'une définition ostensive du présent est certes possible, mais pas dans les termes de Russell. L'analyse de Wittgenstein vise ainsi à établir que le terme « maintenant » ne tire pas sa signification du fait qu'il nommerait quelque chose, mais qu'il remplit dans notre langage de tout autres fonctions.

1. Pour une définition similaire, *cf.* Ayer, *The Problem of Knowledge*, Harmondsworth, Penguin, 1956, p. 152.

2. TK, p. 66 et 69.

3. *Ibid.*, p. 38-39.

4. *Ibid.*, p. 69-70. Au chapitre v, p. 56, Russell propose une définition un peu différente de « maintenant » : « ce qui est simultané avec le sujet ».

5. *Ibid.*, p. 40.

6. *Ibid.*, chap. v, p. 56.

7. Pour une autre critique de la théorie russellienne sur ce point, *cf.* C.D. Broad, *An Examination of Mc Taggart's Philosophy*, Cambridge, Cambridge University Press, 1938, t. II, Part I, 2.24 – repris dans Gale, *The Philosophy of Time*, London, MacMillan, 1968, p. 133-135.

De l'idée d'une définition ostensive du présent à la grammaire effective de « maintenant »

Le traitement wittgensteinien de la définition ostensive du présent

Une difficulté majeure rencontrée par la thèse de la définition ostensive du présent que l'on vient d'exposer apparaît à l'examen des conditions de la réussite d'une telle définition : désigne-t-on effectivement quelque chose lorsqu'on prétend désigner l'impression privée au moyen de laquelle on se propose de définir le présent [1] ? Et si l'on ne peut distinguer (identifier) ce au moyen de quoi l'on souhaite opérer cette définition, comment est-elle possible ? Il est nécessaire, en particulier, que l'échantillon que l'on doit pouvoir invoquer afin d'expliciter la signification du nom de la sensation possède une identité garantie par certains critères. Au nombre de ceux-ci, Wittgenstein compte celui de la durée [2]. Mais si une impression peut durer [3], en revanche l'impression *privée* ne le peut pas. L'une des conditions minimales pour qu'il soit possible de procéder à une attribution de durée réside en effet dans l'identité de ce qui dure : un sentiment ne dure que s'il s'agit du même sentiment. Or l'une des implications de la tentative de donner un nom à une prétendue impression privée est l'abandon de tous les critères que l'on peut employer habituellement pour s'assurer de l'identité de la sensation dont on dit qu'elle dure. Bien sûr, un défenseur du langage privé ne manquera pas de faire remarquer que rien n'empêche ma sensation privée de durer sans que cela soit jamais accessible à autrui. Mais, observe Wittgenstein, « il faudrait qu'il donne une définition du même genre [que celle qu'il a donnée de sa sensation] : "J'appelle ceci persister". Puis, un moment plus tard, il dit : "Elle persiste" » [4]. Procéder de la sorte ne garantit cependant en aucune façon que l'emploi du terme « persister » aura lui-même persisté (au sens ordinaire, cette fois) de l'une à l'autre de ses applications [5]. Autrement dit, on ne peut pas parler de la durée de l'impression privée, d'une part parce que l'attribution d'un (pseudo-)nom à une (prétendue) sensation privée n'établit aucun critère d'identité ni de l'un ni de l'autre, et d'autre part parce que le concept de durée lui-même employé *privatim* est en réalité coupé des conditions normales de son utilisation sans que l'on dispose d'une garantie de rechange pour la permanence de sa

1. Voir la critique présentée *supra*, p. 88. *Cf.* « LSD », p. 180-181.

2. « LSD », p. 186.

3. Dans BPP II, § 63, Wittgenstein accorde même à la durée la valeur de critère des impressions sensibles.

4. « LSD », p. 190.

5. *Ibid.*, p. 176.

signification. L'invocation, en guise de critère d'identité, non plus de la persistance de l'impression privée, mais du souvenir de l'impression lors de son « baptême » expose le défenseur du langage privé à une difficulté similaire, puisqu'il n'aura en main aucun critère susceptible de donner un sens à l'expression « souvenir correct »[1]. L'impression privée ne peut donc servir à opérer une définition ostensive du présent.

Une conséquence directe des remarques précédentes est que la signification du nom de l'impression présente privée (si l'on admet provisoirement une telle signification) paraît condamnée à l'instantanéité et au présent, ce qui nous reconduit tout droit à la notion russellienne de *name at moment*. Son usage erroné de l'indexical « ceci » pousse le solipsiste à croire qu'il désigne quelque chose de tout à fait particulier – l'impression sensible présente elle-même – comme si sa concentration purifiait l'impression et la livrait toute nue à l'attention, alors qu'en réalité il ne peut plus rien vouloir dire lorsqu'il emploie « ceci » comme il le fait. Ce n'est donc pas parce que le solipsiste prononce le mot « ceci » simultanément à son impression que celle-ci se trouvera nommée : « toute l'affaire du “baptême de la sensation” ne tient pas debout »[2]. Contrairement à ce qui se produit lors d'une définition ostensive, aucun engagement n'est pris envers l'utilisation à venir du prétendu nom de l'impression privée[3]. Mais plus encore, « rien de ce qui a pu se passer au moment où j'ai donné un nom [à mon impression] n'a vraiment d'importance »[4] : non seulement le solipsiste ne donne pas un nom durable à son impression privée présente, mais il ne lui donne pas non plus un nom dont la signification serait instantanée. A Russell qui considère que « ceci » signifie de façon spécifique parce qu'il ne le fait qu'un instant, Wittgenstein oppose donc que l'emploi solipsiste de « ceci » est dépourvu de sens parce que la durée de vie de sa signification est censée pouvoir se tenir dans un unique instant.

Si la tentative de dire les *sense-data* aboutit en 1936 comme en 1929 à un son inarticulé, la faute n'en incombe plus désormais à la temporalité propre au *sense-datum* (comme lorsque le flux de l'expérience immédiate semblait trop rapide pour qu'aucun langage puisse le décrire), mais précisément à l'impossibilité de parler de *quelque chose* qui s'écoulerait. De l'impossibilité de fait (le langage phénoménologique ne pouvait tenir dans l'instant présent de l'expérience), Wittgenstein passe à une impossibilité logique (le solipsiste ne dispose d'aucun critère d'identité), comme si le

1. *Ibid.*, p. 125-126 et 186.
2. *Ibid.*, p. 176.
3. WLC 30-32, p. 45 et « NPESD », p. 53.
4. « LSD », p. 120.

présent se dérobait désormais grammaticalement à la prise du langage privé du solipsiste. Et cela revient à dire qu'en réalité rien (de ce qu'imagine le solipsiste) ne s'écoule : dans le cas du langage privé, la restriction au présent s'avère être une condamnation à l'absence de sens. L'expérience présente ou l'impression privée (le *sense-datum*) ne saurait donc fonder un quelconque usage linguistique. Contrairement à ce qu'envisageait la phénoménologie de 1929, l'expérience immédiate présente du solipsiste ne peut donc être considérée comme le point d'Archimède de notre langage. Et contrairement à ce qu'a soutenu Russell à une certaine époque, on ne peut pas tenir « ceci » pour le nom de l'objet privé de l'expérience présente. Si le solipsiste ne peut pas sortir du « cul-de-sac » du présent, c'est en définitive parce qu'il n'est pris dans aucun « cul-de-sac ».

Le terme « maintenant », tel que le caractérise l'analyse russellienne, n'est pas plus susceptible d'être un nom que le démonstratif « ceci ». De quoi d'ailleurs pourrait-on prétendre que « maintenant » le nomme ? L'un des candidats les plus souvent avancés est l'instant présent. Wittgenstein écrit à ce propos :

> Notre langage ordinaire utilise le mot « maintenant » et les spécifications de moment dans des contextes similaires. Ainsi nous disons :
> « Le soleil se couche à six heures »
> « Le soleil se couche maintenant »
> [Et, ce qui incite plus encore à la confusion : « Il est maintenant 6 h 00 »] [1]
> Nous sommes enclins à dire que « maintenant » aussi bien que « six heures » « réfèrent à des points du temps » [2].

Bien qu'il puisse être employé à la même place et dans les mêmes phrases qu'une « spécification de moment », « maintenant » ne joue pas du tout le même rôle qu'une telle spécification – il n'appartient pas aux mêmes jeux de langage. On peut dire en effet : « Il est 6 h 00 » ou « Il est maintenant 6 h 00 », mais pas « Il est maintenant maintenant » [3], ni « Il est maintenant ». Lorsqu'il est employé dans le jeu de langage de la chronométrie, « maintenant » doit être complété par un nom d'instant mais ne joue pas lui-même le rôle d'un tel nom. Le considérer comme un nom d'instant expose à la tentation de le tenir pour le nom d'un super-instant (l'instant présent) dont l'unicité tiendrait au fait que toutes les horloges du monde (du moins, celles qui sont correctement réglées) ne cessent de l'indiquer [4].

1. Addition d'EPB, p. 157.
2. BrB, p. 178.
3. Ts 219, p. 19.
4. Wittgenstein souligne également le danger qu'il y a à confondre la dénomination d'un instant avec celle d'un objet (« LSD », p. 185).

Si l'instant présent ne fournit pas un candidat sérieux à la définition du prétendu nom « maintenant », Wittgenstein n'enterre pas cependant la possibilité d'une définition ostensive de « maintenant » et « présent ». Seulement il faut s'entendre :

> Je peux me représenter que quelqu'un, pour expliquer le mot « maintenant », montre la position présente de l'aiguille d'une horloge. De même que pour expliquer l'expression « dans cinq minutes », il peut montrer le chiffre de l'horloge où l'aiguille se trouvera dans cinq minutes [1].

Il existe un usage de « maintenant » dans le cadre du jeu de langage qui consiste à dire l'heure qu'il est. Lorsqu'elle est utilisée pour enseigner ou pour appliquer ce jeu de langage, l'expression « la position présente de l'aiguille » désigne bien une position, mais pas au même sens que (par exemple) « la position correspondant à 6 h 00 ». Confondre ces deux sens de l'expression conduit à dire des choses comme : « L'horloge idéale montrerait simplement toujours l'instant "maintenant" » [2], comme si l'aiguille de l'horloge indiquait « maintenant » de la même manière qu'elle indique « 6 h 00 ». On ne peut bien sûr pas dire que « maintenant $=_{Df}$ 6 h 00 », puisqu'il peut être maintenant 6, 10, ou 7 h 00, etc. On ne peut donc pas définir ostensivement « maintenant » comme on le fait pour « 6 h 00 ». La question est dès lors de savoir comment distinguer le fait de « montrer la position présente de l'aiguille » du fait de « montrer l'heure qu'il est ». Ou encore : comment montrer l'aiguille dans sa position *présente* et non pas l'aiguille dans *cette* position *particulière ?* Si Wittgenstein ne donne pas d'indication explicite à ce sujet, certaines de ses remarques fournissent les ressources nécessaires à une réponse.

La difficulté que nous rencontrons ici est tout à fait comparable à celle de distinguer le fait de montrer la couleur et celui de montrer la forme d'un objet [3]. On a l'impression qu'il faudrait réussir à prendre quelque chose de la position de l'aiguille (son caractère présent, son actualité) tout en laissant de côté quelque chose d'autre (le fait que l'aiguille pointe vers tel chiffre particulier). En réalité, la difficulté disparaît sitôt l'expression « montrer du doigt la position présente de l'aiguille » replacée dans ses contextes normaux d'utilisation. Prenons un exemple : un élève fait face à un cadran qui porte les graduations chronométriques habituelles mais auquel aucune aiguille n'est fixée; il dispose de deux aiguilles métalliques; l'instituteur regarde sa montre et dit : « Il est 4 h 15 de l'après-midi. Montre-moi la

1. BT, § 106, p. 526.
2. BPP I, § 721.
3. PU, § 30-36.

position présente des aiguilles de ma montre (ou) montre-moi quelle est maintenant la position des aiguilles » ; l'élève doit alors placer sur le cadran chaque aiguille dans la position adéquate. Autre exemple : trois horloges sont placées devant l'élève; leurs aiguilles respectives sont dans des positions différentes; une seule d'entre elles indique 4 h 15; le maître dit à l'élève : « Il est 4 h 15 à ma montre. Montre-moi la position présente des aiguilles (ou) montre-moi quelle est maintenant la position des aiguilles ». Le rappel de ces situations a pour effet de rendre leurs natures respectivement adjectivale et adverbiable à « présent » et « maintenant », et par là même de dissoudre l'aspect mystérieux de l'expression « montrer la position présente » ainsi que la tentation de dire que « maintenant » pointe vers la présentité de la position présente des aiguilles.

Revenons à la citation du Ts 213. Ce texte nous place dans une situation de définition (celle du terme « maintenant ») au moyen de l'ostension de la position présente des aiguilles d'une horloge. Imaginons qu'un enfant demande à un adulte : « "Maintenant", c'est quand ? Où doit être l'aiguille sur le cadran pour que ce soit "maintenant" ? ». Si l'on suit Wittgenstein, l'adulte pourrait, en guise de réponse, montrer la position présente de l'aiguille. Mais l'enfant pourrait en conclure, si par exemple il se trouve que l'aiguille pointe actuellement vers 6 h 00 : « "Maintenant" signifie donc 6 h 00. C'est "maintenant" quand il est 6 h 00 ». Comment détromper l'enfant ? Par exemple, en lui disant une minute plus tard : « Maintenant il est 6 h 01 », puis une minute plus tard : « Maintenant il est 6 h 02 », ou en lui faisant réaliser les exercices décrits plus haut, de façon à lui faire comprendre que c'est en ce sens que : « Maintenant $=_{\mathrm{Df}}$ l'heure qu'il est » [1]. L'expression « la position présente de l'aiguille » peut dès lors signifier la position en tant qu'elle est présente et non pas en tant qu'elle indique telle graduation particulière du cadran qui se trouve être présentement désignée.

Si « maintenant » n'est pas un nom, ce n'est donc pas parce qu'on ne pourrait en proposer une explication ou une définition ostensives, mais plutôt parce que la définition ostensive ne donne pas lieu, dans son cas, aux mêmes types d'usages que ceux d'un nom. On peut lui appliquer ce que dit Wittgenstein à propos de « je » : « Le simple fait qu'en expliquant un mot, nous désignions une certaine chose ne constitue pas une explication de l'emploi du mot ». Il nous faut donc préciser quel est le comportement de « maintenant ».

1. Comme toute explication ostensive, dirait Wittgenstein, celle-ci peut être mal comprise.

L'indexicalité de « maintenant »[1]

Wittgenstein a consacré un nombre conséquent de remarques à ce que l'on appelle traditionnellement les indexicaux. On sait quelle place le cas de « je » a occupé dans ses réflexions. Il livre ce diagnostic dans les textes de 1934-1936 : « Le problème du solipsisme est lié à une idée erronée de l'emploi du mot "je" »[2]. Il tient une position tout à fait similaire à propos de l'instantanéisme du présent lorsqu'il remarque que l'affirmation « Seul le présent est réel » provient de l'idée erronée selon laquelle « *maintenant* est la date *véritable* »[3]. Le solipsisme instantanéiste et l'instantanéisme du présent résultent à ses yeux d'une mauvaise compréhension de l'emploi du mot « maintenant », que l'on pourrait qualifier d'*illusion indexicale*. Cette illusion trouve sa source dans la tendance, largement répandue en philosophie du langage, à se représenter le fonctionnement de « maintenant » sur le modèle de la désignation, c'est-à-dire à penser que ce mot pointe vers quelque chose, de la même façon que (par exemple) « ceci » (employé ordinairement) ou un nom pointent vers un objet. Le propos de Wittgenstein est cependant moins de contester l'explication ordinaire (« "maintenant" désigne l'instant présent ») que d'interroger les conséquences philosophiques que l'on peut être tenté d'en tirer, et de proposer des descriptions alternatives de l'emploi de « maintenant » susceptibles de nous libérer de ces conséquences.

Du traitement que la tradition analytique a réservé aux indexicaux en général et à « maintenant » en particulier, il se dégage un certain consensus sur au moins deux points. Tout d'abord, on a souvent souligné l'inadéquation des catégories logiques classiques à ce type de mots, et en particulier celle des catégories de nom propre ordinaire, de description définie et de concept (prédicat). Ainsi, dans IMT[4], Russell détaille les objections qui s'opposent à la tentative d'appliquer chacune des catégories mentionnées au circonstanciel égocentrique « ceci »[5]. Mais on a souligné également que cette inadéquation s'accompagne d'une certaine légitimité à appliquer les

1. Sur l'indexical « maintenant », *cf.* en particulier R.M. Gale, « Is It Now Now? », *Mind*, vol. 73, 1964 et « Indexical Signs, Egocentric Particulars, and Token-Reflexive Words », dans P. Edwards (ed.), *The Encyclopedia of Philosophy*, London, Collier & MacMillan, 1967 ; Y. Bar-Hillel, « Indexical Expressions », *Mind*, vol. 63, 1954 ; J. Perry, « Indexicals and Demonstratives », dans B. Hale et C. Wright (ed.), *A Companion to the Philosophy of Language*, Oxford, Blackwell, 1997.

2. « LSD », p. 158. *Cf.* également PB, § 58 *sq.*

3. *Ibid.*, p. 181.

4. Chap. VII, p. 125-126.

5. On se contentera d'envisager le cas de « ceci » car c'est à partir de lui, selon Russell, que les autres égocentriques se définissent.

catégories logiques mentionnées aux indexicaux. Dans son article « Indexicals and Demonstratives »[1], J. Perry décrit le comportement sémantique des indexicaux par leur confrontation avec les catégories de la description définie et du nom propre. D'une part, comme la description définie, l'énonciation de « maintenant » est associée à un « mode de présentation »[2] qui doit être satisfait pour que soit satisfaite la « condition de désignation » propre à la signification de « maintenant »[3] et que l'énonciation de ce mot désigne un instant *t*. Cependant, ce mode de présentation n'est pas la signification de l'énonciation de « maintenant » : si pour être l'instant désigné par « maintenant », *t* doit satisfaire la condition « être l'instant pendant lequel et vers lequel le locuteur de "maintenant" dirige l'énonciation de ce mot », en revanche, « maintenant » ne signifie pas cette condition (on ne peut pas substituer cette condition à « maintenant » dans les phrases dans lesquelles ce mot prend place). Par conséquent, « maintenant » *dénote*, mais *ne décrit pas*. D'autre part, que la référence de « maintenant » fonctionne sur le modèle de la dénotation des descriptions définies revient à dire que « maintenant » *ne nomme pas*, car sa signification ne l'associe pas directement et par convention à *un* individu. Cependant, « maintenant » partage avec les noms, du fait qu'il ne décrit pas, la propriété de *référer*, c'est-à-dire de contribuer au contenu de la phrase à laquelle il appartient par l'individu (l'instant) qu'il désigne, et non pas par un mode de présentation. Bref : « "maintenant" est comme les descriptions définies parce qu'il dénote et il est comme les noms parce qu'il réfère »[4].

Quelle conclusion tirer de ce double constat ? Parce qu'il semble plus facile de dire ce qu'il n'est pas que de dire ce qu'il est, les auteurs insistent parfois sur le caractère mystérieux du comportement logique de « maintenant »[5]. C'est d'abord à ce caractère *mysterious* ou *geheimnisvoll* que Wittgenstein s'en prend dans sa description de l'emploi de « maintenant ». De son point de vue, ce caractère provient du fait que l'on croit que les catégories logiques qu'on essaie de lui appliquer conviennent à « maintenant » dans la seule mesure où elles disent de lui qu'il *désigne*, et que ce qui

1. *A Companion to the Philosophy of Language*, p. 586 *sq.*

2. *Ibid.*, p. 588. Ce mode de présentation est : « $\exists x$ (*x* est le locuteur de *u* et *x* dirige *u* vers *t* pendant *t*) » – où « u » = l'énonciation de « maintenant » et « *t* » = l'instant désigné par l'énonciation de « maintenant ».

3. *Ibid.*, p. 598. La condition de désignation s'exprime ainsi : « *u* désigne *t* ssi $\exists x$ (*x* est le locuteur de *u* et *x* dirige *u* vers *t* pendant *t*) ».

4. *Ibid.*, p. 608. Pour des affirmations similaires, Gale, *op. cit.*, p. 70 et Russell, IMT, p. 124.

5. *Cf.* (par exemple) Gale, *op. cit.*, p. 70 et Rescher et Urquhart, *Temporal Logic*, Wien, Springer Verlag, 1971, p. 35.

cadre mal avec le comportement logique de ce mot est tout ce qui, de ces catégories logiques, ne concerne pas la désignation (par exemple, dans le cas de la catégorie du nom propre, le fait que si « maintenant » désigne, il ne désigne jamais le même individu). Or peut-être est-ce précisément l'idée de la désignation qui constitue le présupposé qu'il faut abandonner si l'on veut dépouiller « maintenant » de son aura de mystère. Plutôt que de dire que « maintenant » opère une désignation mystérieuse, il vaudrait mieux reconnaître qu'il n'opère rien que l'on puisse sans violemment forcer les choses caractériser comme une désignation : « maintenant » ne cessera de paraître désigner mystérieusement que si l'on cesse de considérer qu'il désigne. Voilà pourquoi Wittgenstein affirme que « la fonction du mot "maintenant" est entièrement différente de celle d'une spécification de moment », après avoir précisé quelques lignes auparavant que cette dernière fonction consiste à « désigner (*to refer to*, *bezeichnen*) des instants du temps »[1].

Souligner que « maintenant » ne « désigne » pas veut dire d'abord qu'on ne peut assimiler son fonctionnement à celui du démonstratif *this*. L'un des traits de sa théorie des indexicaux sur lequel Russell ne revient jamais est la thèse de leur interdéfinissabilité[2] : selon lui, toutes les expressions indexicales peuvent être définies à l'aide d'expressions non-indexicales plus l'indexical singulier *this*[3]. Or l'un des buts de Wittgenstein est de montrer une différence importante entre les régimes d'indexicalité respectifs de « ceci » et de « maintenant », de telle sorte que dans bien des cas l'idée même d'indexicalité paraît en fin de compte peu adaptée à la description des fonctions jouées par « maintenant » dans notre langage. C'est qu'il est philosophiquement très problématique de soutenir sans plus de précision que « maintenant » désigne un instant de la même façon que « ceci » désigne l'objet vers lequel pointe mon doigt lorsque je prononce « ceci ».

Wittgenstein soumet à ses auditeurs la remarque suivante au sujet du terme « demain » : « Considérez le cas où je parle de demain. Je ne peux pas désigner (*point to*) demain, bien évidemment ». Ce propos intervient dans le cadre d'une réflexion menée au sujet de l'expression « parler de quelque chose » (*i.e.* celle de l'intentionnalité du langage) qui vise à déjouer le rapprochement insidieux des grammaires respectives d'« agir sur quelque chose » et de « parler de quelque chose ». La tentation est grande de penser que lorsque nous parlons d'une chose, nous avons à l'esprit une représen-

1. BrB, p. 178 et EPB, p. 155.

2. Pour une présentation et une critique de cette thèse, Bar-Hillel, art. cit., en particulier V, p. 372 *sq.*

3. TK, p. 40 et IMT, p. 123 et 126.

tation (*image*) de cette chose avec laquelle nos mots entretiennent un contact qui leur assure leur intentionnalité. « Nous parlions de ceci » semble alors très proche de « Nous posions les mains sur ceci », suggère Wittgenstein, comme si « la relation de désignation » supposait la présence de ce dont nous parlons, de la même façon que « la sensation de pression » requiert celle de ce sur quoi s'exerce la pression[1]. « Pourquoi, lorsque je touche quelque chose (*this*) et me concentre sur cela, ne peut-il y avoir de doute à l'égard de ce dont je parle ? Il semble que j'en parle de manière plus directe (*in a more direct way*) que lorsque je parle de Smith [qui est absent] »[2]. Dans ces conditions, le démonstratif *this* est investi d'une importance particulière car il semble exprimer cette relation directe entre le langage et la réalité dont nos mots tireraient leur sens.

D'une telle conception découlent des conséquences remarquables pour la question des indexicaux temporels. En particulier, si (comme Russell) on définit « maintenant » au moyen de la relation d'ostension propre à *this*, on est conduit à croire que « demain » désigne seulement de façon indirecte ce qu'« aujourdhui » ou « maintenant » seuls réussissent à désigner directement. Ce à quoi Wittgenstein répond :

> Supposez que nous parlions d'une maison qui n'est pas encore construite, mais qui le sera demain. Le lendemain nous pouvons dire : « Nous parlions de ceci (*this*) ». C'est une explication que nous ne pouvons donner aujourd'hui. Pourtant, nous employions les mots d'une façon telle qu'il nous sera possible demain de donner cette explication[3].

Le sens de la proposition : « La maison sera construite demain » n'est donc pas moins déterminé que celui de la proposition prononcée le lendemain : « Nous parlions de ceci ». « Supposez, dit encore Wittgenstein à ce sujet, qu'on vous ait parlé de Watson en référence à la photographie et en employant certains mots, mais que vous ne l'ayiez jamais vu. Puis, un jour, il arrive et je dis : "Voici Watson" (*This is Watson*). Dirai-je que vous comprenez seulement maintenant ce dont je parlais ? »[4]. Contrairement à ce qu'il est d'ailleurs arrivé à Wittgenstein lui-même d'affirmer[5], une proposition au passé ou au futur ne possède pas son sens « de façon moins immédiate » qu'une proposition au présent en présence de ce dont elle parle (la maison une fois construite ou Watson une fois arrivé). La distance

1. « LSD », p. 165.
2. *Ibid.*
3. *Ibid.*, p. 164.
4. *Ibid.*, p. 172.
5. PB, § 56. Voir *infra*, p. 210 *sq.*

temporelle ne se double pas d'un affaiblissement de la détermination sémantique.

Si, dans son utilisation philosophique, « indirect » n'a en réalité aucun sens, la faute en incombe à une vue simplificatrice de l'emploi de l'expression « désigner directement un événement passé ». On croit en effet que « désigner indirectement un événement passé » s'oppose à « désigner directement un événement présent », alors qu'elle s'oppose très souvent à « désigner directement le passé » (en un sens non philosophique) : dans l'usage ordinaire, elle caractérise par exemple la simple description verbale du visage d'un proche disparu, par opposition à l'ostension d'une photographie de cette personne. Plus généralement, le qualificatif « direct » n'a pas de sens non plus lorsqu'on prétend qualifier avec lui notre rapport au présent par opposition à notre rapport au passé[1]. De même que lorsque le philosophe croit saisir son impression elle-même en la désignant de façon directe, il a en fait cessé de montrer quoi que ce soit, il est dépourvu de sens de concevoir une désignation du passé sur le modèle du rapport au présent : on n'accèderait pas ainsi à une ostension absolument directe mais l'on cesserait d'effectuer toute ostension du passé.

Il reste cependant possible au philosophe de répliquer à l'objection précédente qu'elle ne permet pas de distinguer le cas où l'on pointe (par exemple) vers *X* dans son bureau pour informer quelqu'un de là où *X* se trouve actuellement, du cas où l'on accomplit ce même geste pour expliquer ce que l'on a voulu dire lorsqu'on a dit que « *X* était dans son bureau il y a un an ». En écartant une erreur philosophique relative à l'ostension du passé, il semble que nous ayons obscurci la possibilité de l'enseignement du temps du passé : si le fait de montrer *X* dans son bureau est bien une ostension directe de l'événement passé exprimé par la phrase « *X* était dans son bureau il y a un an », comment enseigner le sens de « était » de façon à faire comprendre la spécificité de cette ostension ?

Wittgenstein expose dans le *Cahier brun*[2] ce qu'il appelle des « genres primitifs de narration d'événements passés ». Ils prennent la forme de scènes d'apprentissage qui sont destinées à dissiper la perplexité philo-

1. Diamond *op. cit.*, p. 15 et 368. Voir BPP II, § 593/Z, § 663 : « Mais si la mémoire nous montre (*zeigt*) le passé, comment nous montre-t-elle que c'est le passé ? Justement, elle *ne* nous montre *pas* le passé. Aussi peu que nos sens nous montrent *(zeigen)* le présent ».

2. II, § 50. Wittgenstein imagine quatre apprentissages possibles de la narration d'événements passés à un enfant : celui qui associe à chaque activité de l'enfant au cours de la journée une position du soleil à l'horizon ; celui qui repose sur l'association à chaque « image de la vie » de l'enfant d'un nombre du cadran d'une horloge ; celui qui se fait au moyen d'images que l'on juxtapose selon l'ordre de déroulement des événements qu'elles représentent ; celui effectué au moyen de jouets.

sophique que la question de la possibilité d'enseigner le temps du passé est susceptible de produire[1]. Sur le modèle des jeux de langage évoqués par le *Cahier bleu*[2], la simplicité de ces scènes a pour but que soient « clairement dessinées et transparentes » les activités propres à la narration d'événements passés, en les protégeant de « l'arrière-plan troublant de processus de pensée extrêmement compliqués » (par exemple, le processus qui, sur une image-mémoire accompagnée de divers sentiments, fonde un jugement de façon à constituer un souvenir[3]). Aussi, plutôt qu'à la question : « Qu'est-ce que le passé ? » (ou : « Qu'est-ce qu'on doit montrer pour montrer le passé ? ») Wittgenstein répond à celle-ci : « Qu'est-ce que la narration d'événements passés ? », c'est-à-dire à une question qui met au travail le concept de passé.

L'élève de Wittgenstein apprend 1) à « demander certaines choses » (des jouets) qui se trouvent face à lui, et ainsi à « nommer les choses » en question, puis 2) à les nommer alors qu'elles ont été retirées de son champ de vision : par exemple, l'adulte entame l'énumération « Il avait une balle, un bâton ... » et laisse l'enfant la compléter. Mais cet apprentissage peut rendre le philosophe perplexe. Anscombe imagine un mode d'enseignement très proche[4] : 1') on apprend d'abord à l'enfant à dire « rouge » lorsqu'une lumière rouge s'allume devant lui, « jaune » lorsqu'une lumière jaune s'allume, etc.; puis 2') à dire « rouge », « jaune », etc., lorsque la lumière de la couleur correspondante est maintenant éteinte, mais *était* allumée devant lui quelques instants auparavant. Le trouble du philosophe est provoqué par ce second moment. Selon lui, en effet, il sera incompréhensible à l'enfant qu'on lui apprenne en (2') ce qui était précisément considéré comme incorrect en (1') : dans la première partie de l'apprentissage, dire « rouge » alors qu'aucune lumière rouge n'était allumée était tenu pour une erreur; or c'est ce que l'on exige en (2'), qui paraît donc désapprendre et contredire ce qui était appris en (1'). Le trouble se renforce du fait que, d'une part, le philosophe relève que la situation présente est exactement identique après qu'aucune lumière n'a été allumée et après qu'une lumière a été allumée, et que, d'autre part, l'apprenti ne peut diriger ni ses yeux ni son esprit de façon à voir ce que l'enseignant désigne lorsqu'il emploie l'expression « *était* rouge » – ni ses yeux, car le passé

1. *Ibid.*, p. 107.

2. *Cf.* p. 17.

3. On trouverait une illustration typique de ce genre de conception chez Russell (AoM, Lecture IX) et James (*Principles*, chap. XVI).

4. « The Reality of the Past », dans *Metaphysics and the Philosophy of Mind, The Collected Papers of G.E.M. Anscombe*, Oxford-New York, Blackwell, 1981, vol. 2, p. 109-110.

n'est pas présent, ni son esprit, car cela supposerait que soit acquis ce que l'enseignement est censé transmettre. Le présent ne semble donc fournir aucun point d'ancrage à l'apprentissage du temps du passé, comme si celui-ci ne pouvait être appris qu'à la condition qu'on le maîtrise déjà : l'enseignant serait condamné à faire deviner à l'élève le sens du mot « passé »[1].

C'est à la suppression d'une telle perplexité que Wittgenstein destine sa description de l'apprentissage de ce mot. Il relève fréquemment l'erreur évoquée, et pas dans le seul cas de l'enseignement du passé. Les *Recherches*[2] l'abordent à propos de l'enseignement des mots « ordre », « règle » et « régularité » et suggèrent de décrire l'apprentissage ordinaire de ces termes, qui s'avère alors indemne de toute espèce de « cercle vicieux » : Wittgenstein observe que l'enseignement qu'il décrit procède par *« exemples »* (*Beispiele*) et *« exercice »* (*Übung*) (il souligne) et « n'explique aucun mot par lui-même ». Or cette précision vaut également pour l'enseignement du passé dans le *Cahier brun :* celui-ci s'effectue au moyen d'exemples (*cf.* l'application de la locution « Il avait » au cas des jouets) et d'exercices (l'enfant doit compléter l'énumération débutée par l'adulte); de plus, il a lui aussi pour but d'éviter le cercle vicieux qui engendre le trouble philosophique indiqué. Toutefois, si la description wittgensteinienne vise à ôter à la possibilité de l'enseignement du passé son aspect problématique, elle ne cherche pas à le faire en satisfaisant aux réquisits que le philosophe impose à cet enseignement; tout à l'inverse, elle veut mettre en évidence l'illégitimité de tels réquisits. La description wittgensteinienne ne consiste donc pas en une position philosophique alternative, mais en la mise à l'écart de l'approche philosophique de l'enseignement du temps du passé.

Deux traits de cet enseignement permettent d'en déjouer l'impossibilité prétendue. Le premier est qu'il s'agit bien d'un *enseignement* et non pas d'une *explication*[3] – dans les compléments apportés par *Eine Philosophische Betrachtung* au *Cahier brun*, Wittgenstein précise encore que l'enfant qui apprend le temps du passé est « dressé » (*abgerichtet*). En conséquence, et en second lieu, il faut dire que « le jeu de langage n'a pas

1. BrB, p. 174. *Cf.* également PB, § 5; PU, § 32, 210 et 362. Dans EPB (p. 152), Wittgenstein complète par une citation d'Augustin le texte du BrB. De cette façon, il établit un lien direct avec le § 32 des PU.

2. *Cf.* § 208.

3. De la même façon, Wittgenstein distingue au § 208 de PU le cas de l'explication de concepts à quelqu'un qui ne parle que le français et veut apprendre l'allemand, du cas de l'enseignement de ces concepts à quelqu'un qui ne les maîtrise pas encore. Voir aussi PU, § 6.

son origine dans la *réflexion* »[1]. Cela signifie que le philosophe inverse les données du problème : lorsqu'il s'interroge sur la possibilité d'enseigner le temps du passé, il place l'enfant dans la situation de quelqu'un qui maîtrise déjà le concept de passé et peut dès lors hésiter entre se tourner vers la dimension du passé et se tourner vers celle du présent. Mais « passé » et « présent », au sens de « dimensions du temps », sont des concepts tardifs : la forme substantive « le passé » intervient dans l'ontogenèse du langage bien après que la pratique de la narration d'événements passés a été acquise ; le temps grammatical du passé est d'abord maîtrisé comme une réaction verbale descriptive ultérieure à la vision de ce qui est décrit – et rien de plus. La question n'est donc pas de savoir comment faire deviner à l'enfant qu'il doit orienter son esprit vers la dimension du passé, mais s'il a les réactions qui le conduiront à la maîtrise de l'activité « raconter un événement passé »[2]. C'est ainsi qu'est franchi le fossé (à première vue infranchissable) que creuse la réflexion philosophique entre l'ignorance du concept et sa maîtrise[3], et c'est seulement si le temps du passé est appris que l'idée de dimension temporelle peut ensuite avoir un sens ; le trouble du philosophe résulte de la projection sur la situation de l'apprenti d'un problème qui ne peut surgir que lorsque l'apprentissage a été conduit à son terme. Wittgenstein quitte donc le point de vue philosophique qui veut faire jouer le rôle d'institution et d'enseignement du concept de passé à l'explication de ce mot par d'autres expressions (par exemple : « La connaissance de la signification de "passé" nous est donnée par la mémoire »), pour un point de vue qui supprime la perplexité suscitée par la possibilité de l'apprentissage en rappelant comment le mot « passé » peut être effectivement appris, et de cette façon, comment il s'intègre à nos vies et quelle place il y occupe.

Pour qui accepte la critique wittgensteinienne, l'une des thèses principales de la théorie russellienne du temps vole en éclats : le particulier d'insistance *now* n'est pas la forme linguistique du rapport privilégié que nous entretenons avec le moment présent, et il n'a pas avec celui-ci le même rapport que *this* avec le *sense-datum* ; notre rapport primitif avec *le* passé et *le* présent n'est pas un rapport d'ostension respectivement indirect et direct. On discerne alors comment l'assimilation de l'emploi des adverbes temporels à celui des démonstratifs *this* et *that* contribue à son tour à l'émergence du mythe du présent[4].

1. BPP II, § 632.
2. Cavell, *Les voix de la raison*, p. 271-272.
3. BrB, p. 174.
4. « LSD », p. 178-182 et BGM I, § 125.

Quelle est donc la grammaire effective de « maintenant » ? Comme pour le mot « temps », Wittgenstein esquisse l'emploi ordinaire de « maintenant » en prenant soin de souligner, parmi ses fonctions, celles qui sont susceptibles de nous détourner de la conception désignative de ce mot. Sa description ne prétend donc en aucune façon à l'exhaustivité, mais se donne ici aussi une finalité thérapeutique. Sont distingués en particulier deux types d'emploi susceptibles de renouveler en profondeur l'analyse que l'on donne généralement du mot « maintenant ».

La fonction de « maintenant » que Wittgenstein évoque le plus souvent est celle de *signal*. L'insistance toute particulière dont il gratifie cet emploi trouve sans doute sa raison d'être dans la propriété qu'a celui-ci de montrer nettement ce qui sépare la logique de « maintenant » de l'ostension, et d'abord de celle d'un instant particulier[1]. Selon Wittgenstein, cela signifie que bien souvent *dire* « maintenant », c'*est* instituer le point d'origine d'un système de coordonnées et avec lui tout le système – ainsi « maintenant » n'a de sens que s'il s'oppose à « hier », « demain », « il y a une heure », etc. L'énonciation de « maintenant » ne remplit donc pas la fonction de pointer vers un instant déjà déterminé, mais d'ériger un instant (qu'il soit désigné par une spécification de moment[2] ou pas) en un point d'origine temporel.

> Les mots « ici », « maintenant », etc. désignent (*bezeichnen*) l'origine//le point d'origine//d'un système de coordonnées : /comme la lettre « O », mais ils ne décrivent (*beschreiben*) pas sa position par rapport aux objets dans l'espace.//
> (...) Ici et maintenant sont des concepts géométriques, comme le point central de mon champ visuel[3].

Terme de valeur géométrique, « maintenant » ne décrit pas une position temporelle, mais établit un système permettant de conférer une telle position à des événements. Pour autant, la fonction du système ainsi mis en place est totalement différente de celle des spécifications de moment. Il faut rappeler à cet égard que « maintenant » est un adverbe et qu'à ce titre il remplit un rôle de modification du verbe auquel on l'applique. Aussi, ce que traditionnellement l'on considère comme la sensibilité au contexte propre à l'indexicalité de « maintenant » (*i.e.* l'idée que pour connaître la référence de ce mot, il faut connaître son contexte d'énonciation) ne doit en réalité pas être compris comme si ce contexte complétait le signe « mainte-

1. BrB, p. 178.
2. Wittgenstein précise « qu'il existe bien entendu un lien » entre ces deux types de signes temporels (*i.e.* « maintenant » et « 6 h 00 »), à savoir qu'on peut dire que « le soleil se couche maintenant, c'est-à-dire à 6 h 00 ».
3. BT, § 106, p. 523 et 524.

nant » en lui conférant sa référence, mais comme le fait que l'énonciation de « maintenant » a dans bien des cas valeur d'institution [1] : l'énonciation ne détermine pas ce à quoi « maintenant » *réfère*, mais *établit* par elle-même un point d'origine. Ce qui manque, si l'on trouve le mot « maintenant » écrit sur un tableau, ce n'est donc pas ce qu'il dénote, mais la valeur d'institution que son énonciation lui confère.

Pour étayer sa description, Wittgenstein recourt à des modes d'expression qui remplissent la même fonction que « maintenant » mais qui nous préservent quant à eux de certaines tentations philosophiques attachées à ce mot.

> *Ici* et *Maintenant* n'ont pas une plus grosse multiplicité que celle qu'ils semblent avoir. Supposer cela [*i.e.* qu'ils ont une plus grosse multiplicité ...] est le grand danger. Remplace-les par l'expression que tu veux, il ne s'agit jamais que d'*un* mot – et par conséquent, d'un mot aussi bon que l'autre [2].

Leur donner « une plus grosse multiplicité que celle qu'ils semblent avoir » consisterait à croire qu'on pourrait *toujours* dire « Maintenant » ou « Ici », comme si à chaque nouvel instant je pouvais dire « C'est maintenant ». Que « "maintenant" ne désigne pas un système, mais appartient à un système » [3] signifie qu'il perd son sens s'il est employé de façon absolue, sans s'opposer grammaticalement à « dans cinq minutes », « hier », etc. Afin de parer à la tentation évoquée, Wittgenstein propose comme modes d'expression alternatifs le fait de frapper dans ses mains (pour donner le départ d'une course, par exemple) ou la sonnerie qui retentit au début d'une pièce de théâtre afin d'enjoindre à chacun de regagner sa place [4] :

> Le mot « maintenant » [fonctionne d'une façon entièrement différente de tout autre mot puisqu'il] [5] fonctionne pour ainsi dire comme le coup d'une horloge. Il indique (*angibt*) un instant par son retentissement (*durch sein Ertönen*). On peut aussi tout à fait le remplacer par un autre signe temporel (*Zeitzeichen*). Si l'on dit par exemple : fais cela lorsque je frappe dans les

1. C'est en ce sens que Wittgenstein reconnaît le rôle de complément joué par le contexte, BT, § 106, p. 526.

2. *Ibid.*, p. 524.

3. *Ibid.*

4. Ts 219, p. 19. *Cf.* également les exemples du début d'un exercice de gymnastique (EPB, p. 157), de l'utilisation de « maintenant » par des maçons (BrB, p. 176-177/EPB, § 59, p. 155) et de la compréhension (PU, § 180 ; BPP I, § 691 ; LS I, § 825).

5. Ms 109, p. 141.

mains. Le fait de frapper est alors un signe temporel, tout comme la flèche est un signe de direction lorsque je dis « Va par là » [1].

Wittgenstein insiste dans ce texte sur le fait que l'énonciation de ce mot est l'équivalent d'un coup de cloche. Il précise ainsi : « Si “maintenant” est un signe temporel, il ne correspond pas aux coups de 6 h 00 d'une horloge, mais au retentissement de la sonnerie avant la pièce de théâtre » [2]. S'il *est* le coup d'une horloge, ce n'est donc pas au sens où il désignerait un instant. Le rapprochement est bien plutôt justifié par la valeur de *signal* du coup de cloche. En d'autres termes, « maintenant » remplit, par son énonciation même (*durch sein Ertönen*), le rôle d'un déclencheur de telle ou telle action (*cf.* celle de s'élancer au début d'une course ou celle de rejoindre sa place au théâtre). Comme on l'a souvent relevé, l'énonciation, de même que l'accomplissement effectif des actes considérés (taper dans ses mains, par exemple), constitue un aspect inéliminable de l'emploi de « maintenant ». Mais beaucoup plus que désignative, la simultanéité de « maintenant » avec l'instant qui se trouve être l'instant présent lorsqu'on utilise ce mot comporte une valeur *prescriptive*. Voilà pourquoi, dans bien des cas, « maintenant » fonctionne comme une requête qui ne souffre pas de délai (*cf.* la sonnette au théâtre, le départ de la course, l'ordre du maçon). « Compare le mot “maintenant” avec l'ordre “Partez !”, écrit Wittgenstein. Lui aussi “désigne (*bezeichnet*) un instant” » [3]. Et dans cette dernière citation, Wittgenstein suggère le caractère dangereux du terme « désignation » par les guillemets qu'il lui adjoints. Aussi, lorsqu'il remarque : « Au lieu de dire “maintenant”, on pourrait taper dans les mains, de même que l'on compte “un, deux, trois, partez !” », il faut comprendre que si l'on peut bien dire : « “Maintenant !” indique le départ », on a tout intérêt à préférer une formulation comme : « “Maintenant !” donne le départ », qui manifeste clairement que, dans ce cas, « maintenant » *est* l'instant du départ [4].

Souligner cette fonction de « maintenant » manifeste combien il est dépourvu de sens de dire « C'est toujours maintenant » ou d'affirmer « Il y a

1. BT, § 106, p. 527. *Cf.* également Ts 219, p. 19.

2. Ts 219, p. 19.

3. EPB, p. 157.

4. Wittgensein accomplit d'ailleurs une certaine évolution sur ce point. Il affirme dans le BT : « Le mot “maintenant” fonctionne pour ainsi dire comme le coup d'une horloge. En retentissant, il indique (*angeben*) un instant » (§ 106, p. 527). Mais quelques années plus tard, c'est précisément le vocabulaire de l'« indication » (et de la « désignation ») qui est écarté comme philosophiquement dangereux : « Nous sommes tentés de dire que “maintenant” aussi bien que “6 heures” désignent (*bezeichnen*) un point du temps. Et ainsi peut surgir la question : “Qu'est-ce que le maintenant ?” (...) Notre réponse est que la fonction du mot “maintenant” est différente de celle des indications de temps (*Zeitangaben*) » (EPB, p. 157).

toujours du sens à dire “C’est maintenant” ». Il serait absurde en effet d’instituer un système de coordonnées à chaque instant, car l’institution n’a de sens que si l’on utilise ce système (par exemple, si la course se déroule après qu’on a frappé dans ses mains ou si la pièce de théâtre débute après la sonnerie). Dire « C’est toujours maintenant » revient au fond à frapper dans ses mains indéfiniment ou à faire retentir indéfiniment la sonnerie [1]. Or que pourrait bien signifier « donner indéfiniment le départ » ? L’action de frapper dans ses mains perdrait alors évidemment sa fonction [2].

Au total, soit « maintenant » introduit un mot qui désigne un instant (cf. par exemple « Il est maintenant 15 h 12 »), mais alors il ne désigne pas lui-même un instant; soit son énonciation détermine un instant, mais il est alors beaucoup plus juste de dire que « maintenant » fonctionne comme un signal déclencheur que comme une désignation. Cette dernière fonction semble alors peu adéquate à une juste description de la grammaire propre aux deux types d’emploi de « maintenant » qui ont été distingués.

Du redoublement à la sublimation

Le retour à l’usage ordinaire de « maintenant » a pour fin de combattre les erreurs philosophiques engendrées par l’attribution à ce mot d’une fonction désignative. Parmi ces erreurs, celle qui se distingue par sa fréquence et ses conséquences est certainement le redoublement que le philosophe fait subir de diverses façons aux déterminations temporelles « présent » et « maintenant ».

Une distortion de la fonction d’un terme s’accompagne souvent d’une distortion de l’engagement ontologique impliqué par cette fonction. Ainsi, attribuer à « maintenant », plutôt que sa fonction effective de signal, une fonction nominale ou ostensive conduit à penser qu’il doit bien désigner *quelque chose*. Cette substitution a entraîné dans son sillage une ontologie et une psychologie du temps. Il a pu sembler légitime de penser que « maintenant » désigne quelque chose d’invariable – le présent – en deçà des incessantes variations de sa référence. Et en conséquence de cette « objectification », le présent apparaît susceptible d’être lui-même quelque chose de présent, et plus encore, de prétendre, d’une façon infiniment plus légitime que tout autre substantif, à compléter le prédicat (ordinaire) « est présent ».

1. *Cf.* l’affirmation suivante de James : « Pour constituer une heure, il faut compter indéfiniment “maintenant ! – maintenant ! – maintenant ! – maintenant !” » (*Principles*, chap. XV, p. 576).

2. Voir également la fonction de « maintenant » présentée en « LSD », p. 181 et Ms 111, p. 27.

Wittgenstein envisage deux expressions possibles de ce redoublement : ce sont les deuxième et troisième versions du solipsisme instantanéiste, relatives respectivement à l'expérience présente et au présent[1]. Qu'il s'agisse de celui-ci ou de celle-là, la même idée est soutenue selon laquelle le présent serait quelque chose à quoi l'attribut « être présent » pourrait être appliqué. Nous aurions donc avec le présent le rapport que nous entretenons avec la partie d'un cours d'eau sur le bord duquel nous nous tenons et qui s'écoule devant nous : « J'ai envie de dire : "nous ne connaissons l'expérience passée que par l'intermédiaire du souvenir ou de documents etc. ; seule l'expérience présente est *devant nous* (*vor uns*)" »[2]. Comme James le suggère dans sa description du *specious present*, le présent serait, au sein de la rivière du temps, cette partie devant (au-dessus de) laquelle nous serions toujours.

Du phénomène de redoublement est issue la tentation de parler d'une « expérience présente présente » (*gegenwärtige gegenwärtige Erfahrung*)[3], comme si l'on désignait l'image sur l'écran de cinéma en disant qu'elle est présente au même sens que l'image de la pellicule qui passe en ce moment devant le projecteur, tout en soulignant que l'image sur l'écran a cette propriété particulière, qui la distingue de toutes celles de la pellicule, d'être *toujours* devant le projecteur. « C'est comme si l'on voulait dire : "maintenant est maintenant" (*jetzt ist jetzt*) »[4]. La confusion des deux types d'images conduit alors à affirmer que l'image sur l'écran est quelque chose comme une super-image de la pellicule, qui réalise la prouesse de ne jamais passer. Et l'affirmation philosophique : « Nous sommes toujours dans le présent » exprime le redoublement produit par une confusion de ce type : le présent serait toujours présent. Mais que se passe-t-il, lorsque nous philosophons, qui nous pousse à vouloir formuler une affirmation comme celle-là ?

Dans le redoublement des déterminations temporelles est à l'œuvre un processus philosophique sans l'explicitation duquel la compréhension de l'erreur instantanéiste ne pourrait être complète. Le cours de 1935-1936 insiste sur le fait que : « La phrase : "Seul le présent est réel" n'est pas, en un sens, le simple équivalent de : "Le présent est le présent" »[5]. Dans cette

1. Voir *supra*, p. 72 *sq*.

2. Ts 219, p. 18 – nous soulignons. Pour l'analogie du cours d'eau, voir BrB, p. 177-178 et « LSD », p. 192.

3. *Ibid.*, p. 19.

4. *Ibid.* La représentation des événements futurs comme événements préformés qui attendent d'entrer sur la scène du présent provient du même processus de redoublement : BT, § 78, p. 366 (/Z, § 59), § 102, p. 498, § 105, p. 520, § 106, p. 524.

5. « LSD », p. 182.

dernière formule, le redoublement de l'expression « le présent » – et celui de l'adverbe « maintenant » dans : « Maintenant est maintenant » – n'est pas simplement tautologique, ni (en conséquence) philosophiquement inoffensif. En effet, pour que le présent devienne l'expérience présente ou l'instant présent prétendument désignés par « maintenant » (ou pour que « ceci » devienne le nom d'un *sense-datum*), il faut que s'opère ce que Wittgenstein appelle un processus de « sublimation » (*Sublimierung*) ou d'« idéalisation » (*Idealisierung*)[1], censé révéler derrière l'usage impur du langage ordinaire l'entité pure que celui-ci exprime maladroitement[2]. Il faut entendre résonner dans le terme « sublimation » ses emplois en chimie et en alchimie : du point de vue de Wittgenstein, en philosophant, on quitte la réalité solide du langage au travail pour des entités vaporeuses[3], mais du point de vue du philosophe, l'épuration du langage ordinaire est destinée à ne conserver de lui que ce qui exprime directement la nature véritable de la réalité[4]. L'instantanéiste du présent, à la façon de l'alchimiste, prétend extraire d'un concept « la substance pure (concentrée) »[5] que celui-ci signifie : le solipsiste instantanéiste veut distiller du langage ordinaire la substance pure de l'expérience présente et construire un langage idéal qui ne décrira qu'elle, sans la souiller de termes applicables également aux expériences passées et futures[6] – où l'on retrouve ce à quoi aspirait la phénoménologie de 1929.

Le redoublement de la détermination « présent » dans « Le présent est présent » suggère de cette façon que la première occurrence (substantive) de ce terme désigne le présent lui-même dans sa pureté. De même, le redoublement de « ceci » opéré par « Ceci est ceci »[7], dans la mesure où le démonstratif a la même référence en chacune de ses deux occurrences

1. Respectivement PU, § 38, 89 et 94 et *Letzte Schriften über die Philosophie der Psychologie II, Das Innere und das Äussere*, Oxford, Blackwell, 1992, trad. fr. G. Granel, *L'intérieur et l'extérieur, Derniers écrits sur la philosophie de la psychologie II*, Mauvezin, TER, 2000, p. 66. Pour Wittgenstein, ce processus est accompli par la philosophie lorsqu'elle prétend dégager le sens « véritable » d'un terme ordinaire (BPP II, § 289).

2. La notion philosophique de « privé » résulte du même processus : on recherche quelque chose qui soit absolument privé (« super-privé », dit Wittgenstein dans « NFPL », p. 232).

3. Au sens chimique, la sublimation désigne le passage de l'état solide à l'état gazeux sans passage par l'état liquide.

4. Au sens alchimique, la sublimation désigne l'épuration d'un corps solide qu'on transforme en vapeur en le chauffant.

5. *Remarques sur le* Rameau d'or *de Frazer*, trad. fr. J. Lacoste, Lausanne, L'Âge d'Homme, 1982, p. 22. *Cf.* également PU, § 38, 94, 97, 108, 426 et BF, III, § 73 pour le même lexique de la sublimation, de la pureté et de l'impureté.

6. Voir Russell et *this* comme « le nom propre véritable (*eigentlich*) » (PU, § 38).

7. LSD, p. 156 et 175.

et dans la mesure où, en proférant ces mots, l'on « contemple » mais ne « regarde » pas ce que l'on voit[1], suggère que la première occurrence de « ceci » désigne l'impression visuelle retirée de l'objet que l'on voit, c'est-à-dire le *sense-datum*. L'expérience présente aussi bien que le *sense-datum* sont les produits vaporeux d'un processus de sublimation du langage opéré par la pensée philosophique. Dans ses *Remarques sur le Rameau d'or...*, Wittgenstein observe encore : « Toute une mythologie est déposée dans notre langage. Exorciser la mort ou faire mourir la mort ; mais, d'autre part, elle est présentée comme un squelette, comme étant elle-même, en un certain sens, morte. "*As dead as death*" »[2]. Cette dernière formule exprime précisément ce qu'il faut entendre par « sublimation ». De même que l'on peut avoir envie de dire que « rien n'est plus mort que la mort elle-même », on peut souhaiter dire que « rien n'est plus présent que le présent lui-même », comme s'il existait une entité nommée « l'instant présent » ou « le maintenant (*das Jetzt*) »[3] et qu'elle fût ce qui est présent par excellence. De même encore sera-t-on tenté de dire que « rien n'est plus directement ressenti que la sensation », c'est-à-dire que l'objet privilégié de la sensation est le *sense-datum*[4].

Il faut donc accorder un sens bien particulier au terme « véritable » (*real*, *eigentlich*)[5], ainsi qu'aux deux termes apparentés « idéal » (*ideal*)[6] et « laudatif » (*laudatory*)[7]. Wittgenstein affirme à leur sujet :

> Nous employons tous, chaque jour, des noms propres. Survient un philosophe qui dit : « "Ceci" est le véritable (*real*) nom propre. » Pourquoi le fait-il, alors que ce n'est pas un nom propre du tout ?
> La raison en est que l'on peut considérer qu'un cheval, par exemple, est sous un rapport ou sous un autre, « imparfait » – qu'il a une patte cassée, etc. Mais si nous développons cela jusqu'à parler du « cheval véritable », cela veut dire que nous avons changé de point de vue – nous exprimons un point de vue esthétique[8].

Contrairement à ce que l'on pourrait croire d'abord, le sens de « véritable » n'est donc pas seulement ontologique, mais également *esthé-*

1. *Ibid.*, p. 176-177.
2. RROF, p. 22.
3. EPB, p. 157.
4. LS I, § 148.
5. Outre les textes déjà cités, *cf.* BrB, § 53, p. 175 (« the real idea of time ») et § 54, p. 176 (« the real milestones in the passage of time »).
6. « LSD », p. 211 (« an ideal language ») et BPP I, § 721 (« die ideale Uhr », « der ideale Name »).
7. *Ibid.*, p. 182.
8. *Ibid.*, p. 211.

tique, comme l'atteste le caractère laudatif des affirmations du solipsiste instantanéiste et de l'instantanéiste du présent. En affirmant que « Seul le présent est réel », celui-ci veut dire que rien ne peut être conçu qui soit plus *parfaitement* présent que le présent lui-même. L'introduction du point de vue esthétique correspond ici à l'évaluation du degré d'adéquation à un concept de la chose à laquelle on applique ce concept. Or un instant, au sens ordinaire de ce mot, a été futur avant d'être présent et sera passé après avoir été présent. Il ne possède donc la propriété du présent que de façon mêlée, dira-t-on. Wittgenstein décrit ce sentiment de la façon suivante : « "rien n'est aussi beau que la beauté elle-même". L'image sous laquelle on se représente ici la réalité consiste à penser que la beauté, la mort, etc. sont les substances pures (concentrées), alors qu'elles sont présentes comme ingrédient dans un objet beau »[1]. De même, le présent n'entrerait dans un instant, une chose ou un événement qu'à la façon d'un ingrédient, tandis que le présent lui-même (l'instant présent ou l'expérience présente) se distinguerait par une adéquation parfaite avec le concept de présent. En dernière analyse, le solipsiste instantanéiste et l'instantanéiste du présent affirment donc ce qu'ils affirment parce qu'ils adoptent un point de vue esthétique sur notre grammaire du temps.

Quelques résultats majeurs se dégagent désormais. L'origine du mythe du présent se trouve dans le projet phénoménologique de 1929, qui se donne pour objet privilégié le présent fluant auquel il attribue une valeur superlative. En outre, l'apparition de ce mythe au sein de la réflexion de Wittgenstein se monnaie en autant de généalogies langagières qui conduisent à l'adopter ; ces généalogies sont les moyens, lorsqu'on les parcourt à rebours, de se libérer du mythe du présent – et au premier chef, de l'idée empiriste du *specious present* et de ses avatars. Enfin, il est apparu qu'à l'examen critique du mythe du présent est attaché un certain traitement radical et original de la question philosophique du temps, appliqué aux cas exemplaires du substantif « temps » et de l'adverbe « maintenant ».

La question qui se pose dès lors est celle de l'application de ces résultats à certains problèmes philosophiques qui ne concernent pas le temps lui-même tout en lui ménageant une place de choix. Et avant tout : comment le mythe du présent s'immisce-t-il dans d'autres domaines de la réflexion philosophique et comment le traitement wittgensteinien permet-il de remédier à cela ?

1. RROF, p. 22.

DEUXIÈME PARTIE

LE TEMPS PSYCHOLOGIQUE ET LE TEMPS DU LANGAGE

Deux domaines d'investigation au sein de la pensée de Wittgenstein exigent que soit apportée une réponse à l'interrogation qui clôt le premier moment de notre réflexion : il s'agit des temporalités respectives du psychologique et du langage. Mais si chacun de ces deux types de temporalité fraye son chemin philosophique spécifique qui mérite d'être étudié pour lui-même, ils ne se juxtaposent pas simplement l'un à l'autre. Qu'il suffise de remarquer que l'abandon de tout point de vue philosophique sur ce qu'est posséder un langage suppose notamment qu'on éclaircisse le lien du vouloir-dire et de la compréhension au temps : le mythe du présent doit d'abord être extirpé du mental pour que le langagier puisse s'en libérer à son tour. Temps de l'esprit et temps du langage vont donc de pair. Elucidons le premier avant de voir en quoi il importe au second.

LA TEMPORALITÉ PSYCHOLOGIQUE
LA RELATION INTERNE PLUTÔT QUE L'INTÉRIORITÉ

Ce que nous avons dit au sujet du mythe du présent reçoit une importance toute particulière dans le cadre de la philosophie de la psychologie. Si l'on adopte ce mythe, la conséquence est, quant à la *durée*, qu'à l'application vraie d'un concept psychologique doit nécessairement correspondre un phénomène qui dure présentement, c'est-à-dire qui existe sous une forme observable en chaque instant présent de l'application justifiée du concept; et elle est, quant au *souvenir* et à l'*attente*, qu'ils sont définis de façon nécessaire et suffisante comme des phénomènes psychiques présents, dont la particularité est d'avoir une référence présente à quelque chose de (respectivement) passé et futur, qui doit d'ailleurs être présent d'une façon ou d'une autre afin de pouvoir occuper la place de ce qui est visé.

De façon symptomatique, on ne voit en général, lorsqu'on s'intéresse à l'analyse wittgensteinienne du souvenir, que la critique de sa conception comme trace et comme expérience. Or Wittgenstein s'en prend également au privilège du présent sous-jacent à cette conception[1]. C'est que, plus généralement, il faut lire les remarques sur la philosophie de la psychologie – celles consacrées à la durée, à la mémoire et à l'attente – dans la perspective ouverte par le moment précédent de nos réflexions, et dans ce but, comprendre les remarques de la fin des années 1940 sur le fond de celles du début des années 1930. De cette façon apparaîtront les conséquences thérapeutiques de l'abandon du point de vue philosophique sur les concepts considérés – et au premier chef celles de l'abandon des images enracinées dans le mythe du présent – ainsi que certaines des différenciations de notre grammaire du temps psychologique.

La « durée authentique »

Dans les remarques consacrées à la philosophie de la psychologie datées de la seconde moitié des années 1940, Wittgenstein observe que le traitement philosophique que l'on donne habituellement de notre grammaire du temps psychologique souffre d'une application inadéquate du principe du tiers exclu[2]. On considère souvent que si une expression psychologique fait référence à un « moment » (*Zeitpunkt*), alors elle doit désigner soit quelque chose qui est intérieur, soit quelque chose qui est extérieur à l'esprit. Au moyen de la référence temporelle je pointerais soit vers un événement externe (*was in der Aussenwelt geschieht*) soit vers une expérience (*ein Erlebnis, ein psychicher Vorgang*)[3]. Ainsi, quand j'affirme : « Lorsque j'ai prononcé ce mot, je voulais dire … », le second verbe au passé ne pourrait désigner qu'une chose qui a eu lieu en moi (une expérience) puisque aucun événement visible ne s'est produit alors. Le problème d'une telle conception est qu'elle nous impose une image dont nous ne parvenons plus à détourner notre regard, sans savoir cependant comment il serait possible de l'appliquer au cas évoqué : que je cherche en moi, je ne trouverai aucun événement ni aucune expérience qui se situerait en ce point du temps auquel fait référence mon affirmation et qui correspondrait à mon vouloir-dire. Cette constatation met donc en cause l'idée

1. PU, II, p. 322. Cette remarque vaut également pour l'attente (voir PB, § 29).
2. *Ibid.*, § 352 et BPP I, § 274.
3. Ms 131, p. 31/BPP I, § 244.

qu'être situé dans le temps signifie nécessairement « avoir lieu » (*statt-finden*) (ou) « se produire » (*geschehen*)[1] à un certain moment[2]. Parce qu'il simplifie sur ce point la temporalité psychologique, le concept de durée – que la philosophie et la psychologie ont promu au rang de temps psychologique par excellence[3] – voit son exclusivité et son primat contestés.

La question augustinienne

Du temps phénoménologique au rapport de temporalités

A plusieurs reprises au début des années 1930, alors qu'il travaille à se défaire de l'image du processus psychique, Wittgenstein a recours à un terme de comparaison qui permet à la fois de confirmer l'importance du temps dans son traitement des concepts psychologiques et de clarifier l'un des problèmes que soulèvent ces derniers. Ce terme n'est autre que la célèbre question augustinienne : « In quo ergo spatio metimur tempus praeteriens ? », que Wittgenstein traduit par : « *Wann* messe ich einen Zeitraum ? »[4]. Quelle similitude Wittgenstein relève-t-il entre la difficulté rencontrée par Augustin au sujet de la mesure du temps et celle que soulève à ses propres yeux le concept de la compréhension (*Verstehen*) ? Précisons au préalable la position du problème dans lequel la question augustinienne est engagée. Wittgenstein formule l'observation suivante dans le Ts 213 :

> Le problème le plus difficile semble être l'opposition, le rapport entre le fait d'opérer avec le langage dans le temps//dans le cours du temps//(*in der Zeit//im Lauf der Zeit*) et la saisie sur le moment (*dem momentanen Erfassen*) de la proposition.
> Mais *quand* saisissons-nous ou comprenons-nous la proposition ? ! *Après* l'avoir prononcée ? – Et si c'est pendant que nous la prononçons : est-ce que la compréhension est un processus articulé, semblable à celui de la production de la proposition, ou bien un processus inarticulé ? Et s'il est articulé : ne doit-il pas être lié projectivement à l'autre [*i.e.* celui de la production de la proposition][5] ? Car dans le cas contraire, son articulation serait indépendante de la première [*i.e.* de l'articulation de la parole].
> (...) Augustin : « *Quand* est-ce que je mesure un laps de temps ? » Semblable à ma question : « *Quand sais*-je jouer aux échecs ? »[6].

1. PU, II, p. 305 ; BPP II, § 254, 257 et 266.
2. BPP I, § 648.
3. Que l'on pense au *specious present* défini comme une certaine durée minimale par James.
4. Ms 111, p. 137/BT, § 36, p. 149/PG, § 12/Ms 140, p. 14. Pour le texte d'Augustin, *Confessions*, Livre XI, p. 315.
5. BPP II, § 7.
6. BT, § 36, p. 147 et 149.

Ce texte trouve son origine dans un passage du Ms 107 :

> Lorsque je la considère comme étendue dans le temps (*in der Zeit ausgedehnt*), l'application (*Anwendung*) des mots est facile à comprendre ; au contraire, je trouve infiniment difficile de comprendre le sens dans le moment de l'application (*im Moment der Anwendung*) [1].

Par rapport à ce dernier texte, ceux du Ts 213 et des *Recherches* [2] procèdent à des avancées significatives sur au moins deux points. En premier lieu, ce n'est plus la compréhension présente (celle qui a lieu au moment où la proposition est proférée [3]) qui pose problème à Wittgenstein à partir de 1931, comme c'était le cas dans la perspective phénoménologique de l'analyse du présent, mais le rapport temporel (« l'opposition, le rapport ») de cette compréhension avec l'usage étendu dans le temps. Aux yeux de Wittgenstein, la compréhension et la signification [4] momentanées n'ont en elles-mêmes plus rien de mystérieux ni d'insaisissable pour l'analyse. C'est l'attribution à ces concepts d'une temporalité inadéquate qui leur donne leur aspect mystérieux, comme l'illustre l'étrangeté de la question « *quand* saisissons-nous ou comprenons-nous la proposition ?! », et cette confusion des temporalités se produit lorsqu'on recherche une situation temporelle de la compréhension au sein du processus de formulation (vocale, mentale ou scripturale) de la proposition qui est comprise.

En second lieu, la difficulté soulevée par la temporalité de la compréhension ne se situe plus dans le cadre de la distinction du premier et du second systèmes [5] (*i.e.* l'expérience immédiate et le monde physique), mais dans celui d'une différenciation interne au domaine des concepts psychologiques. L'unité supposée de la catégorie du temps de l'expérience immédiate est donc mise à mal et une diversité de temporalités psychologiques suggérée. Après avoir parlé *du* temps du premier système à l'époque (en 1929) où il réalise qu'il existe des relations logiques propres au temps, Wittgenstein reconnaît peu à peu (autour de 1932-1933) que la

1. P. 233.

2. *Cf.* § 138-139.

3. L'adjectif *momentan* est destiné à opposer la compréhension d'une proposition qui a lieu au moment où celle-ci est formulée, à la compréhension entendue comme maîtrise (*Beherrschen*) d'un langage (pour ce dernier sens, BT, § 35, p. 143 et PU, § 150). Wittgenstein ne vise donc pas d'abord, par ce *momentanes Erfassen*, la compréhension instantanée exprimée par l'exclamation : « Maintenant je comprends ! », dont il traite par ailleurs (PU, § 151 *sq.*). Nous préférons donc traduire *momentan* par « sur le moment » ou « momentané ».

4. Au § 138 des PU, Wittgenstein étend le problème formulé par le BT au cas de la signification (au sens où je « veux dire » quelque chose avec la proposition que je suis en train de formuler).

5. Ms 107, p. 231-232.

grammaire de notre langage est plus complexe encore et que le domaine du vécu comprend de multiples temporalités dont les grammaires sont distinctes bien qu'apparentées.

L'analogie du problème augustinien de la mesure du temps

Au début du § 36 du Ts 213, Wittgenstein s'interroge sur le rapport *temporel* qu'entretiennent, d'une part, l'utilisation (*das Operieren*) du langage étendue dans le temps – ou l'usage (*das Gebrauch*) étendu dans le temps, si l'on reprend la formulation des *Recherches*[1], ce qui inclut l'ensemble des utilisations possibles et pas seulement telle occurrence particulière d'une proposition – et d'autre part, la compréhension que l'on a sur le moment de la proposition proférée ou entendue. Il est bien évident qu'à moins de postuler quelque phénomène extraordinaire, on ne peut guère soutenir que l'ensemble des applications possibles de la proposition en question sont présentes dans l'instant où l'on comprend la proposition. Et pourtant, le sens qui est alors compris dépend étroitement de l'ensemble de l'utilisation ou (dans le cadre des *Recherches*[2]) des différentes applications possibles de la proposition : dira-t-on, par exemple, que pour pouvoir signifier la négation en son sens ordinaire lors d'une utilisation de « non », il faut que soit co-présente à cette utilisation celle qui redouble la négation de telle sorte que « non non $p = p$ » ? Une profonde inadéquation temporelle semble marquer le rapport de l'utilisation et de l'usage à la compréhension et à la signification momentanées[3]. La compréhension, notamment, donne l'impression de supposer une extension temporelle, puisqu'elle est la compréhension de la proposition en son entier et de l'ensemble de ses utilisations possibles, alors même que son caractère instantané la prive par principe de cette extension : pour que la compréhension puisse être celle de telle proposition, il faudrait que l'instant où l'on comprend la proposition en question contienne en lui (d'une façon ou d'une autre) plusieurs instants – ceux dans lesquels prend place la proposition selon son déroulement articulé ou ceux des utilisations possibles de la proposition au cours du temps[4].

Or à cette difficulté Wittgenstein oppose dès 1934 l'affirmation suivante : « On ne doit pas penser que l'on a affaire, lors de la compréhension (*Verstehen*), de la signification (*Meinen*) d'un mot, à un acte de saisie instantané, non-discursif pour ainsi dire, de la grammaire. Comme

1. A une époque où Wittgenstein explique le terme « signification » par celui d'« usage ». Nous précisons le sens de cette explication *infra*, p. 167 *sq*.

2. PU, § 139.

3. Outre le BT, *cf.* PU § 139-141 et 191-197.

4. Pour une variante de cette même difficulté, Ms 114, p. 28/Ms 140, p. 14/PG, § 11-12.

si l'on pouvait, en quelque sorte, engloutir celle-ci en un instant (*auf einmal*)»[1]. C'est dans ce cadre que la question augustinienne est convoquée et se révèle utile à un double titre.

Tout d'abord, la conception par laquelle Wittgenstein s'avoue être lui-même tenté[2] à l'époque du Ts 213, sans y souscrire cependant, prend la forme de la difficulté contre laquelle bute Augustin lorsqu'il essaie de comprendre la possibilité de la mesure du temps[3]. Selon l'évêque d'Hippone, en effet, si l'on suppose que toute mesure ne peut être opérée sans que les différentes parties de ce qui est à mesurer soient co-présentes, alors il paraît impossible d'effectuer la mesure d'un quelconque laps de temps. La raison en est d'abord que, par définition, un instant du temps est présent à la condition impérative que tout autre (passé ou futur) ne le soit pas, et ensuite que l'instant présent n'a pas de durée (dans le cas contraire, il pourrait lui-même être divisé en instants passés et futurs)[4]. Selon la thèse sceptique rapportée par Augustin, il appartient donc à la nature même du temps de se soustraire à toute possibilité de mesure. De la même façon, il suffit de rappeler que la compréhension d'une proposition est celle de l'ensemble de la proposition étendue dans le temps pour qu'elle revête un aspect mystérieux. S'il faut que l'ensemble de la proposition ait été formulé pour que celle-ci puisse être comprise, alors quelqu'un qui énonce la proposition en question ne la comprendra qu'une fois celle-ci entièrement énoncée – ce qui est absurde, puisque cela impliquerait qu'on ne puisse savoir ce que l'on voulait dire qu'une fois qu'on l'a dit. Et si l'on soutient à l'inverse[5] qu'il faut qu'elle soit comprise dès le début de sa formulation, alors il semble qu'il n'y ait rien de quoi la compréhension pourrait être la compréhension tant que la proposition n'a pas été formulée[6]. Et le recours à une énonciation intérieure préalable ne fera jamais que transposer le même problème sans le résoudre.

Ainsi, dès lors que le temps de l'usage et de l'utilisation, d'une part, et le temps de la compréhension et de la signification momentanées, d'autre part, sont conçus sur le modèle augustinien, on retire à leur relation toute intelligibilité : de même que la nature du temps, selon Augustin, semble exclure la possibilité de sa mesure, la nature temporelle de l'usage et de

1. Ms 140, p. 14/PG, § 11.
2. BT, § 36, p. 149.
3. Pour un exposé de l'approche wittgensteinienne de cette question, *cf.* Findlay, art. cit., p. 150 *sq.* et Waismann, art. cit., p. 347 *sq.*
4. *Confessions*, Livre XI, p. 309-310.
5. Comme le fait James (voir la quasi-citation dans Z, § 1 des *Principles*, chap. IX, p. 245).
6. Wittgenstein formule la même difficulté en prenant l'exemple du jeu d'échecs, BT, § 36, p. 149. Même texte dans PU, p. 99, note (b).

l'utilisation semble exclure la possibilité de leur caractère signifiant et de leur compréhension. La référence à Augustin ne se contente donc pas d'indiquer un rapport d'analogie entre les deux problèmes, elle révèle l'origine de celui que formule Wittgenstein, à savoir l'oubli de l'incompatibilité grammaticale de deux types de temporalité. De l'aveu même de Wittgenstein, c'est une certaine conception du temps qui se trouve à l'origine de la difficulté évoquée au début du § 36 du Ts 213.

On ne peut sortir de l'impasse sans remarquer que ce problème suppose (à tort) une commensurabilité des temporalités respectives du « fait d'opérer avec le langage dans le temps » et de « la saisie de la proposition à un certain moment ». Le réquisit indispensable à l'apparition du problème consiste en effet à tenir l'instant de la compréhension pour une partie élémentaire du temps de l'utilisation ou de l'usage. L'issue se situe dès lors dans la distinction d'une prétendue *inadéquation temporelle* – à laquelle Wittgenstein semble d'abord souscrire à la suite d'Augustin[1] – et d'une *incommensurabilité grammaticale* dont il prend acte au cours de son travail de clarification : c'est l'assimilation de la différence catégorielle que recouvre l'incommensurabilité à une simple différence de quantité qui nous conduit immanquablement dans l'embarras. En somme, les deux expressions *im Lauf der Zeit* et *momentan* ne relèvent pas de la même zone de notre grammaire du temps.

De plus, le type du problème énoncé par Augustin au sujet de la mesure du temps tisse un rapport d'analogie avec celui que formule Wittgenstein. Dans l'un et l'autre cas, il est en effet caractéristique que nous soyons confrontés à un fait ordinaire – celui de la mesure du temps et celui de la compréhension d'une proposition – sans parvenir à en saisir la possibilité : Augustin ne conteste pas plus le fait de la mesure du temps que Wittgenstein celui de notre compréhension de la plupart de nos propositions. Pourquoi alors ces deux faits nous semblent-ils étranges ? Dans le *Cahier bleu*[2], Wittgenstein suggère que la question « Quid est ergo tempus ? » est l'expression d'un trouble que suscite en nous la grammaire du mot « temps » en raison de contradictions apparentes au sein de cette grammaire, et il compte l'origine de l'impossibilité augustinienne de la mesure du temps au nombre de ces contradictions. Selon lui, la représentation à laquelle recourt la méditation augustinienne pour faire apparaître la difficulté est celle d'une bande qui défile devant nous et dont nous ne

1. Ce n'est pas la première fois que Wittgenstein est confronté à ce type de « contradiction » (*Gegensatz*) temporelle. Le projet d'un langage phénoménologique en 1929 la lui avait déjà fait croiser (*cf.* l'idée de « son inarticulé »).

2. *Cf.* p. 68-69.

voyons qu'une toute petite partie (le présent), le reste (le passé et le futur) étant dissimulé. Pour mesurer un segment de cette bande, il faudrait que nous ayons sous les yeux en même temps l'ensemble des parties constitutives du segment à mesurer. Or le dispositif que nous venons de décrire empêche de remplir cette condition, et nous semblons condamnés à dire avec Augustin que le passé n'étant plus, le futur n'étant pas encore et le présent n'ayant pas d'épaisseur, nous ne pouvons disposer de l'extension temporelle nécessaire à la mesure du temps.

Tandis qu'Augustin sort de cette difficulté (légitime selon lui) par la théorie de l'*intentio* et de la *distentio animi*[1], Wittgenstein la quitte en montrant qu'elle repose sur une confusion et que la prétendue difficulté n'en est pas une, étant donné que la contradiction apparente est en réalité engendrée par le conflit de deux usages du mot « mesure » : celui propre au temps et celui propre à l'espace. La représentation nécessaire à l'émergence de la difficulté exposée par Augustin est celle d'un objet *spatial* en mouvement (une bande qui défile) et la condition qu'impose Augustin à la mesure du temps relève en réalité de la mesure d'une distance *spatiale* (par exemple, pour mesurer le plateau d'une table, il faut que toutes les parties constitutives du plateau soient co-présentes). Sans doute serait-il très difficile de mesurer la bande qui défile dans le cadre du dispositif décrit par Wittgenstein. Mais justement le temps *n'*est *pas* une telle bande, il *n'*est *pas* quelque chose qui s'écoule. Augustin est victime du fait que l'on utilise le même mot « mesure » dans le cas du temps et dans celui de l'espace : il présuppose une signification unique de ce terme, dont l'emploi recouvre en réalité des usages seulement apparentés[2]. Et la fascination exercée sur nous par la proximité de ces deux usages nous conduit à les identifier.

Si nous revenons maintenant à la question soulevée par Wittgenstein au sujet du rapport temporel de l'utilisation et de la compréhension/signification, nous sommes manifestement ici encore sous le joug d'une image :

> La capacité (*Können*) et la compréhension (*Verstehen*) sont en apparence présentées comme des états (*Zustand*) par le langage, du même type que la douleur à la dent, et en cela consiste la fausse analogie sous laquelle je peine[3].

1. *Confessions*, Livre XI, p. 322-324.
2. BT, § 90, p. 425.
3. *Ibid.*, § 36, p. 149.

Et peu après :

> Il serait important d'exprimer de façon générale l'erreur que j'ai tendance à commettre dans toutes ces considérations. La fausse analogie dont elle provient.
> Je crois que cette erreur réside dans l'idée que la signification d'un mot est une représentation qui accompagne le mot.
> Et cette conception a de nouveau à voir avec celle de la conscience. De ce que j'appelais toujours « le primaire » [1].

L'une des propriétés de la temporalité de l'état psychique – catégorie dont relève la représentation – est qu'on peut l'observer en chacun des instants de son occurrence (on peut dire, par exemple : « Représente-toi un cercle rouge pendant cinq minutes »). Si comprendre et signifier étaient des représentations, alors elles seraient des états psychiques et il serait possible de les situer temporellement dans la durée d'une utilisation particulière (ou de l'usage) de la proposition – où l'on retrouve le problème formulé plus haut. De même que l'analogie entre la mesure du temps et la mesure spatiale conduit Augustin à imposer à la première des conditions propres à la seconde, l'analogie entre la compréhension et la signification, d'une part, et l'état psychique, d'autre part, conduit Wittgenstein à appliquer à ceux-là une temporalité qui leur est étrangère. Se libérer de la fascination exercée sur nous par cette analogie, c'est se libérer de la difficulté rencontrée. Il n'y a donc rien d'étonnant à ce que le problème augustinien de la mesure du temps ait eu, aux yeux de Wittgenstein, la valeur du problème paradigmatique auquel la philosophie accorde une profondeur mystérieuse alors qu'il est tout entier issu d'une confusion de langage[2].

Question de méthode

Afin de distinguer et de spécifier les logiques temporelles respectives des concepts psychologiques (en particulier celles de « vouloir dire » – *meinen* – et de « comprendre » – *verstehen*), Wittgenstein met en œuvre deux procédés méthodolologiques, qui peuvent être conçus comme autant de tests auxquels doivent être soumises certaines de nos expressions ordinaires de façon à laisser se dessiner la figure originale de leur temporalité.

Le premier peut être nommé *le test du prétérit*. Il consiste à conjuguer au passé l'expression testée. Wittgenstein demande plus volontiers « Qu'as-tu voulu dire ? (*gemeint ?*) » que « Que veux-tu dire ? ». L'intérêt de

1. *Ibid.*, § 38, p. 154.

2. Outre les textes déjà cités, *cf.* WLC 30-32, p. 110 ; DWW, p. 31 ; Ts 219, p. 24 ; Ms 140, p. 14 ; Ms 115, p. 36 ; « NFPL », p. 241 ; Ms 142, p. 106. Voir aussi Waismann, *op. cit.*, p. 78-80.

ce procédé est d'abord qu'il vérifie si le présent propre à l'expression est temporel, c'est-à-dire s'il autorise une forme au passé correspondante. En effet : « Quelle est la forme au passé de "Pas vrai, tu viendras ?" »[1]. L'intérêt est ensuite de déterminer le type de la relation qui unit le présent au passé – on peut penser, par exemple, à la différence entre la référence à une intention passée et celle à un acte psychique passé. Par là, Wittgenstein se donne le moyen de savoir quelle fonction la référence au passé remplit dans tel ou tel emploi – celle de décrire quelque chose (un événement, un acte psychique, un état mental) ou une autre fonction ? – et de comprendre ce que signifie être situé temporellement dans le cas de l'expression considérée.

Le second peut être appelé *le test de la durée*. Il prend deux formes. Selon la première, l'expression soumise à l'analyse est intégrée à une question du type « Quand (*wann*) ... ? ». Wittgenstein demande ainsi « Quand as-tu l'intention ? », ou « Quand saisis-tu ou comprends-tu la phrase ? »[2]. La seconde forme soumet l'expression à un emploi qui l'associe à la locution « pendant » (*während, als*) : « Est-ce que je *lui* écris pendant que j'écris ? »[3]. Une troisième forme du test intervient également qui se ramène à la seconde : il s'agit de la question « combien de temps » (*wie lange*), que l'on trouve par exemple dans cette remarque : « "Je me réjouis que tu aies réussi !" — "Combien de temps te réjouis-tu ?" »[4].

Ces différents types de question ont en commun de révéler le sens éventuellement *duratif* (au sens de la « durée authentique ») de l'expression examinée. Voyons à quels résultats leur application conduit.

Le paradigme de la « durée authentique »

Les analyses précédentes suggèrent le caractère à la fois central et particulièrement problématique du concept de durée au sein des réflexions que Wittgenstein consacre aux concepts psychologiques (que ce soit au début des années 30 ou à la fin des années 40), puisque c'est son application au vouloir-dire et à la compréhension qui donne à ces concepts leur caractère mystérieux. La visée thérapeutique ne pourra s'accomplir que par la mise en évidence de différences grammaticales destinée à contester l'idée que la durée désigne le type exclusif de la temporalité psychologique.

1. BPP II, § 729/Z, § 80. Le cas opposé se présente pour les verbes « fälslich glauben » et « zu glauben scheinen » à la première personne du singulier (respectivement LS I, § 423, LS II, p. 22, et LS I, § 141) ; leur sens même exclut le temps du présent.

2. Respectivement Z, § 46 et BT, § 36, p. 147/Z, § 74. Voir aussi BT, § 36, p. 149.

3. LS I, § 103. *Cf.* aussi LS II, p. 22-23 et BPP II, § 252 et 722.

4. *Ibid.*, § 2. Voir aussi LS I, § 3, BT, § 36, p. 147 et PU, II, xi, p. 296-297.

Du « flux des vécus » à la « durée authentique » : permanence de la question de la durée psychologique

On trouve cette remarque au § 102 du Ts 213 : « Il faut abandonner en effet la conception selon laquelle pour parler de l'immédiat (*vom Unmittelbaren*) nous devrions parler d'un état (*Zustand*) situé dans un instant donné (*Zeitmoment*) »[1]. Une continuité très forte unit la critique adressée au début des années 1930 par Wittgenstein à la conception de l'expérience comme un flux permanent et absolu, et les remarques relatives à la philosophie de la psychologie – au concept de durée, en particulier – de la fin des années 1940. Dans celles-là s'élabore un travail de sape qui trouve son écho dans celles-ci et leur permet d'accomplir leur œuvre de différenciation et de clarification. À ce que Wittgenstein appelle l'« immédiat » en 1932-1933 correspondent[2] en effet nombre des concepts qui forment le champ de son investigation de la fin des années 40. Le Ms 111 affirme en effet : « Nous peinons sous l'erreur qui consiste à dire que croire, vouloir dire, savoir, souhaiter, chercher, penser etc. sont des *états* (*Zustände*) et que par conséquent derrière les processus symboliques de la pensée, quelque chose d'un autre type doit être caché, qui contient le sens d'une proposition pour ainsi dire sous une forme amorphe, *i.e.* intuitive, quelque chose de semblable à une image qui reste identique à elle-même, quelque chose de non-discursif (...) »[3]. Or il est remarquable que selon l'erreur incriminée, toutes les activités psychiques constitutives de l'« immédiat » relèvent de la temporalité de la durée, puisqu'elles sont semblables (selon l'expression de Wittgenstein) « à une image qui demeure identique »[4]. C'est précisément à cette conception qui l'a lui-même tenté aux environs de 1930 que Wittgenstein adresse la critique de la durée comme temporalité psychologique exclusive dans les années 1940[5], lorsqu'il cherche à évacuer l'idée selon laquelle tout phénomène psychologique serait pourvu d'une « durée authentique », au sens où l'on pourrait à chaque instant observer la phase présente de son déroulement[6], à la façon dont on le peut pour le déroulement d'un flux[7].

1. BT, § 102, p. 494.

2. Ce que révèle le manuscrit dans lequel le texte cité du § 102 du BT trouve sa première formulation.

3. Ms 111, p. 4-5.

4. *Ibid.*, p. 6-7/BT, § 38, p. 154/Z, § 153. Voir également BPP II, § 227-228 et Z, § 107.

5. Que James soit visé comme le représentant éminent de cette conception aussi bien en 1932 que dans les années 40 confirme cette remarque.

6. BPP II, § 50/Z, § 75-76.

7. Cf. *infra*, p. 129, l'exposé des critères de la durée.

La critique du mythe du présent se prolonge. Le flux des vécus questionné par le Ts 213 renvoie explicitement au « présent fluant » sur le privilège duquel se fondait la phénoménologie de 1929 ; et si la compréhension (*Verstehen*) paraît mystérieuse, c'est parce qu'elle est rangée sous la catégorie des états (*Zustände*), qui est précisément celle au moyen de laquelle le phénoménologue définissait le présent phénoménal[1]. Il n'y a donc qu'un pas du privilège du présent phénoménal à celui de la durée authentique : tous deux s'entendent pour penser que l'ensemble des phénomènes psychologiques doivent prendre place dans une durée, celle du *specious present*. Mais la temporalité du présent fluant de 1929 succombe cette fois aux coups que lui porte le travail thérapeutique entrepris dans les remarques des années 1940 : l'exclusivité de la durée ne résiste pas à la description des différenciations internes de notre grammaire du temps.

La duration *de James et l'*echte Dauer *de Wittgenstein*

Que la temporalité du flux de conscience soit exclusivement celle de la durée se trouve au cœur de la théorie psychologique jamesienne, qui constitue relativement au problème instruit l'une des cibles principales du propos de Wittgenstein. La question « Quand saisis-tu ou comprends-tu la phrase ? » renvoie directement à la description que donne James de l'*understanding of a sentence* et du *meaning* (*intention*) au chapitre IX de ses *Principles of Psychology*[2]. On sait que James place la durée présente à l'origine de toute conscience du temps et qu'il n'envisage pas d'autre type de temporalité psychique. L'exclusivité de ce modèle provient de la caractérisation de tous les phénomènes psychologiques comme des *feelings*, c'est-à-dire (dans les termes de Wittgenstein) comme des « états » ou des « processus ». L'unicité de la catégorie psychologique (celle de *feeling*) entraîne l'exclusivité du type de temporalité (celui de la durée).

James aborde dans ce cadre théorique la temporalité des deux phénomènes de la signification (du vouloir-dire) et de la compréhension[3]. Son propos illustre très exactement la tentative de penser le *meaning* et l'*understanding* comme des processus ou des états qui durent parallèlement au processus de profération ou d'audition. On pourrait en caractériser le sens au moyen de l'analogie suivante : proférer ou entendre une propo-

1. BT, § 102, p. 494.

2. Z, § 1 ; BPP I, § 173 ; *Wittgenstein's Lectures on Philosophical Psychology 1946-1947*, London, Harvester Press, 1988, trad. fr. E. Rigal, *Les cours de Cambridge 1946-1947*, Mauvezin, TER, 2001, p. 74 et 205 ; LS I, § 843. Voir également PU, § 337.

3. Et à cet égard, le chapitre IX des *Principles*, consacré aux processus temporels de ces phénomènes (voir en particulier les p. 244-247 et 269-261), doit être lu à la lumière des analyses du chapitre XV.

sition avec compréhension ressemble au fait de plaquer un accord au piano tout en jouant successivement, pendant le laps de temps où résonne le son de l'accord, chacune des notes qui composent celui-ci. Armé de cette analogie, on peut comprendre que l'analyse du psychologue américain commet les deux erreurs corrélatives décelées par Wittgenstein au sujet de la temporalité de la compréhension [1], à savoir aussi bien celle qui présente la compréhension comme un état ou un processus qui dure [2] (la signification comprise se déroulerait comme les notes de l'accord jouées successivement pendant que l'accord est plaqué) que celle qui présente la compréhension comme une expérience qui resserre une multitude d'instants en un seul [3] (la signification comprise retentirait instantanément comme l'accord à l'instant où il est plaqué). Ce second trait de son analyse amène James à défendre l'idée d'une inclusion réelle du futur dans le présent grâce à un acte que l'esprit serait capable d'accomplir au moyen d'une faculté extraordinaire qui le soustraierait aux contraintes du temps. La compréhension instantanée condenserait ainsi dans un seul instant une durée qui, en temps normal, est étalée [4].

Que dit Wittgenstein, quant à lui, de la durée psychologique ? Il emploie le concept de durée comme critère classificatoire des concepts psychologiques [5]. Dans le tableau dressé par sa classification, la durée se présente comme un trait grammatical discriminant, et à ce titre elle ne caractérise pas *tous* nos concepts psychologiques [6].

Wittgenstein forge l'expression « durée authentique » (*echte dauer*) dans la seconde moitié des années 40 pour désigner la temporalité des expériences psychologiques (*i.e.* les états et les processus, le mal de dent par exemple). Lors de sa première occurrence [7], cette expression est appliquée à la sensation visuelle de couleur. L'emploi de l'adjectif « authentique (*echte*) » souligne alors l'incertitude dans laquelle on peut se trouver quant à la question de savoir si tel ou tel phénomène psychologique dure véri-

1. *Cf.* ses analyses dans BT, § 36, p. 147.

2. *Principles*, p. 245, 247 et 270-271.

3. *Ibid.*, chap. IX, p. 244-247.

4. *Ibid.*, p. 269 qui est le passage directement visé par Wittgenstein (PU, § 337 et p. 308; Z, § 1; BPP I, § 173; BPP II, § 575; LS I, § 843). La structure temporelle de la signification de la proposition prise comme exemple par James est très exactement calquée sur celle du *specious present* décrite au chapitre XV (*ibid.*, p. 593) et elle s'assimile ainsi à la temporalité physique du signe verbal.

5. BPP I, § 836 et BPP II, § 63 et 148.

6. Wittgenstein fait d'ailleurs valoir dès 1930 l'idée d'une limitation du champ d'application pertinente de la temporalité de la durée au sein même des concepts psychologiques (Ms 109, p. 132).

7. Ms 134, p. 116 (07.04.47).

tablement. Dans le passage évoqué, Wittgenstein s'interroge sur ce qui distingue les « états de conscience » (*Bewusstseinszustände*) des expressions du type de « je sais » ou « je crois ». La durée des « signaux » ou « indices » qui correspondent au savoir et à la croyance semble d'abord s'imposer comme le trait spécifique des états psychiques et de leur caractère authentiquement duratif. Pourtant, remarque Wittgenstein, ce n'est pas parce que le signe de l'état de conscience (l'air réjoui, par exemple) dure que dure également l'état de conscience lui-même (la joie, en l'occurrence). Une réponse de type behavioriste qui souhaiterait déterminer la durée de l'état psychique de la joie à l'aide du comportement correspondant n'est donc pas satisfaisante. Dans ces conditions, comment déterminer ce qu'est la durée *psychologique* ?

De prime abord, une réponse de type mentaliste semble fournir une alternative acceptable. Selon elle, je saurais que ma sensation de couleur a une « durée authentique » parce que je saurais « à partir de ma seule expérience » (*nur von mir selbst*) qu'il en est ainsi. Comme chez James, la durée serait donc perçue par introspection : la durée que *j*'expérimente aurait la position privilégiée du paradigme qui, par extension analogique, me permettrait de savoir ce qu'expérimente autrui lorsqu'il affirme (par exemple) que la douleur l'a assailli tout une heure durant. Mais cette seconde réponse ne peut pas plus nous satisfaire que la première. En effet, si la durée est une sensation essentiellement privée, *i.e.* si elle appartient à une partie de mon expérience que je ne peux exhiber au regard d'autrui, comment saurais-je que ce que je perçois de façon introspective comme de la durée est véritablement ce que le mot « durée » désigne en général et ce qu'il signifie pour les autres ? Comment saurais-je que la douleur de mon interlocuteur et telle de mes sensations font bien la même chose lorsque je dis des deux qu'elles « durent » ? Et comment puis-je être moi-même sûr que j'emploie « durée » de façon identique de l'une de ses applications à l'autre ? Le caractère privé attribué à la durée interdit d'apporter une solution à ces problèmes, ce qui invalide la seconde réponse envisagée.

La durée d'un processus comportemental et l'entité introspective privée de la durée mentale ne fournissent donc ni l'une ni l'autre un compte-rendu satisfaisant de la durée des états psychiques. Wittgenstein peut écrire : « Tu dois changer de méthode à l'égard de l'usage des mots » [1]. Or en réponse à cette injonction, il fait référence à un jeu de langage : « Il existe un jeu de langage : observer la douleur, rendre compte de sa permanence et de son changement ». Cette réplique appelle au moins deux commentaires.

1. *Ibid.*, p. 115. *Cf.* également Ms 135, p. 185.

Le problème qui est en jeu ici – et qui instaure une divergence de vue radicale entre Wittgenstein et James – consiste à formuler la question méthodologique suivante : comment appréhender ce que l'on appelle le « temps », et en l'occurrence, la temporalité psychologique ? On l'a vu, James considère que la description des phénomènes psychologiques doit recourir à la méthode de l'introspection. Il faut provoquer, selon lui, l'expérience de la compréhension (par exemple) pour découvrir ce en quoi consiste le phénomène désigné par le verbe « comprendre »[1], de même que l'expérience introspective de la « durée » serait requise pour l'élucidation du sens de ce mot. Mais le problème, aux yeux de Wittgenstein, est précisément que comprendre *n'*est *pas* un concept d'expérience, qu'en conséquence la méthode de l'introspection se montre d'emblée inadéquate dans son cas et que, de toute façon, même lorsque l'on a affaire à un état ou à un processus mental, la signification du terme considéré ne peut être décidée par l'observation introspective de l'état ou du processus en question[2]. Contrairement à ce que soutient James, l'introspection ne peut pas plus nous apprendre[3] la signification du mot « durée » que celle du mot « compréhension ». Pour Wittgenstein, le mode d'appréhension adéquat de la temporalité psychologique consiste à décrire, au-delà de la partition intérieur/extérieur, l'usage effectif du concept de durée, c'est-à-dire à s'interroger sur le *contexte* et le *but* de son utilisation[4] : ce sont « les jeux de langage qui démontrent la différence des concepts »[5]. Il ne s'agit donc pas d'étudier la nature de la durée en tentant de l'appréhender dans sa pureté – on ne sait pas trop d'ailleurs ce qu'il s'agirait d'isoler – mais de décrire le type de pratique dans lequel le concept de durée est « enchâssé » (*eingebettet*)[6].

De cette façon, cependant, Wittgenstein ne propose pas une réponse alternative à la question : « Quelle est la nature véritable de la durée psychologique ? », mais vise à montrer que cette question elle-même (tout comme les conceptions mentaliste et behavioriste qui prétendent y répondre) est dépourvue de sens. La description de l'emploi du mot « durée » cherche à établir que nombre des questions philosophiques qui ont été adressées à ce

1. Ce à quoi Wittgenstein s'oppose : Z, § 83/BPP II, § 52 et PU, § 316.

2. PU, § 315-316 et BPP I, § 193. Pour la critique de l'idée que la signification des concepts psychologiques serait instituée par la simultanéité de la profération des mots et des phénomènes mentaux correspondants, voir *infra*, p. 166 *sq.*

3. Z, § 86, PU, § 587 et BPP I, § 212.

4. Entre autres LS I, § 385 et LS II, p. 14.

5. Ms 135, p. 186.

6. BPP II, § 54. *Cf.* le passage du BrB (p. 179) où Wittgenstein fait la même remarque au sujet de *now* (il faut considérer « the whole language game », écrit-il).

concept n'ont pas lieu d'être. Wittgenstein met ainsi en cause une attitude philosophique largement répandue au début du 20e siècle[1], selon laquelle la durée serait l'être même de la conscience, dont la nature véritable ne pourrait être saisie que dans le cadre d'une observation interne[2]. Et s'il écarte une telle entreprise philosophique, c'est en raison non seulement de ce qu'elle affirme au sujet du concept de durée, mais également en raison du fait qu'elle présuppose que tous les concepts psychologiques désignent des phénomènes qui, en dernière analyse, relèvent de la seule temporalité de la « durée authentique »[3].

Contre toute réification de la durée en un flux mental, Wittgenstein propose au psychologue de revenir à une analyse de l'usage ordinaire de ce concept.

> Le mot « durée authentique » (*echte Dauer*)[4] pour les états de conscience (*Bewusstseinszustände*) n'est pas plus mauvais, dans la mesure où nous souhaitons dire qu'ils durent (*andauern*) *réellement* tandis qu'à l'opposé les dispositions de l'esprit nous apparaissent comme de simples « constructions ».
>
> Au lieu d'une « durée authentique », nous pourrions parler également d'une « durée réelle ».
>
> Mais qu'est-ce qui distingue réel de non-réel ? Et cela, a-t-on envie de dire, ne se laisse pas expliquer. Mais on prend la chose par le mauvais bout. A savoir comme si l'on *voyait* cela même, comme si l'on était soi-même conscient de ce qu'est cela, comme si l'on savait de *soi-même* que ce que l'autre appelle rouge est une expérience réelle. (Tout au moins s'il fait la même expérience que nous).
>
> Là où il y a durée authentique, on peut dire à quelqu'un : « Observe et fais-moi signe si cela (l'image, le bruit) change ». (...) Ce à quoi je m'emploie ici, c'est proprement à faire observer les jeux de langage qui démontrent la différence des concepts. Pense au jeu de langage : Détermine au moyen du chronomètre combien de temps dure une impression. On ne pourrait déterminer ainsi la durée du savoir, de la capacité, de la compréhension [5].

Lors de la première occurrence de l'expression *echte Dauer*, Wittgenstein opposait déjà aux deux perspectives behavioriste et introspectionniste prises sur le phénomène psychologique de la durée le rappel

1. A l'introspection de James, on pourrait ajouter (toutes différences par ailleurs) l'« intuition » de Bergson et la « réduction » de Husserl.

2. BPP I, § 212.

3. Voir également Ms 135, p. 185 (cité et commenté *infra*).

4. Par cette citation (notez l'usage des guillemets), Wittgenstein fait référence vraisemblablement à l'occurrence de l'expression contenue dans le Ms 134, p. 116.

5. Ms 135, p. 185-6 (16/17.12.47).

d'un jeu de langage courant semblable à celui qu'il présente ici [1]. Mais pour substituer l'usage effectif du concept de durée à l'idée d'un flux mental, il est nécessaire de quitter le plan des symptômes (*i.e.* des preuves empiriques de la durée) pour rejoindre celui des critères (*i.e.* de ce qui définit ce qu'est et ce qu'on appelle la « durée ») [2]. Ainsi, la possibilité de « dire à quelqu'un : observe et fais-moi signe si ... » doit être comprise comme une possibilité grammaticale qui remplit la fonction de critère définitionnel de la durée. Pouvoir adresser une telle demande à quelqu'un équivaut à avoir affaire à un phénomène duratif authentique; c'est l'une des actions que nous pouvons accomplir avec notre terme « durée ». Le texte du Ms 135 souligne dans le même sens que l'« authenticité » ou la « réalité » du caractère duratif des états de conscience constitue non pas une détermination empirique, comme si l'on constatait en les observant [3] qu'ils sont duratifs, mais une « caractéristique logique » (*logisches Charakteristikum*) de ces états [4]. Vouloir procéder par introspection nous condamne donc non seulement à n'envisager que la seule temporalité de la durée, mais également à ne pas pouvoir reconnaître l'usage qui est celui de cette expression temporelle. Avec le terme « durée », nous ne désignons pas une expérience originaire et entièrement extra-linguistique qui serait le fondement de notre idée du temps, mais nous caractérisons certains phénomènes mentaux dans des buts divers : par exemple, dire au médecin depuis combien de temps dure la douleur que j'éprouve à la gorge lui permettra d'établir sa prescription (il pourra déterminer le stade auquel se trouve mon angine) ou de réviser son diagnostic si je reviens le voir en disant que « la douleur dure encore ». L'idée d'un flux mental constitutif de l'état psychique n'est à cet égard rien de plus qu'un ornement philosophique que l'on ajoute à l'usage effectif du concept de durée de façon à s'en former une image. Et le besoin d'un tel

1. Ms 134, p. 114 et 116.

2. Pour la distinction « critère/symptôme », BlB, p. 67.

3. Pour cette même idée, *cf.* également Ms 134, p. 116.

4. Les critères distingués par Wittgenstein sont au nombre de trois et permettent en particulier de distinguer la durée authentique des états de conscience du type de durée propre aux dispositions. A chaque fois, la façon dont le critère détermine le concept (état de conscience ou disposition) – et plus généralement la façon dont le critère de la durée s'applique au concept en question – circonscrit le sens de ce concept : par exemple, dire qu'une disposition ne peut être observée qu'au moyen de « coups de sonde » (BPP II, § 57) et ne peut être mesurée au moyen d'un chronomètre (BPP II, § 51) signifie qu'il n'est pas concevable de l'observer autrement, et non pas que notre conformation psychophysiologique nous empêche, pour des raisons techniques pourrait-on dire, d'avoir un accès plus direct à elle. Les critères de la durée sont : a) l'observabilité (Z, § 72, 75, 76, 81, 85; BPP II, § 45, 50, 57; LS I, § 719; DWW, p. 231); b) la mesurabilité (Z, § 74, 81, 82; BPP II, § 50, 51, 63; DWW, p. 231); c) l'interruptabilité (Z, § 85; BPP II, § 45; PU, p. 99, remarque (a)).

complément, ainsi que l'exigence méthodologique corrélative de se ménager un accès au flux interne de la durée ne surgissent que dans la mesure où l'on considère le mot « durée » pour lui-même, dans l'espoir d'atteindre par ce biais son sens véritable et où, en conséquence, on tient pour correcte l'idée que le mot « durée » sert principalement à désigner ce flux.

Intention et temps

Notre langage ne présente pas un emploi des concepts psychologiques uniforme[1], et cela signifie en particulier qu'il convient de distinguer les diverses temporalités qui caractérisent grammaticalement des concepts auxquels, de prime abord, on pourrait être tenté d'en attribuer une seule – ce dont nous ont dissuadés les développements précédents relatifs à la durée. Dans cette perspective, Wittgenstein examine deux concepts particulièrement épineux.

L'étrange temporalité du vouloir-dire

Les questions « Qu'as-tu voulu dire (*gemeint*), lorsque tu as dit (*gesagt*) … ? », ou « Qu'est-ce que tu as voulu dire (*Was wolltest du sagen*), lorsque … ? », sont de celles qui ont longuement retenu l'attention de Wittgenstein, en raison notamment de la difficulté que soulève l'élucidation des fonctions jouées en elles par l'expression de la temporalité et des conceptions philosophiques que la mécompréhension de ces fonctions est susceptible d'engendrer.

Cette élucidation exige que deux conceptions soient préalablement écartées. La première soutient que la phrase « Par ce mot, j'ai voulu dire … » fournit la description d'un événement, d'un état ou d'un acte psychique passé ; elle assimile donc la signification (le vouloir-dire) à une expérience passée. Or, rappelle Wittgenstein, l'intention se distingue de toute expérience par sa particularité de ne pas avoir de contenu[2] (*Inhalt*), c'est-à-dire de ne pas consister en un état ou un processus mental qui aurait duré au moment auquel fait référence l'emploi du prétérit dans la question « Qu'as-tu voulu dire lorsque tu as dit … ? ». En d'autres termes, rien que je puisse appeler la signification n'a « eu lieu » (Wittgenstein emploie *geschehen* et *stattfinden*), ni pendant que j'ai prononcé le mot en voulant dire telle ou telle chose, ni à un instant particulier de cette profération. Si certaines expériences peuvent se produire au même moment que celui où j'ai voulu dire quelque chose, il reste que le vouloir-dire n'est pas identique à elles : « Le vouloir-dire (*das Meinen*) est aussi peu une expérience (*ein Erlebnis*)

1. BPP II, § 194.
2. PU, II, xi, p. 305. Voir aussi BPP II, § 242-243.

que l'intention (*das Beabsichtigen*) »[1]. Par exemple, la présence d'une représentation ne peut suffire à rendre compte de l'intention (*i.e.* celle de dire quelque chose) puisque la représentation exige elle-même, pour pouvoir être la représentation de ce dont on a l'intention, que l'on ait cette intention. Voilà pourquoi à la situation temporelle de l'intention ne s'appliquent pas les critères de la durée authentique, et avant tout celui de la possibilité d'observer des phases successives d'un processus continu : on ne peut pas dire de l'intention qu'elle est composée de « phases »[2] qui « ont eu lieu » (*stattgefunden*) dans tel « laps de temps » (*Zeitabschnitt*)[3], ou encore : on ne peut pas dire qu'elle consiste en un « cours » (*Vorgang, Ablaufen, Verlauf*)[4] du même type que celui de la parole, ni qu'elle soit située en un point précis du cours de l'énonciation de la phrase à laquelle elle correspond. « Je ne pourrais pas dire d'un point du temps de l'énonciation qu'il est le début de la pensée, ni qu'il est l'instant où celle-ci s'est produite »[5].

Une seconde erreur est susceptible de nous jeter sur le chemin du non-sens. Elle consiste à tenir la phrase en question (« J'ai voulu dire ... ») pour l'expression d'« une expérience après coup (*nachträgliche*) »[6], comme si je regardais ce que j'ai dit dans le passé et éprouvais une expérience présente me permettant d'expliciter mon propos d'autrefois. Dans ce cas, la référence au passé serait en fait inessentielle, dans la mesure où ce que je désigne comme étant passé (ce qui suit « j'ai voulu dire ») est en réalité un supplément présent développé à partir d'une expérience présente ; elle ne se justifierait que par la situation passée de ce que je complète au moyen de mon explicitation. Contre cette conception du souvenir du vouloir-dire[7], Wittgenstein précise : « lorsqu'il dit "Je pensais en disant cela ...", "Je voulais dire par là que ...", c'est *par là même* (*dadurch*) qu'il fait la liaison (*anknüpfen*) avec le moment en question. (Il ne se souvient donc pas, par exemple, d'une image représentative qu'il aurait vue devant lui et qui lui montrerait qu'il a pensé à ...). Ce n'est pas sur une image représentative qu'il lit ce à quoi il a pensé »[8]. L'erreur ici dénoncée est celle d'après

1. *Ibid.*
2. BPP II, § 7, 266 et 274.
3. *Ibid.*, § 266.
4. Respectivement *ibid.*, § 266 et 274 et PU, § 661.
5. *Ibid.*, § 257. Voir aussi § 274.
6. *Ibid.*, § 256.
7. Cette image est étroitement apparentée à la conception du souvenir comme phénomène psychique présent. *Cf.* à ce sujet *infra*, p. 140 *sq.*
8. LS I, § 96-97. Dans BPP II, § 256, Wittgenstein dit de même que c'est l'affirmation en question qui « fait elle-même (*selber*) la liaison (*anknüpfen*) avec le moment du temps considéré ». Il utilise le même verbe dans le même contexte au § 640 des PU.

laquelle « Je voulais dire … » exprimerait un contenu (encore) présent, produit au moment de l'énonciation passée (une représentation, par exemple) et se rapporterait par l'intermédiaire de ce contenu à cette énonciation ; c'est lui qui me « montrerait » (*zeigen*)[1] ce que j'ai voulu dire alors et qu'il me faudrait décrire de façon plus précise pour expliciter ce que j'ai voulu dire alors. Or non seulement l'affirmation « J'ai voulu dire » se rapporte bel et bien au passé et non pas à quelque chose de présent, mais elle s'y rapporte directement (*dadurch, selber*) et non par l'intermédiaire d'un contenu présent.

Pour établir le caractère irréductible de la possibilité de la référence au passé que nous examinons, Wittgenstein envisage deux situations ordinaires[2]. D'une part, celle où l'on a donné un sens (*meinen*) à une phrase en la prononçant, avant d'en changer pour une raison quelconque et d'entendre la phrase en un autre sens. A la question : « Quand tu as parlé, as-tu voulu dire la banque ? »[3], je peux répondre par la négative et expliquer : « Par exemple, qu'en parlant j'ai entendu la proposition autrement, mais qu'*ensuite* j'ai voulu l'utiliser dans ce but »[4]. Wittgenstein envisage d'autre part la situation où l'on prononce d'abord automatiquement les mots d'une phrase auxquels on attache ensuite seulement une signification : « je me suis soudain entendu dire le mot, sans lui attacher aucune signification. C'est seulement *après quelques secondes* que je me suis souvenu que tu devais aller à la banque »[5]. Comme l'attestent ces deux exemples, l'intention elle-même est située dans le temps de l'énonciation (ce qui ne veut pas dire qu'elle se déroule ou se produise pendant telle ou telle phase du temps de l'énonciation), et à ce titre elle peut entretenir avec des événements ou d'autres intentions des relations temporelles (celle de la succession, en l'occurrence). « L'intention peut commencer soudainement, changer soudainement »[6] et il y a une différence entre formuler l'affirmation « Avec ces mots, j'ai pensé à … » au passé et la formuler au présent[7].

Par conséquent, *meinen* peut effectivement renvoyer à un instant passé du « temps de la parole », et encore une fois, cette référence n'est ni illusoire ni réductible à celle à laquelle nous engage une expérience présente[8].

1. *Ibid.*, § 96 et PU, § 648.
2. BPP II, § 256. Voir également § 252 et Z, § 47.
3. Le mot allemand *Bank* peut signifier aussi bien l'établissement banquaire que le banc sur lequel on s'asseoit.
4. Ms 133, p. 53r.
5. BPP II, § 256 – nous soulignons.
6. Ms 136, p. 44b.
7. BPP II, § 256 et LS I, § 111.
8. *Ibid.*, § 256 et LS I, § 96-97.

Néanmoins, on ne peut dire simplement ni que le vouloir-dire s'est produit « pendant » que le discours se déroulait, ni qu'il a eu lieu dans l'un des instants du discours [1]. Le problème est dès lors le suivant : alors qu'il ne se passe à proprement parler rien dans le moment passé (instant ou laps de temps) auquel il est fait référence, c'est-à-dire qu'aucun événement mental ou extérieur ne se produit que l'on pourrait tenir pour le phénomène du vouloir-dire [2], comment est-il possible que le lien du vouloir-dire au passé ait un sens ?! Une certaine logique de la temporalité, déconcertante au premier abord [3], structure donc l'usage du concept de vouloir-dire et ne se laisse pas ranger sous celle de la durée authentique car elle autorise, à la différence de cette dernière, que quelque chose soit situé en un instant passé sans cependant y avoir lieu. Comment faut-il comprendre cela ?

Du point de vue de Wittgenstein, on ne peut échapper à la difficulté soulevée qu'en répondant à la question : « A quoi sert (*wozu dient*) la référence au moment du temps de la parole ? Quelle information fournit-elle ? » [4]. Encore une fois, l'un des moyens les plus sûrs de comprendre la logique temporelle de l'expression « vouloir dire » est de poser la question de l'*utilité* de la référence dans son cas à un point du temps [5]. Et l'on va voir que la temporalité du vouloir-dire ne peut cesser de paraître paradoxale et mystérieuse qu'à la condition d'être distinguée de celle de la durée authentique. Le but de l'entreprise thérapeutique est de nous amener à renoncer à opérer la confusion de ces deux temporalités.

Vouloir-dire, parole et temps

Lorsque nous demandons à quelqu'un ce qu'il a voulu dire ou à quoi il pensait à tel moment de son propos, nous faisons référence à « un instant du temps de la parole » (*Zeitpunkt des Redens*) [6]. La difficulté philosophique soulevée par une telle référence réside dans le lien qu'il convient de penser entre cette référence et le vouloir-dire [7]. Assurément, au temps de la parole peut être appliqué le concept de durée authentique, dans la mesure où la parole répond aux critères de la possibilité de suivre le cours de ce qui dure et d'en mesurer l'extension temporelle au moyen d'un chronomètre : je

1. *Ibid.*, § 257, 266 et 274.

2. BPP I, § 244 et LS I, § 108/PU, II, xi, p. 305.

3. Bouveresse parle ainsi de la « temporalité paradoxale du vouloir-dire » (« Wittgenstein, le "vécu de signification" et le rêve », dans *Wittgenstein, dernières pensées*, p. 161).

4. LS I, § 95. Même question dans BPP II, § 265. Voir également LS I, § 100-101.

5. *Cf.* en particulier : PU, § 656 ; BPP I, § 204 ; BPP II, § 238, 247, 250, 265 ; LS I, § 95, 100, 385 ; LS II, p. 14.

6. BPP II, § 256-257, 263, 266 et LS I, § 95, 100, 111.

7. PU II, ii, p. 249/BPP I, § 175-176.

peux dire quand a débuté et fini une conversation[1]. Mais pour autant, faire référence à la situation temporelle du vouloir-dire, est-ce la même chose que faire référence à un instant de la parole?

L'erreur la plus fourvoyante consiste sans doute à croire qu'avec *meinen* et *reden* nous aurions affaire à des concepts désignant deux processus dont la seule différence serait le milieu dans lequel chacun d'eux se déroule – respectivement le monde mental et le monde physique[2]. Cette idée prend souvent la forme des conceptions du vouloir-dire comme acte qui insufflerait au signe verbal matériel sa valeur signitive, ou comme expérience (processus ou état) qui accompagnerait[3] la production matérielle des signes verbaux et leur confèrerait leur valeur symbolique[4]. Cet acte et cette expérience seraient semblables à n'importe quel acte et à n'importe quel processus physique, à cette différence près que leur étoffe serait mentale. Contre une telle idée, il faut rappeler que les rapports entre les concepts *reden* et *meinen* sont évidemment plus complexes que ne le laisse penser l'image évoquée. Au premier chef, ce n'est pas parce qu'il y a parfois un sens à distinguer ces deux concepts – comme dans le cas de la question « Qu'as-tu voulu dire lorsque tu as dit ... ? » – qu'il y en a toujours un à le faire et à demander ce que quelqu'un a voulu dire. On dira facilement : « Je n'avais aucune intention en disant cette phrase, je l'ai dite, c'est tout »[5]. « Ce n'est que dans des circonstances tout à fait spécifiques que surgit la question de savoir si l'on parlait "en pensant ce que l'on disait" ou non »[6] (par exemple, si je suis très surpris d'entendre quelqu'un défendre une opinion que je l'avais toujours entendu attaquer jusque-là, je lui demanderai s'il pensait vraiment ce qu'il vient de dire). « Dire » ou « parler » (*reden, sagen sprechen*) ne désignent donc pas le seul processus physique de production de signes dépourvus de valeur symbolique.

La conception évoquée entraîne dans son sillage un certain nombre d'erreurs relatives à la grammaire du temps du vouloir-dire. Tout d'abord, que l'on puisse prononcer une proposition de façon mécanique n'implique pas que lorsqu'une proposition est prononcée avec attention, « quelque chose » de mental « s'ajoute » nécessairement à l'emploi du signe verbal qui serait le sens de ce signe. Certes, le cas de l'interruption de quelqu'un qui parle sans avoir préparé ce qu'il dit peut nous pousser à la faute : il

1. BPP II, § 266.

2. *Ibid.*, § 7; PU, II, xi, p. 305; LS II, p. 32.

3. Z, § 139 et PU, II, xi, p. 305.

4. Voir la critique wittgensteinienne que Bouveresse (art. cit.) adresse à la théorie de la signification élaborée par Husserl dans sa première *Recherche logique*.

5. BPP II, § 253. Voir également Z, § 4.

6. *Ibid.*, § 233.

semble en effet opérer par lui-même la sublimation de la signification et présenter l'intention linguistique pure (*i.e.* « ce que [quelqu'un] *voulait* dire » par opposition à « ce qu'il a *dit* »)[1]. Mais c'est ce jeu de langage qui nous conduit à dire que la suite de la phrase devait flotter devant l'esprit de celui qui a été interrompu, et non pas ce (prétendu) fait mental qui explique que l'on puisse indiquer ce que l'on s'apprêtait à dire avant même de le dire[2]. La plus grande méfiance est donc de mise envers l'habillage explicatif psychologique que l'on serait tenté d'opérer de ce jeu de langage[3] et la psychologisation subséquente de l'intention. Le résultat de ce type d'opération est, en l'occurrence, que l'on ne voit pas la spécificité de l'emploi de « se souvenir » lorsque cette expression s'applique à l'intention ou au vouloir-dire[4], et que l'on en vient à confondre des types distincts d'emploi du temps du passé.

La possibilité d'indiquer à quel instant de la conversation un changement dans la signification d'un mot a eu lieu suggère de surcroît les deux développements suivants. Le premier consiste à dire qu'il s'est produit une chose à cet instant, dont une observation attentive permettrait de préciser la nature[5]. Selon Wittgenstein, il serait bien plus juste de dire que ce n'est pas le *présent* de l'utilisation d'une expression qui diffère selon la signification que l'on donne à celle-ci, mais le développement *futur* que l'on est prêt à donner à l'utilisation à laquelle on est en train de procéder : « As-tu voulu dire *cela* (*gemeint*) ? Oui, ce fut le commencement de ce mouvement »[6]. La tentation de faire du vouloir-dire un acte donateur de sens est donc suscitée notamment par la confusion de deux types de compte-rendus distincts que l'on peut opérer au moyen de la même affirmation « J'ai voulu dire (*gemeint*) ... » ou « J'ai pensé à ... » : d'une part, un « compte-rendu psychologique » dont l'intérêt est d'informer sur ce qui s'est produit en moi *au moment où* j'ai prononcé telle expression (par

1. On comprend dans ces conditions que le cas similaire dans lequel je me souviens du sens de mes paroles sans être capable de me rappeler les mots que j'ai employés, ait tellement retenu l'attention des philosophes. Entre autres Descartes, *Le Monde ou Traité de la lumière* (AT XI, Paris, Vrin, 1996, p. 4) et James, *Principles*, chap. IX, p. 251. Wittgenstein évoque cet exemple dans PU, § 648.

2. Z, § 38.

3. PU, § 334, 337 et 655; BPP I, § 173-174; Z, § 1 et 38.

4. BPP I, § 238/Z, § 137 où Wittgenstein rappelle que les mots « J'ai pensé alors ... » ne sont pas toujours la « reproduction » (*Wiedergabe*) présente de mots que je me suis dits « alors » tout haut ou intérieurement.

5. PU, § 327 et 435-436.

6. BPP II, § 255-256. *Cf.* également pour l'image similaire de la « chaîne » (*Kette*) : LS I, § 96 et 98.

exemple, que celle-ci m'a fait penser à *N* pour telle ou telle raison)[1]; d'autre part, l'« explication du sens ou de la signification » qui, si elle renvoie elle aussi au moment passé de la parole, remplit l'office (différent) de permettre de « poursuivre (*fortfahren*) le jeu de langage »[2] initié par la parole passée. Prendre la seconde pour la première conduit presque immanquablement à psychologiser le vouloir-dire et à le réduire à un phénomène présent au moment où l'expression est utilisée.

Le second développement est qu'il y aurait toujours du sens à vouloir situer temporellement le vouloir-dire attaché à un terme, comme s'il lui appartenait essentiellement d'être un type de chose que l'on peut situer dans le temps. Or pour Wittgenstein, la prudence recommande de se demander s'il y a du sens à vouloir procéder à une telle localisation dans le cas de ce concept, et si oui, dans quels contextes et dans quels buts spécifiques, plutôt que de se demander si l'essence du vouloir-dire par elle-même autorise ou n'autorise pas l'attribution d'une détermination temporelle. Wittgenstein ne nie donc pas que l'on puisse avoir parfois à évaluer la durée pendant laquelle nous avons voulu dire telle ou telle chose en utilisant telle expression, ou plus généralement que l'on puisse indiquer la situation temporelle de ce vouloir-dire. Ce qu'il conteste, c'est que le vouloir-dire soit une entité distincte de l'usage du langage et dont l'être serait temporel. Les possibilités grammaticales du concept de vouloir-dire relativement à la temporalité sont en effet beaucoup plus complexes que l'image d'un processus ou d'un acte qui dure ne le laisse paraître. La difficulté formulée plus haut d'une référence au passé qui n'aurait aucun événement auquel se raccrocher dissimule en réalité une conception extrêmement simplifiée de ce que sont ces possibilités grammaticales.

L'erreur qui est commise à l'égard de l'emploi de *meinen* consiste également à prolonger le fait qu'une explication de mots (la transformation d'une tournure en une autre) est parfois requise, en l'idée qu'un acte de vouloir-dire devrait toujours se produire pour qu'une expression soit utilisée avec sens. La question « Qu'as-tu voulu dire ? » appelle en réponse une transformation de la tournure de l'expression (et cela à des fins diverses), mais par là-même elle suscite l'image d'une chose qui serait déjà présente dans l'esprit avant d'être exprimée[3]. Or une proposition n'a pas à être déjà présente pour qu'on puisse avoir l'intention de la dire : « il est clair que [celui qui veut dire quelque chose] n'est pas obligé de parler lorsqu'il *veut* parler, de même qu'il n'est pas obligé de danser lorsqu'il *veut*

1. PU, § 656 et 659.
2. BPP II, § 254.
3. PU, § 334.

danser»[1]. Il importe donc de reconnaître que notre concept d'intention n'implique pas systématiquement l'expression verbale (même mentale) de l'intention[2]. Il faut admettre la possibilité d'exprimer une intention passée à laquelle *aucune* expression linguistique passée ne correspond. En soulignant la diversité d'emploi de la locution «avoir l'intention»[3], le but de Wittgenstein est ainsi de nous amener à ne pas confondre l'emploi de *meinen* quand on se dit quelque chose ou rumine son intention, avec les emplois où l'on ne fait rien de tel, c'est-à-dire à ne pas postuler la présence systématique d'un acte mystérieux sous prétexte que dans *certains* cas l'intention a été formulée verbalement.

L'explication philosophique du cas de l'interruption provient d'une telle simplification de l'usage ordinaire. Du point de vue de Wittgenstein, l'une des erreurs les plus séduisantes et les plus tenaces est de considérer que l'intention et le vouloir-dire sont des préalables fantômes à l'action. On dira alors que le cas de l'interruption nous révèle ces préalables et ont l'intérêt de nous permettre de les isoler, en les dénudant du vêtement linguistique qui les recouvre en temps normal. Or dans de nombreux cas, les concepts d'intention et de vouloir-dire remplissent une tout autre fonction que celle de désigner une délibération préalable: ils spécifient (explicitent) l'action *effectivement accomplie*. Autrement dit, ils précisent ce que j'ai fait, quel coup linguistique j'ai accompli en prononçant telle ou telle expression, et non pas ce qui se trouvait derrière cette expression et la faisait signifier. Le vouloir-dire ne consiste donc pas en une entité antérieure à (et distincte de) l'action linguistique, qui jouerait le rôle de condition nécessaire à cette action. Le traitement philosophique de l'intention et du vouloir-dire souffre de ce que l'on pourrait appeler un «mythe de l'antériorité», qui se manifeste dans l'idée que la signification du mot existe «déjà» ou «avant»[4] que l'action linguistique ne soit effectuée. Voilà pourquoi Wittgenstein insiste tant sur le lien qui unit l'usage du concept d'intention à la maîtrise d'une technique[5]: on ne peut avoir l'intention de faire quelque chose que si l'on maîtrise la technique de cette action, c'est-à-dire si l'on est capable d'*accomplir effectivement* cette action (et non pas de se la représenter sous une forme fantômatique). Par exemple, si je joue aux échecs en déplaçant des objets sur un plateau divisé en carrés – si

1. *Ibid.*, § 338 – nous soulignons. Voir aussi BPP I, § 255.
2. Z, § 49. *Cf.* également: BPP I, § 225; PU, § 658 et 678-679.
3. BPP I, § 907 et BPP II, § 279.
4. Cf. *ehe* dans PU, § 334, 335, 337; Z, § 1; LPP, p. 75; LS I, § 843; *schon* dans BPP I, § 173; BPP II, § 575.
5. PU, § 337.

je peux opérer ces actes en considérant que je joue aux échecs, que c'est là mon intention – c'est parce que je maîtrise la technique du jeu d'échecs; de même, si je dis quelque chose (accomplis un coup linguistique) en opérant tel ou tel acte phonatoire ou scriptural – si je peux opérer ces actes en considérant que je dis quelque chose (parle), que c'est là mon intention – c'est parce que je maîtrise la technique de tel et tel jeu de langage[1]. Dans bien des cas, il ne faut donc pas entendre l'action en question comme l'objectif de l'intention (comme si avoir une intention consistait à *chercher à* faire quelque chose), mais l'intention comme l'identité de l'action (*ce que* je fais) : bien souvent, l'intention n'est pas quelque chose en plus de (et située avant) l'action, mais son identité même.

A qui souhaite se dépouiller de l'image du vouloir-dire comme acte ou expérience distinct(e) de l'action linguistique ainsi que des conséquences de cette image pour notre compréhension de la temporalité du vouloir-dire, un excellent moyen est fourni par l'usage du conditionnel contrefactuel (ou irréel du passé). Dans ses cours de 1946-1947, Wittgenstein relève que nous pouvons exprimer le changement de signification d'un mot en recourant à ce mode d'expression: « Si tu me demandes "Qu'est-ce qui s'est passé (*happened*) en toi lorsque tu as changé ta signification?", la réponse est "Ce qui a changé, c'est la réponse que je t'aurais donnée si tu m'avais demandé ce que je voulais dire!" Ainsi, lorsque j'ai dit "Maintenant je sais", ce qui changeait était que désormais j'aurais pu donner une nouvelle réponse. Mais cette description du changement au moyen de conditionnels semble bizarre »[2]. Comme le remarque Bouveresse, l'étrangeté de l'emploi du conditionnel provient de ce qu'il « décrit un changement qui est censé avoir eu lieu en parlant d'un changement qui aurait pu avoir lieu si certaines conditions avaient été réalisées »[3]. Mais précisément, l'étrangeté ne surgit que si l'on entend le changement de signification sur le modèle d'un changement d'expérience. L'apparence d'étrangeté se dissipe si l'on renonce à penser l'explication donnée sur le modèle d'un « compte-rendu psychologique »[4], et si l'on renonce à l'idée que tout changement consiste en un changement qui « a lieu » et toute référence au passé en une référence à un événement passé. Alors seulement la « combinaison » d'une « référence à un *moment du temps* et à un *type d'application de mot* » perd son caractère

1. Il existe évidemment une proximité de notre propos avec ce que dit Anscombe dans *Intention* (§25, trad. fr. M. Maurice et C. Michon, Paris, Gallimard, 2002, p. 92). Nous laissons cependant de côté le travail qu'exigerait une confrontation précise sur ce point.

2. LPP, p. 61. Voir également LS I, § 715-716.

3. Art. cité, p. 155.

4. BPP II, § 254.

incompréhensible[1]. Autrement dit, de même qu'il contient certains emplois du terme « intention » qui ne renvoient à aucune pensée, ni à aucune expérience, ni à aucune parole intérieure[2], notre langage comporte un mode d'expression qui renvoie au passé sans renvoyer à aucun fait ou événement passé[3] : un prétérit peut dissimuler un conditionnel irréel – et cela non pas au sens d'une référence au passé qui relèverait de la même catégorie que la référence à une expérience passée et serait seulement plus mystérieuse que celle-ci, mais au sens d'une référence au passé appartenant à une autre catégorie que la référence à une expérience passée[4]. Le plus difficile est ici de laisser toute chose en l'état, de nous en tenir à ce que nous avons sous les yeux[5] et de reconnaître la spécificité du jeu de langage sans tenter de le fonder psychologiquement, ni le déformer en cherchant à en réduire la spécificité[6]. Wittgenstein cherche avant tout à ne pas abandonner cet emploi au motif (erroné) que la référence au passé serait en fait illusoire (nous faisons effectivement référence au passé avec une affirmation du type « Je voulais dire ... »), mais veut se soustraire aux effets malheureux de son caractère fourvoyant.

Si l'on revient au cas de l'interruption de la parole en cours et à l'utilisation du conditionnel contrefactuel pour expliquer ce que nous nous apprêtions à dire, on peut comprendre qu'une telle forme d'expression ne fait pas référence à une entité passée seulement plus éthérée que celle que dénote la description d'un événement qui s'est produit, puisque cela reviendrait à confondre la description de ce que j'*aurais* fait si l'on m'avait laissé continuer, avec celle de ce que j'*avais* déjà (prétendument) fait de façon fantômatique, et à tenir en somme le conditionnel pour un indicatif mystérieux. Le conditionnel contrefactuel dit bien quelque chose du passé[7], même s'il ne dit rien qui se soit passé. Par conséquent – contre le mythe du présent – rien n'a eu à être présent au moment où j'ai voulu dire quelque chose pour que je puisse avoir voulu le dire.

1. PU, II, ii, p. 249/BPP I, § 175-176.
2. Z, § 49.
3. PU, § 684.
4. Wittgenstein demande ainsi : « Oui, peut-on dire que chaque affirmation du type "Lorsque j'ai entendu le mot, il signifiait *ceci* pour moi" se laisse exprimer par un conditionnel ? » (Ms 130, p. 252).
5. BPP I, § 257 et PU, § 124 et 126.
6. PU, § 654-656.
7. *Ibid.*, § 684.

La mémoire et l'attente : du mythe du présent à la grammaire effective

La mémoire

Une illusion philosophique dont Wittgenstein n'a eu de cesse de débusquer les effets est celle d'*ombre* (*shadow*, *Schatten*). Elle s'immisce en particulier si l'on pense que pour pouvoir être l'objet d'un souhait, *p* doit être *déjà présent* dans le souhait lui-même, avant même son occurrence éventuelle[1]. Bien que Wittgenstein n'utilise pas alors le mot, il n'y a guère de doute que l'idée d'ombre intervient également à ses yeux dans la philosophie et la psychologie du souvenir, à titre d'exigence pour un événement passé d'être *encore présent*, comme si le souvenir ne pouvait avoir *q* pour objet qu'à la condition que *q* soit (encore) présent dans le phénomène présent du souvenir sous la forme d'une ombre, que l'on conçoive celle-ci comme une image mentale et/ou celle d'une trace neuronale. Le philosophe est celui « à qui il paraît presque miraculeux qu'on puisse répondre à la question "Qu'est-ce que tu as fait ce matin ?" sans rechercher des traces historiques de mon activité ou d'autres choses semblables »[2].

Or la façon de concevoir le souvenir qui s'appuie sur cette idée biffe un certain nombre d'emplois de notre concept de souvenir. En particulier, on oublie avec elle qu'il est possible de se souvenir de ce qui n'est plus présent en aucune façon : si le souvenir est nécessairement fondé sur une trace ou une copie, il exclut par sa définition même que l'on se souvienne de quelque chose qui n'a plus aucune actualité. L'erreur est similaire au cas où l'on est tenté de déclarer : « "Il doit pourtant bien être présent si je le cherche" – Alors il doit bien être là si je ne le trouve pas, et également dans le cas où il n'existe pas du tout »[3], remarque Wittgenstein, non sans ironie. Or il n'y a pas moins de sens pour nous à parler de quelqu'un que l'on cherche partout sans réussir à le trouver, qu'à parler d'un fait passé dont il ne reste plus rien dans le présent. D'un événement douloureux de mon existence passée, je dirai par exemple : « J'ai oublié tout ça, je n'y pense plus ; ça appartient au passé », par opposition à : « Je porte encore une marque profonde de cet événement en moi ». Dans le cas évoqué, le souvenir ne peut être considéré comme une trace présente, sans quoi l'affirmation serait aussi contradictoire que celle de la citation précédente au sujet du verbe « chercher » : du fait même d'expliquer qu'un événement n'est plus que passé, je dirais qu'il est encore présent ; mais si je ne peux penser qu'à des choses présentes

1. BlB, p. 84-85. Voir la même tentation au sujet de la volonté et de l'attente (WLC 32-35, respectivement p. 76-78).

2. BPP I, § 106.

3. PU, § 462.

(sous forme d'ombres), comment pourrais-je dire « J'ai oublié toute cette histoire » ? Écartant ce type d'emploi, l'idée d'ombre suggère qu'on ne peut parler de rien qui ne soit présent en raison même du fait que l'on en parle.

Nombre des remarques de Wittgenstein relatives au souvenir sont d'abord destinées à corriger cet oubli et à nous libérer de ses conséquences philosophiques, au premier chef de l'idée d'ombre elle-même. A cette fin, Wittgenstein insiste sur la diversité des emplois du verbe « se souvenir »[1], c'est-à-dire sur les distinctions qu'une synopsis de ces emplois doit faire apparaître[2]. De cette façon, il devient clair en particulier qu'il existe tout un ensemble de cas de souvenirs dans lesquels ne prend place aucun vécu ni aucune image intérieure ni même aucun mot, mais que l'on décrira cependant en disant que l'« on s'est souvenu ». Imaginant une situation dans laquelle quelqu'un (*B*) « cherche de mémoire » un certain tissu parmi de nombreux rouleaux qui sont réunis devant lui, Wittgenstein remarque que cette situation peut prendre des formes diverses, entre autres celle-ci : « c) *B* va au rayon sans image mnémonique, regarde cinq rouleaux l'un après l'autre, sort le cinquième rouleau du rayon »[3]. C'est seulement si l'on renonce à l'idée d'« une unique expérience mentale particulière »[4] qui serait ce qu'on appelle *la* reconnaissance et si l'on voit que ce terme désigne divers processus n'ayant entre eux qu'une ressemblance de famille, qu'on « ne ressentira aucune réticence à inclure aussi [le cas] c) dans cette famille »[5]. L'intérêt de ce cas est qu'il illustre la possibilité (grammaticale) que l'on se souvienne sans que rien de l'événement passé (en l'occurrence, le fait que *A* a montré à *B* un échantillon de la couleur du tissu dont il devait apporter un rouleau) ne demeure dans le présent du souvenir, et donc qu'il écarte l'idée d'une prétendue définition essentielle du souvenir qui inclurait l'ombre présente de l'événement passé. Bien entendu, ce rappel ne signifie pas qu'on n'utilise jamais « souvenir » au sens de « témoignage encore présent du passé » ou de « trace du passé », mais seulement qu'on ne l'utilise pas toujours de cette façon, et que même lorsqu'on l'utilise ainsi, le souvenir ne se définit pas comme une trace (spirituelle ou physiologique), cette caractérisation de sa fonction étant seulement métaphorique.

Si l'on regarde maintenant la distorsion que la conception du souvenir liée à l'idée d'ombre inflige à notre emploi ordinaire de ce terme, il est manifeste que le mythe du présent trouve en elle l'une de ses réalisations.

1. Ms 115, p. 31/PG, § 131, p. 188 ; WLC 32-35, p. 75-76.
2. BPP I, § 160.
3. BrB, p. 148.
4. *Ibid.*, p. 149.
5. *Ibid.*, p. 152.

La conception en question n'est d'ailleurs pas sans parenté avec la correction que la théorie augustinienne du triple présent entend faire subir au langage ordinaire : de même qu'Augustin exclut par sa réforme l'emploi de « passé » pour toute chose ou tout événement autre que ceux qui ont laissé une trace (puisque au passé est substitué « le présent des choses passées », *i.e.* la mémoire), l'idée d'ombre exclut la possibilité de se souvenir d'autre chose que ce qui est, d'une façon ou d'une autre, *encore* présent. Il est significatif à cet égard que parmi les auteurs dont Wittgenstein critique la théorie du souvenir, la plupart (Augustin, James et Russell) sont ceux auxquels il attribue l'adoption d'une position (solipsiste) instantanéiste du présent : l'attitude philosophique qui consiste à accorder un privilège épistémique et/ou ontologique au présent détermine largement la représentation que l'on se fait de la nature du souvenir et de la mémoire, et si les remarques des années 1940 sont moins explicites sur ce point, celles du début des années 1930 ne laissent aucun doute. Les conceptions du souvenir et de la mémoire dont Wittgenstein fait ses cibles privilégiées (le souvenir comme trace, copie, expérience, image ou processus *présents*) sont donc le produit du réductionnisme temporel au présent. Et c'est en raison du lien qu'elles entretiennent avec le mythe du présent que ces conceptions du souvenir rendent l'emploi de ce dernier terme difficilement compréhensible.

Des conséquences philosophiques du réductionnisme au présent, Wittgenstein retient un problème tout à fait classique : celui de l'*intentionnalité temporelle* du souvenir, c'est-à-dire celui de la détermination de ce qui donne au souvenir sa référence spécifique au passé. « Si le souvenir *n'*est *pas* un voir dans le passé, écrit-il dès 1929, comment savons-nous en définitive qu'il doit être interprété en relation avec le passé? Nous pourrions nous souvenir d'une chose donnée et nous demander si notre image de souvenir est une image du passé ou du futur. Bien sûr, on peut dire : je ne vois pas le passé, mais une *image* du passé. Mais d'où est-ce que je *sais* qu'il s'agit d'une image du *passé* si cela ne se trouve pas dans la nature de l'image de souvenir? » [1].

Ce problème a mobilisé tout particulièrement la tradition empiriste [2] et cela en raison de la position spécifique qu'elle donne au problème de la mémoire. En effet, pour James comme pour Russell, le souvenir est avant tout une image (*image*) ou une copie (*copy*) présente à l'esprit accompa-

1. Ms 105, p. 96/PB, § 50/BT, § 105, p. 520. Voir également BrB, p. 278 et « LSD », p. 182-3 pour la même question.

2. *Cf.* déjà Hume, *A Treatise of Human Nature*, I, I, III, trad. fr. Ph. Baranger et Ph. Saltel, Paris, GF-Flammarion, 1995, p. 50-51.

gnée de certains sentiments (*feelings*)[1] : afin que l'image (ou la copie) que j'ai à l'esprit soit celle d'un événement passé, il faut qu'elle soit accompagnée d'un « sentiment de la passéité » (*feeling of pastness*)[2] – et bien entendu, le sentiment de la passéité est un fait psychologique présent au moment où l'on se souvient. Mais alors le souvenir est un souvenir en raison des seules propriétés *présentes* d'un certain acte et d'une certaine expérience psychologiques : « les occurrences qui sont appelées connaissance du passé [*i.e.* les souvenirs], écrit Russell, sont logiquement indépendantes du passé ; elles sont entièrement analysables en contenus présents qui, en théorie, *pourraient être ce qu'ils sont même si le passé n'existait pas* »[3]. La position du problème philosophique et psychologique elle-même entérine donc sans le discuter le présupposé selon lequel, lorsque je me souviens, ce qui donne à ce que je fais la nature d'un souvenir est exclusivement présent[4]. Anscombe souligne que ce présupposé se ramène à une conception qui soutiendrait qu'il existe un *memory-datum* sur le modèle du *sense-datum* propre à la perception sensible[5]. Selon elle, cette même conception revient à penser qu'il serait légitime de forger un nouveau verbe – *to rember* – qui désignerait l'expérience présente du souvenir indépendamment de sa valeur épistémique[6], c'est-à-dire indépendamment de la question de savoir si un événement passé réel correspond à mon souvenir et si j'ai effectivement assisté à cet événement : de même que lorsque je vois mais n'ai affaire qu'à une illusion, je ne laisse pas d'avoir des impressions (*sense-data*) visuelles, lorsque je me souviens, même si ce dont je me souviens est une illusion, j'aurais des *memory-data* (ou) *I would rember*.

Outre la conception empiriste, c'est l'entreprise phénoménologique de 1929 qui est atteinte ici. Il n'y a d'ailleurs rien d'étonnant à cela, puisque cette entreprise emprunte largement à l'empirisme psychologique jamesien. Parmi les non-sens auxquels conduit le projet d'une description de l'expérience immédiate présente figure précisément la conception du souvenir considérée : « Il faut abandonner en effet, écrit Wittgenstein dès

1. Pour James, cf. *Principles*, chap. XVI, p. 612, et pour Russell, *cf.* AoM, Lecture IX, p. 186-187.

2. AoM, p. 162 et *Principles*, chap. XV, p. 570. James parle également d'un « sentiment de la direction temporelle passée » (*feeling of the past direction in time*) (*ibid.*, p. 612).

3. AoM, p. 160 – nous soulignons. *Cf.* Lecture XII, p. 233-234 (affirmation identique au sujet de la croyance relative à un événement passé).

4. *Ibid.*, Lecture XII, p. 250-251.

5. « The Reality of the Past », p. 107.

6. « Memory, Experience and Causation », dans *Metaphysics and the Philosophy of Mind, The Collected Papers of G.E.M. Anscombe*, vol. 2, p. 121.

1931, la conception selon laquelle, pour parler de l'immédiat [*i.e.* en particulier, des phénomènes psychologiques], nous devrions parler d'un état à un certain moment [*i.e.* considérer tous ces phénomènes comme des états psychiques [1]. Cette conception est exprimée lorsque l'on dit : "tout ce qui nous est donné, c'est l'image visuelle et les autres données sensibles, *ainsi que le souvenir*, dans l'instant présent" » [2]. Le même présupposé que celui de l'analyse russellienne – le souvenir conçu comme un *datum* présent – est donc entériné par la conception phénoménologique.

De cette thèse du réductionnisme au présent, Wittgenstein envisage dans ses remarques plusieurs versions qui ne coïncident pas systématiquement avec celles développées par la tradition empiriste. Retenons-en une pour son caractère exemplaire : il s'agit du *feeling of pastness* jamesien et russellien [3]. Wittgenstein entreprend de rappeler en quel sens on parle d'un tel « sentiment du passé » dans notre langage, afin de déjouer l'usage qu'en font James et Russell. D'un certain ton de voix (celui que l'on prend, par exemple lorsqu'on entame la narration d'un conte à un enfant, pour dire : « Il y a bien longtemps vivait un homme etc. »), d'un certain air de musique [4], d'un certain geste de la main ou d'une certaine attitude physique [5], nous disons parfois qu'ils « expriment un sentiment du passé » ou qu'ils « représentent l'expérience du passé ». Mais il serait erroné d'assimiler le rapport du sentiment du passé aux geste, mélodie, ton de voix et attitude qui le provoquent en nous, au rapport de la sensation de douleur à son expression. Lorsque Wittgenstein écrit qu'« il y a des gestes du passé et des inflexions du passé que nous pouvons regarder comme représentant des expériences du passé », il faut entendre que je ne peux faire l'expérience du passé (éprouver le sentiment du passé) sans faire l'expérience de l'expression de cette expérience : c'est parce que j'entends telle mélodie, prononce

1. Ms 111, p. 4-5.

2. BT, § 102, p. 494 – nous soulignons.

3. BrB, p. 278. Voir également LS I, § 839-40/PU, II, xiii, p. 322 : le souvenir comme « sentiment » (*Gefühl*). Il envisage également l'idée d'une « différence intrinsèque » (BrB, p. 278 et PU, § 166), celle d'un « mouvement de l'âme » ou d'un « sentiment spécifique » (BPP, § 718). Sous la critique que Wittgenstein adresse à ces conceptions tombe également celle – jamesienne (*Principles*, chap. XVI, p. 614 *sq.*) et köhlerienne (W. Köhler, *Gestalt Psychology*, VIII, trad. fr. S. Bricianer, *Psychologie de la forme*, Paris, Gallimard, 1964, p. 256-257 et 262-263) – des souvenirs comme traces (BPP I, § 220, 905 et 908 et Ts 219, p. 18-19).

4. Wittgenstein évoque à plusieurs reprises la mélodie d'une pièce de Schumann comme ce qui constitue pour lui « l'expression la plus élaborée d'un sentiment de révolu » (BrB, p. 280). Voir également « NPESD », p. 8 et BPP I, § 114.

5. *Cf.* la référence à l'idée d'Aristote selon laquelle nous baissons la tête lorsque nous parlons du passé et la levons lorsque nous parlons du futur (WLC 32-35, p. 75 ; BrB, p. 280-281 ; EPB, p. 159).

tel mot ou accomplis tel geste, que j'ai un sentiment du passé – alors que je ressens éventuellement de la compassion, mais pas de la douleur, en voyant l'expression de la douleur d'autrui. Tandis que l'expression de la douleur donne libre cours à la sensation de douleur, c'est l'expression elle-même de l'expérience du passé qui provoque en moi cette expérience, comme si l'expérience était contenue dans cette mélodie, ce geste ou ces mots, et qu'elle m'était transmise lorsque je les perçois. Ici, l'expression est en même temps la cause du sentiment, et elle en est la cause parce qu'elle en est l'expression.

Il est donc plus juste, pour ce sens bien particulier d'« expérience » et d'« expression », de « mettre l'expression de l'expérience à la place de l'expérience », que de dire (par exemple) que « l'audition de l'air de musique cause l'apparition du sentiment et que ce sentiment accompagne cet air »[1]. S'il y a bien un sens à éprouver un sentiment de joie sans l'exprimer en aucune façon, il n'y en a pas à avoir un sentiment du passé indépendamment de son expression effective[2]. On ne peut donc pas assimiler, à la façon de Russell, les applications du concept d'expérience, d'une part, au sentiment du passé, et d'autre part, à la sensation de douleur et au sentiment de joie[3] : l'expérience du passé a une grammaire différente de l'expérience de la douleur. Dès lors il devient clair que le souvenir n'entretient aucun lien particulier avec le sentiment invoqué : sans doute puis-je dire « Je me souviens qu'il y a bien longtemps… », ou accomplir un geste qui suscite en moi le sentiment du passé au moment où je me souviens d'un événement qui appartient à une époque très reculée; mais ce n'est pas ce sentiment qui établit le lien entre mon souvenir et l'événement, ne serait-ce que parce que je n'accomplis pas toujours le geste ni ne prononce toujours les mots indiqués lorsque je me souviens. Ce qui est censé, selon James et Russell, constituer la spécificité de la prétendue expérience psychologique du souvenir et déterminer son intentionnalité temporelle propre, relève en réalité de jeux de langage distincts de ceux du souvenir.

Pour Wittgenstein, une décision à l'égard de notre grammaire du temps est prise en réalité par la position psychologique de la question du souvenir et de la mémoire : il s'agit de l'idée phénoménologique du souvenir comme *datum* présent. A cela il répond dès le début des années 1930 par une vigoureuse dépsychologisation du souvenir : « Et "mémoire" ne désigne pas non plus ici (…) une faculté psychologique (*ein psychisches Vermögen*), mais

1. BrB, p. 280.

2. *Cf.* Schulte à ce sujet (*Erlebnis und Ausdruck*, Wien, Philosophia Verlag, 1987, p. 111-122), dont nous nous écartons.

3. BBP I, § 648.

une certaine partie de la structure logique de notre monde »[1]. On ne saurait mieux dire qu'à ce qu'on appelle le phénomène psychologique du souvenir – appellation dangereuse en raison de ses implications relatives au temps – il faut substituer la grammaire de nos déclarations de souvenir.

Comme le remarque Malcolm[2] à l'égard du problème classique de son intentionnalité, l'alternative philosophique que le souvenir semble ouvrir est celle de la « théorie représentative » et de la « doctrine de la conscience directe », c'est-à-dire celle du représentationnalisme et du réalisme direct : soit nous n'accèderions au passé que par l'intermédiaire du vécu présent du souvenir (une trace, une copie, une image), c'est-à-dire par l'intermédiaire d'une représentation du passé dans le présent, soit le souvenir nous permettrait d'entretenir un rapport d'accointance directe avec le passé et de le saisir lui-même tel qu'il est[3]. Nous sommes tiraillés entre le fait que c'est bien de l'événement passé lui-même que nous nous souvenons et le fait que, en tant que passé, il semble difficile que cet événement soit lui-même présent dans le moment du souvenir. De ce point de vue, le représentationnalisme paraît constituer une simple atténuation du réalisme direct destinée à rendre acceptable l'idée de la présence de l'événement passé dans le souvenir, tandis que le réalisme direct avoue franchement, quitte à buter contre des difficultés insurmontables[4], l'idée (partagée par le représentationnalisme) que tout ne peut se produire que dans le présent. Et nous retrouvons de cette façon le dilemme philosophique évoqué par Wittgenstein au sujet du souhait : il faut que l'événement passé soit lui-même présent dans le souvenir pour que celui-ci soit à propos de celui-là (c'est ce que rappelle le réalisme direct); et pourtant, il ne peut être présent sans retirer au souvenir sa qualité psychologique propre, puisque par définition le souvenir est à propos de quelque chose qui n'est plus présent (c'est ce dont le représentationnalisme essaie de tenir compte avec l'idée d'ombre); mais, dira-t-on, s'il n'y a dans le souvenir qu'une ombre de l'événement, le souvenir peut-il véritablement porter sur celui-ci ?

Cette oscillation conduit Wittgenstein, au sein des remarques des années 1940, à effectuer deux mises au point au sujet du souvenir. A l'égard tout d'abord de l'idée que le souvenir consisterait à « voir dans le passé », il suggère que cela reviendrait à être (ou croire être) dans le passé comme nous sommes dans le présent. Le cas du rêve est ici particulièrement éclairant : s'il nous arrive dans nos rêves de revivre une scène passée, nous

1. Ms 110, p. 9-10/BT, § 102, p. 494.
2. *Memory and Mind*, London, Cornell University Press, 1977, Part One, II.
3. PG, § 118, p. 175/PU, § 604.
4. Malcolm, *op. cit.*, p. 36.

le faisons comme s'il s'agissait d'une scène présente; on dira par exemple au matin, lors du récit de son rêve: « Cette nuit j'ai parlé avec *N*, comme autrefois. Il était en face de moi et nous conversions ». Le souvenir de mon rêve parle des événements qui peuplent celui-ci comme d'événements qui se sont produits au cours de la nuit dernière. Or il appartient à mon emploi du concept de souvenir que, dans bien des cas, ce dont je me souviens soit passé: je parle au passé de mes conversations avec *N* lorsque je m'en souviens, alors que je les décris comme ce qui s'est produit pendant que je rêvais (et non comme ce dont je me suis souvenu au cours de mon rêve): le souvenir « nous apprend d'abord qu'il s'agit de quelque chose de passé »[1]. Nous n'entrenons donc pas avec l'événement passé dans le souvenir la relation que nous entretenons avec un événement présent, même lorsque le souvenir est particulièrement prégnant. Pourtant – c'est la seconde mise au point – l'affirmation: « le souvenir nous apprend (*lehrt*) que tel et tel événement est passé »[2] n'est pas satisfaisante. En effet, si cette description du souvenir était exacte, « on devrait *mettre en rapport* [le souvenir] avec les événements passés », c'est-à-dire que le souvenir nous informerait sur le passé à la façon dont le fait (par exemple) une photographie de mode au sujet du style vestimentaire d'une époque passée. Le souvenir serait donc par lui-même une représentation à laquelle il faudrait ajouter une information pour que l'on sache qu'il renvoie au passé, de la même façon que l'on peut demander au sujet d'une photographie de mode: « Est-ce un modèle ancien ou celui que vous pensez sortir au printemps prochain ? ». Le reproche que Wittgenstein adresse à l'emploi du verbe *lehren* est donc qu'il fait de la relation du souvenir à l'événement passé une relation contingente ou « externe », comme si nous pouvions « nous demander si notre image de souvenir est une image du passé ou du futur »[3], alors que dans bien des cas cela n'a aucun sens. Bref, ni présence du passé lui-même, ni relation simplement externe avec lui.

L'erreur qui ôte à la position du problème examinée tout espoir de solution est que le souvenir y est considéré comme *exclusivement* présent[4]: même dans le cas du réalisme direct, ce que l'on entend par « accointance directe » avec l'événement passé est pensé sur le modèle du rapport que j'ai

1. BPP II, § 592.

2. LS I, § 837. *Cf.* également BPP II, § 593 qui formule une remarque similaire au sujet de l'emploi du verbe « montrer » (*zeigen*) dans l'affirmation « la mémoire nous montre le passé ». Voir BT, § 102, p. 495 (remarque identique pour l'affirmation « la mémoire me dit »).

3. Ms 105, p. 96.

4. Anscombe (« The Reality of the Past », p. 110) et Malcolm (*op. cit.*, p. 53) formulent le même diagnostic à ce sujet: vouloir définir le souvenir par une occurrence mentale présente est sans espoir, et cependant presque irrésistible.

avec un événement présent auquel j'assiste. Parce que le souvenir est conçu dans les deux cas comme une expérience présente, le même réductionnisme temporel est adopté : le représentationnaliste tient compte du fait que le passé ne peut pas être présent sans contradiction et fait intervenir un substitut, mais de cette façon il oublie la possibilité de parler du passé lui-même ; le réaliste direct tient compte de cette possibilité, mais il oublie la contradiction qu'il y a à ce que le passé soit présent. Du point de vue de Wittgenstein, la question classique de l'intentionnalité temporelle du souvenir nous confronte en réalité à un cas typique de problème philosophique dépourvu de sens : comme Augustin avec la mesure du temps, on a l'impression d'échouer à comprendre la possibilité du souvenir (« comment l'expérience présente du souvenir peut-elle se rapporter au passé ? » demande-t-on), alors même qu'on ne cesse de se souvenir dans la vie ordinaire sans que cela nous pose la moindre difficulté dans la plupart des cas. Le problème naît en réalité de la confusion du concept de souvenir avec celui d'une expérience présente simultanée à l'affirmation de souvenir : l'intentionnalité devient un problème parce que l'on pense « Je me souviens » hors des jeux de langage dans lesquels cette affirmation trouve son sens et qu'en conséquence le temps du présent semble suffire à caractériser le sens de l'affirmation en question[1].

S'il existe des expériences caractéristiques qui accompagnent le souvenir (des gestes, des images, des mots), en revanche les invoquer ne permet en aucune façon de rendre compte du rapport au passé propre au souvenir. Pour comprendre ce rapport, il faut commencer avec lui, c'est-à-dire rappeler que dans les jeux de langage que nous pratiquons au moyen du concept de souvenir, « se souvenir » entretient une relation *interne* avec le passé[2]. Si l'on a pu croire qu'une question pertinente à poser au sujet du souvenir était : « Quelle est l'occurrence présente lorsque nous nous souvenons ? » (Russell), c'est parce que l'on a oublié qu'une quelconque occurrence présente ne constitue dans notre langage un souvenir qu'à la condition d'entretenir un certain rapport *nécessaire* (interne) avec le passé ; et cet oubli rend impossible toute réponse satisfaisante à cette seconde question : « Quelle est la relation de cette occurrence présente à l'événement passé qui est remémoré ? »[3] La libération de notre entendement à l'égard du mythe du présent est ici requise pour que l'on réussisse à voir l'emploi effectif du verbe « se souvenir ». De là l'importance du texte suivant :

1. BrB, p. 279.
2. Ms 107, p. 266-7/PB, § 35, p. 71.
3. AoM, Lecture IX, p. 173.

> Lorsque je dis « Il était là il y a une demi-heure » – c'est-à-dire au moyen de mon souvenir (*aus der Erinnerung*) – il ne s'agit pas de la description d'une expérience présente.
> Les *vécus* de souvenir sont des phénomènes qui accompagnent le souvenir[1].

Il est bien évident, et Wittgenstein ne le nie en aucune façon, que l'on se souvient du passé dans le présent, c'est-à-dire aussi bien dans l'écart du passé et du présent. Se libérer du mythe du présent ne consiste pas à écarter une telle affirmation. L'erreur que pointe Wittgenstein concerne bien plutôt la façon dont on se représente le rapport entre le souvenir présent et l'événement passé. Elle est, dans la psychologie empiriste, de penser ce rapport sous la forme de relations externes : « Les discussions psychologiques – triviales – au sujet de l'attente, l'association, etc., laissent toujours de côté ce qu'il y a de vraiment remarquable et l'on observe qu'elles tournent autour du sujet sans atteindre le point vital »[2], à savoir : les relations internes. Que faut-il entendre par là ?

Dans son article « Memory, Experience and Causation », Anscombe propose un développement de cette question, sans présenter cependant son propos comme un commentaire de celui de Wittgenstein. Elle prend pour analyse de départ un extrait de l'autobiographie de Gœthe dans lequel l'écrivain allemand évoque les événements de son enfance, tout en observant qu'il ne sait pas distinguer ceux dont il se souvient de ceux qui lui ont été racontés. Anscombe souligne que ce qui décide de la question de savoir si je me souviens d'un événement passé ou si on me l'a raconté, c'est le fait que l'événement s'est effectivement produit dans le passé (ou pas), que j'ai assisté à son déroulement (ou pas) et que c'est pour cette raison (ou pas) que je le connais. Autrement dit, dans le type de souvenir considéré, ma déclaration de souvenir présente est une déclaration *de souvenir* uniquement si les trois conditions passées énoncées sont satisfaites. Par conséquent, la nature de l'expérience présente ne décide en rien du type de ma déclaration[3] : c'est ce qui s'est produit *dans le passé* qui détermine si mon affirmation présente appartient à la catégorie grammaticale du souvenir. Voilà le « point vital » qu'il faut atteindre et que manque la position psychologique de la question. Ainsi, lorsque Wittgenstein dit que se souvenir ne consiste pas à « lire » (*ablesen von*) ce dont on se souvient sur

1. PU, II, xiii, p. 322.
2. Ms 107, p. 261/PB, § 31/Z, § 66.
3. Anscombe, art. cit., p. 124 et 127-128. Pour le rejet de l'idée selon laquelle le souvenir consisterait en un phénomène présent spécifique : PU, § 35 et 166 ; BPP I, § 160 et 200 ; LS I, § 388 et LS II, p. 17-18.

une trace ou une image présentes[1], cela signifie que ce qui distingue le souvenir de l'imagination n'est pas une caractéristique présente, mais la source passée de mon affirmation. Par conséquent, le problème de la relation de la (prétendue) expérience ou image présente du souvenir au passé (*i.e.* le problème de l'intentionnalité temporelle et de la distinction du souvenir et de l'imagination) est en lui-même fallacieux : notre concept de souvenir n'a aucun sens (il n'y a rien qui soit un souvenir) si l'on ne commence pas avec la relation au passé, c'est-à-dire si l'on ne distingue pas (comme on le fait dans notre langage) entre les propositions sur le passé qui remplissent les conditions énoncées et celles qui ont d'autres sources. Là où le questionnement philosophique croit introduire un doute légitime (cf. l'hypothèse sceptique de Russell), il supprime en réalité une partie de notre grammaire en envisageant le souvenir indépendamment de sa relation spécifique au passé; il ne peut interroger le concept de souvenir qu'en lui retirant son sens au préalable, si bien que l'on peut douter qu'il l'interroge effectivement. Bref, le questionnement philosophique considéré pourrait bien n'être qu'une illusion de mise en doute de notre concept de souvenir.

La déclaration de souvenir n'est donc pas « la description d'une expérience présente », mais elle est d'ordre épistémique et donne une indication sur la source passée de ma connaissance présente[2]. Comme le souligne Wittgenstein, affirmer « Je m'en souviens » équivaut souvent à signaler une capacité ou une disposition établie dans le passé, beaucoup plus qu'une quelconque image mentale présente[3]. De même, c'est ma vision passée de *X* qui justifie mon affirmation qu'il était là il y a une demi-heure[4], par opposition (par exemple) au fait que *Y* me l'a dit ou que *X* a laissé un mot sur le mur indiquant l'heure de son passage – et non pas parce que j'aurais maintenant un vécu de souvenir distinct d'un vécu d'imagination en raison de certains de ses traits caractéristiques. En réalité, c'est précisément lorsqu'on dit qu'il doit correspondre quelque chose de présent à ma vision passée qu'un aspect problématique enrobe l'affirmation « C'est ma vision passée qui me permet de le reconnaître ». Le sens dispositionnel rappelé par Wittgenstein permet d'abandonner cette idée d'une image actuelle.

La théorie de la trace est erronée, à cet égard, dans la mesure où elle opère la confusion des deux expressions « ma vision passée » et « une image présente » : en croyant expliquer la possibilité du souvenir parce qu'elle comble le « fossé » temporel entre l'expérience passée et le souvenir

1. BPP I, § 105 et 903; LS I, § 39.
2. Art. cité, p. 124 et 130.
3. WLC 32-35, p. 75-76 et Ms 107, p. 263/PB, § 33.
4. PU, II, xiii, p. 322.

présent, l'idée de trace physiologique rend en réalité impossible de voir la grammaire spécifique de « se souvenir » par rapport à « s'imaginer ». Par conséquent, le souvenir ne peut pas être « mis en rapport avec l'événement passé »[1] puisque s'il n'entretenait pas déjà un tel rapport avec lui sous les conditions énoncées plus haut, il ne serait pas un souvenir. L'erreur de la psychologie empiriste est donc de confondre la propriété grammaticale de la relation interne de l'affirmation de souvenir à l'événement passé avec une détermination psychique ou physiologique présente qui élimine le caractère interne de cette relation, et d'adopter de cette façon le présupposé selon lequel tout ce qui est sémantiquement réel est psychologiquement présent.

Les analyses précédentes permettent de comprendre deux traits des remarques de Wittgenstein relatives au souvenir. Le premier est l'accent qu'il fait porter sur la distinction entre l'emploi du concept de mémoire qui donne à celle-ci la valeur d'une « image » du passé parmi d'autres témoignages, et celui qui fait de la mémoire l'unique « critère du passé »[2] (la mémoire comme « source du temps »[3]). A cette distinction correspond celle du « temps de la mémoire » (*Gedächtniszeit, Erinnerungszeit*) et du « temps physique » (*physikalische Zeit*)[4], qui constituent deux types d'emploi du terme « temps » (leur différence est « logique »[5], écrit Wittgenstein, et il insiste sur la différence de leurs « règles de syntaxe »[6] respectives). Le premier reçoit son ordre des « données » de la mémoire (*i.e.* de ce qui nous apparaît comme le passé), tandis que le second le reçoit des « événements » – les données et les événements étant coordonnés entre eux[7]. Que signifie cette distinction ?

Le problème de l'intentionnalité temporelle du souvenir résulte de l'emprise sous laquelle nous tient l'analogie de celui-ci avec une image physique (un dessin ou une photographie) et de la réduction conséquente de toute forme de souvenir à une image – dans le Ts 213, la distinction des deux ordres temporels du temps physique et du temps de la mémoire succède d'ailleurs immédiatement à l'énoncé du problème philosophique de l'intentionnalité temporelle du souvenir[8], comme le remède à la maladie. Si « je ne peux plus me mouvoir en dehors de cette analogie »,

1. LS I, § 837.
2. *Ibid.*
3. Pour cette distinction, Ms 108, p. 33 et Ms 107, p. 236 et 242 ; WWK, p. 17 et 22 ; WLC 30-32, p. 36, 70 et 93 ; BT, § 80, p. 379.
4. BT, § 105, p. 521.
5. *Ibid.*
6. PB, § 49, p. 82/BT, § 105, p. 518.
7. BT, § 105, p. 520.
8. *Ibid.*, p. 517-518.

c'est-à-dire si je considère que le mot « mémoire » ne peut désigner qu'une image, alors se pose inévitablement la question de savoir pourquoi j'ai conscience de cette image comme d'une image *du passé*, de même que je peux me demander au sujet d'un dessin si ce qu'il représente est passé ou à venir. L'intrusion du temps physique dans celui de la mémoire enclenche de cette façon le problème de l'intentionnalité temporelle propre à celle-ci.

Par conséquent – et c'est le second trait de l'analyse wittgensteinienne qui se trouve éclairé – comparer le souvenir avec l'événement remémoré n'a pas le même sens que comparer une image avec ce qu'elle représente [1]. D'abord, parce que le souvenir ne prend pas nécessairement la forme d'une image. Ensuite, parce que le souvenir n'en serait pas un si l'événement passé correspondant ne s'était pas produit, alors qu'une image reste une image même s'il n'existe rien qui lui corresponde. Enfin, parce que dans de nombreux cas (tous ceux dans lesquels la mémoire *est* le passé), le seul critère de l'accord du souvenir avec l'événement passé est le souvenir lui-même. Il n'est pas inutile de rappeler ici qu'existe le jeu de langage suivant : chercher dans sa mémoire comment *N* était habillé hier. La vérité de mon souvenir n'est dans ce cas pas établie par la comparaison d'une image mémorielle avec *N* tel qu'il était habillé hier, mais par le souvenir lui-même : je cherche dans ma mémoire (je fais défiler, par exemple, des images de *N* dans mon esprit ou des noms de vêtements) jusqu'à ce que je trouve le vêtement que *N* portait hier (je m'exclamerai peut-être : « ça y est ! Je me souviens »). C'est alors le souvenir qui me dit qu'il est en accord avec l'événement passé : « le critère de l'accord est ici le souvenir » [2]. Pour cette dernière raison, on ne peut parler de « comparaison » au sens propre dans la plupart des cas de souvenir [3], mais seulement sur le mode analogique du « comme si » [4]. Plutôt que de soutenir (à la façon de Russell) que nous avons affaire ici à une comparaison très difficile, voire impossible à opérer, il est plus exact de dire qu'il ne s'agit pas d'une comparaison du tout, sinon en un sens métaphorique. Dire que le souvenir est essentiellement « une image intérieure » est donc en réalité une « interprétation primitive de notre grammaire » du souvenir, bien qu'elle soit presque irrésistible [5].

Afin de nous libérer de cette interprétation, Wittgenstein rappelle en premier lieu le cas dans lequel on demande à quelqu'un de se souvenir

1. DWW, p. 151.
2. *Ibid.*
3. PU, § 604 ; BPP I, § 1041 et 1050.
4. BPP I, § 1041.
5. *Ibid.*, § 1050.

d'une couleur[1]. Si, afin de savoir quelle couleur désigne le mot utilisé par l'injonction, une image mémorielle est nécessaire (celle qui permettra de choisir le bon rouleau de tissu, par exemple), alors l'image dont on demande au sujet de l'expérience de se souvenir est précisément celle dont il a besoin pour le faire, et la possibilité du souvenir semble soudain hautement problématique. Wittgenstein ne cherche pas ainsi à nier que l'on puisse utiliser une image mémorielle à la façon d'un échantillon qu'on prendrait avec soi afin de choisir le rouleau de la couleur demandée (de même qu'il ne nie pas que l'on utilise parfois le souvenir comme « image conservant plus ou moins bien le passé »), mais seulement à montrer que l'emploi du mot « souvenir » est très imparfaitement (et très dangereusement) décrit par l'idée d'image. En outre, la conception primitive du souvenir comme image traîne à sa suite certaines conséquences philosophiques erronées dont la mise en évidence condamne cette conception. En particulier, elle donne l'impression que la vérité du souvenir ne pourrait par principe jamais être vraiment établie (*cf.* Russell), puisque pour cela il faudrait que l'événement ou l'expérience passés eux-mêmes soient présents, ce qu'ils ne peuvent être par définition[2]. Cela reviendrait à parler de la mémoire comme d'une image dont le critère de vérité est l'événement passé, alors que c'est précisément elle (la mémoire) qui fournit ce critère dans bien des cas. « Je me souviens » ne désigne pas alors une image présente qui n'a qu'une valeur conjecturale relativement au passé, mais exprime une source de vérification de plein droit, c'est-à-dire « une source de notre connaissance » : pour établir un alibi, par exemple, le souvenir de quelqu'un peut dispenser de chercher à établir la réalité du passé par un autre moyen. Le souvenir n'est pas simplement la reproduction présente d'un événement passé, mais également ce qui permet de déterminer la vérité de nos images ou de nos propositions relatives au passé. Le souvenir n'est donc pas une dégénérescence du mode authentique de vérification que constituerait l'expérience présente (quelque chose comme « un type secondaire d'expérience »), mais ce qu'on appelle « la connaissance du passé ». Et dire que le passé ne serait connu authentiquement (directement) que s'il était présent, c'est prendre une décision grammaticale relativement aux concepts de « vérification » et de « connaissance » qui entérine le mythe du présent.

Parce qu'il adopte cette position, il n'y rien d'étonnant à ce que Russell bute sur le type de non-sens contre lequel Wittgenstein nous met en garde. Russell écrit en effet : « Pourquoi croyons-nous que les images sont, parfois ou toujours, de façon approximative ou de façon exacte, des copies de

1. DWW, p. 32-33. Voir également BlB, p. 38 et WLC 30-32, p. 8, 27 et 44.
2. BT, § 105, p. 518.

sensations ? Quelle sorte de preuve y a-t-il ? Et quelle sorte de preuve est logiquement possible ? La difficulté de cette question provient du fait que la sensation qu'une image est censée copier est dans le passé lorsque l'image existe et ne peut donc être connue que par la mémoire ["Je *ne* peux *que* me souvenir", selon la formule de Wittgenstein], tandis que d'un autre côté, le souvenir des sensations passées ne semble possible que par le moyen d'images présentes. (...) Il y a un fossé embarrassant entre les deux, qui soulève une difficulté pour la théorie de la connaissance »[1]. Le présupposé qui dépouille cette considération de son sens apparent est que, selon lui, la façon dont la sensation est dans le passé est identique à celle dont « un homme se trouve dans la pièce d'à côté, lorsque la porte en a été murée »[2]. Le passé ne serait donc qu'un présent déplacé (la sensation existerait toujours, mais elle serait inaccessible). Mais c'est régler la grammaire de la connaissance du passé sur celle de la perception présente. L'analogie de la mémoire-image n'entérine donc pas le mythe du présent seulement en réduisant le souvenir à un phénomène exclusivement présent, mais également en présupposant qu'une connaissance et une vérification authentiques exigent que ce qui est connu et fonde la vérification soit présent.

Le rejet de la définition du souvenir comme expérience ou image présentes fait place, avons-nous dit, à la description des jeux de langage effectifs du souvenir[3]. La recherche de cette conversion permet de préciser le statut des remarques dans lesquelles Wittgenstein semble substituer l'acte linguistique du souvenir à l'acte mental postulé par les psychologues :

> « Alors quelqu'un qui n'a appris aucun langage ne peut donc pas avoir certains souvenirs ? » Certainement, – il ne peut avoir aucun souvenir langagier, aucun souhait ni aucune crainte langagiers, etc. Et les souvenirs, etc., dans le langage ne sont pas simplement les représentations émoussées des vécus *authentiques* ; ce qui est langagier n'est-il donc pas une expérience ?[4].

Cette remarque ne soutient pas une thèse de type behavioriste logique[5] face à une thèse mentaliste. Elle ne dit pas que le souvenir est un phénomène de nature linguistique là où les psychologues soutiennent qu'il est de nature mentale, mais nous renvoie à l'usage effectif de ce mot : ce sont « *certains* souvenirs » (les souvenirs « langagiers ») que ne pourra avoir

1. AoM, Lecture IX, respectivement p. 158-159 et 164.
2. DWW, p. 161.
3. PU, § 654-656.
4. *Ibid.*, § 649.
5. C'est-à-dire le souvenir défini comme un type de comportement linguistique.

celui qui ne maîtrise aucun langage. Wittgenstein ne néglige donc pas du tout l'aspect mental du souvenir, mais écarte l'idée que ce mot serait employé avant tout (sinon exclusivement) pour désigner un processus intérieur spécifique[1]. Si celui qui n'a pas appris un langage ne peut pas avoir de souvenir langagier, c'est au sens où il ne pourra pas *faire* tout ce que notre emploi du verbe « se souvenir » nous permet de faire (y compris mentalement) en guise de souvenir. Comment distinguer en effet sans le langage entre : « Je me souviens de ma table de multiplication », « Je me souviens du jour où l'on m'a offert mon premier vélo » et « Je me souviens qu'il doit arriver à 16 h 45 » ? La grammaire détermine ce qu'est accomplir une activité, et en particulier celle du souvenir. Or parmi les activités que notre grammaire regroupe sous le concept de souvenir figurent toutes celles où l'on n'utilise que des mots sans aucun accompagnement mental et où la *seule* utilisation de certains mots est ce qu'on appelle « se souvenir »[2]. Wittgenstein rappelle ainsi : « Les mots par lesquels j'exprime mon souvenir sont ma réaction de souvenir »[3], visant par là à écarter l'idée selon laquelle les souvenirs dans le langage seraient simplement les représentations émoussées des vécus authentiques, et à nous ramener aux relations grammaticales qui structurent les jeux de langage du souvenir – afin notamment que nous renoncions à accorder un privilège au présent.

L'attente

Le travail thérapeutique accompli par Wittgenstein au sujet de l'attente prend la forme d'une critique des conceptions psychologiques de ce phénomène et de la thèse des relations externes sur laquelle elles reposent – pour cette raison, l'*Analysis of Mind*[4] de Russell occupe de nouveau la position de cible privilégiée. La réflexion que Wittgenstein engage au sujet de l'attente, dans des remarques dont la plupart datent des années 1930, se situe à une époque où il est encore aux prises avec le solipsisme instantanéiste et le mythe du présent, et elle constitue un aspect important de cette

1. PU, § 305.

2. BPP I, § 105-106, 108 et 119.

3. PU, § 343 (nous soulignons). Il est significatif qu'à la fin de la première version du § 649 (cité *supra*) soit placée l'affirmation : « Les mots sont des actes » (Ms 146, p. 91-92/PG, § 131, p. 189 – la traduction française est erronée).

4. C'est la Conférence III qui est visée cette fois (« Desire and Feeling », p. 58-76). Voir en particulier les p. 68 et 72 qui énoncent la thèse critiquée par Wittgenstein. En réalité, Russell ne s'intéresse pas à l'attente dans ce texte ; c'est Wittgenstein qui généralise l'analyse russellienne du désir au cas de l'attente. Il reste cependant que lorsqu'il parle de l'attente (*expectation*), Russell adopte la même thèse des relations externes que dans le cas de la mémoire (Lecture XII, p. 250-251).

lutte. Elle vise non pas à apporter une solution aux problèmes que les philosophes et les psychologues posent traditionnellement, mais à montrer que ces problèmes ne sont formulés qu'au prix de graves déformations de notre grammaire de l'attente. En particulier, les rappels de Wittgenstein au sujet des relations internes ne sont pas destinés à expliquer la possibilité de l'intentionnalité et du remplissement de l'attente, mais tout au contraire à nous faire quitter le point de vue sur le langage qui confère un aspect mystérieux à celle-ci. Or parmi les raisons qui donnent cet aspect à l'attente, le mythe du présent occupe une place remarquable.

Le cas d'attente auquel Wittgenstein s'intéresse en priorité est celui où l'on attend un événement déterminé [1] (par exemple, la visite de *N*) ; c'est sur lui que s'échafaude la théorie russellienne. Mais il ne faudrait pas se tromper sur le sens à donner à l'attention qui lui est accordée. Wittgenstein insiste sur la diversité des types d'application du concept d'attente [2], soulignant la possibilité de parler de l'attente comme d'un sentiment et accordant même que l'attente sans objet – que Russell promeut au rang de paradigme de l'attente – existe effectivement dans notre langage [3]. Ce qu'il rejette, en revanche, c'est l'idée que ce type serait exclusif, car on oublierait alors une partie substantielle de la grammaire de l'attente. Le rappel principal destiné à corriger cet oubli dénonce, comme dans les remarques relatives à la mémoire et au souvenir, la confusion des relations internes logiques et des relations externes psychologiques [4]. L'attente et l'événement attendu sont ainsi présentés à plusieurs reprises dans les *Remarques* comme deux points d'un même espace géométrique [5] : de même qu'un point *ne* détermine une position au sein de l'espace *qu'*en relation (notamment) avec tel autre point du même espace, c'est-à-dire selon une relation *nécessaire*, l'attente *n'*est ce qu'elle est *qu'*en relation (nécessaire) avec l'événement attendu. Il est donc impossible de définir l'attente comme une simple expérience présente, puisque tenir son rapport à l'événement futur pour contingent revient à cesser de parler d'attente. Pour l'attente, comme pour la mémoire, le « point vital » que manquent les analyses psychologiques est la relation interne [6] :

1. PB, § 28 *in fine*.
2. Ms 114, p. 198-199/PG, § 92.
3. DWW, p. 40 et 209.
4. PB, § 21, 26 et 29.
5. *Ibid.*, § 28 et 33.
6. *Ibid.*, § 31.

> la relation à la personne [attendue] fait essentiellement partie de l'attente. L'on pourrait dire que l'attente n'est l'attente que *parce qu'*elle contient cette relation [1].

La thèse des relations externes est visée ici de façon tout à fait explicite[2]. Du point de vue de Wittgenstein, Russell confond la grammaire du souhait et de l'attente avec celle de la faim. L'objection est célèbre : la faim entretient une relation contingente avec ce qui l'apaise, puisque je peux avoir faim d'une pomme, recevoir un coup dans le ventre et cesser d'avoir faim; en revanche, le souhait et l'attente entretiennent une relation interne avec (respectivement) l'événement souhaité et l'événement attendu : si *A* me rend visite et me distrait de mon attente de *B*, je ne dirai pas pour autant que j'attendais *A* [3]. En confondant ces concepts, Russell commet d'abord l'erreur d'interroger l'attente d'une façon telle que ce n'est plus elle qu'il interroge : considérer qu'il y a toujours du sens à demander si ce qui remplit l'attente est bien ce que l'attente attendait (Russell soutient ainsi que seule l'expérience est susceptible de nous apprendre ce que nous désirions) équivaut à supprimer la relation interne sans laquelle il n'y a pas d'attente[4]. Russell est conduit en outre à éliminer du concept d'attente l'élément d'intentionnalité qui le caractérise, puisque selon lui l'attente ne serait pas par elle-même l'attente de telle ou telle chose. On pourrait seulement dire que l'extinction de l'attente a pour cause un événement particulier (ce qu'il faudrait appeler « l'événement attendu », dans le cadre de l'analyse russellienne), sans que celui-ci ne soit intentionné par l'attente.

Explorons les conséquences auxquelles conduit cette analyse[5]. En réponse à la question (qu'elle tient pour sensée) : « L'événement *p* qui remplit l'attente de *p* est-il bien celui que cette attente attendait? », l'analyse russellienne prétend que c'est un troisième événement (*ein drittes Ereignis*, dit Wittgenstein), en plus de l'attente elle-même et de l'occurrence de l'événement attendu, qui assure le lien des deux autres : l'événement *p* s'avère être celui que j'attendais parce que son occurrence s'accompagne d'un sentiment de satisfaction[6]. Mais s'il en allait ainsi, certaines conclusions s'ensuivraient inévitablement. Je ne saurais pas par avance ce que j'attends, puisqu'il me faudrait attendre l'occurrence d'un sentiment de satisfaction simultanée à un événement pour savoir que

1. DWW, p. 209.
2. Ogden et Richards sont mentionnés au § 21 des PB, ainsi que Russell.
3. Entre autres textes DWW, p. 40.
4. PB, § 29. Pour cette même question, *cf.* également § 27 et 28.
5. *Ibid.*, § 22.
6. *Ibid.*, § 25. Russell parle de *quiescence* (*op. cit.*, p. 72).

j'attendais cet événement. On pourrait alors poser cette question absurde : « Mais comment sait-il donc *<lui>* ce qu'il attend ? Observe-t-il donc son propre comportement, et soupçonne-t-il, à partir de là, qu'il attend bien Monsieur *N*... à sa table ? »[1]. Pire encore, je ne saurais *jamais* ce que j'attends. On pourrait en effet encore demander lequel des événements simultanés au sentiment de satisfaction est celui qui était attendu. Seule une réponse au mieux fortement probable serait disponible, et l'on pourrait donc affirmer : « nous ne pouvons jamais être sûrs que c'est vraiment *cela* que nous avons attendu »[2]. Par ailleurs, si l'on applique la thèse des relations externes au domaine des concepts psychologiques, on se condamne à une régression à l'infini[3] : si c'est un sentiment de satisfaction qui distingue l'événement qui était attendu, un deuxième sentiment est requis pour que je puisse reconnaître le sentiment que j'attendais et que j'éprouve comme étant celui de la satisfaction, et il en faudra un troisième m'assurant que le deuxième est bien un sentiment de reconnaissance, etc. *ad inf.*[4]. Enfin, que je ne puisse attendre l'événement futur lui-même (au motif que seule l'expérience à venir est susceptible de m'apprendre ce que j'attendais) a pour conséquence que je ne peux attendre que quelque chose qui lui ressemble[5]. Et cette affirmation peut sembler plausible, puisque après tout, la distance temporelle qui sépare l'attente présente de l'événement futur paraît interdire une stricte identité de ce que je me représente dans l'attente et de l'événement futur lui-même. Mais ici notre langage nous rappelle à l'ordre : si j'attends quelque chose qui ressemble à l'événement futur, alors j'attends quelque chose de différent de l'événement futur. Wittgenstein remarque avec une ironie savoureuse : « Si donc on dit : "Je ne peux pas m'attendre à atteindre la réalité elle-même, mais seulement quelque chose de semblable", c'est exactement comme si on disait : "Je ne peux pas dire que j'attends son arrivée, mais seulement quelque chose de semblable (qu'il arrive dans les environs, peut-être)" »[6]. Par ses présupposés théoriques, l'explication russellienne déforme donc l'usage de notre langage et donne l'impression que notre mode d'expression de l'attente est lui-même faux : nous prétendons attendre l'événement futur lui-même, alors que l'attente n'est qu'une expérience présente et dépend d'un certain événement à venir pour savoir ce qu'elle attend. Le mythe du présent est en vue.

1. DWW, p. 16.
2. PB, § 27.
3. La même objection peut être adressée à l'idée d'ombre (que nous envisageons plus bas) (WLC 30-32, p. 37).
4. PB, § 22 et 26.
5. *Ibid.*, § 27. Voir également § 35 et WLC 30-32, p. 50.
6. DWW, p. 23.

Lorsqu'on réfléchit au remplissement de l'attente, l'image (*Urbild*)[1] qui s'impose presque immanquablement à l'esprit est celle de la forme en creux et de la forme en bosse (du cylindre creux et du cylindre plein) qui s'emboîtent l'une dans l'autre[2]. Mais la possibilité de l'emboîtement des deux cylindres est empirique, alors qu'elle est logique dans le cas de l'attente. Pour que cette image puisse servir d'analogie au remplissement de l'attente, elle doit donc être utilisée de façon nuancée: elle ne rend compte correctement de ce qui se passe que si l'on considère l'*unique* forme commune au creux et à l'objet. On dira alors que l'un et l'autre ne sont ce qu'ils sont (comme l'attente et l'événement attendu) qu'en raison de l'unicité de la forme qu'ils partagent (la relation interne): « *Une* seule description doit valoir dans les deux cas »[3]. Ou encore: « ce qui exprime leur emboîtement est *l'identité de la description des surfaces internes et externes* de la chambre et du cylindre »[4]. En d'autres termes, la relation interne équivaut à dire que l'événement attendu par l'attente et l'événement qui se produit en remplissant l'attente sont logiquement un seul et même événement: « l'attente que *p* sera le cas doit être la même chose que l'attente du remplissement de cette attente »[5]. La limite de l'analogie des deux cylindres est qu'il n'y a pas de sens à se demander, dans le cas de l'attente, comment et si les deux objets peuvent s'emboîter puisque ici chacun n'*est* ce qu'il est que parce qu'il a la même forme que l'autre.

Nombre de difficultés relatives à l'attente résultent de la tentation de dédoubler l'événement attendu et d'isoler l'attente dans le présent de ce que l'on appellera alors « l'expérience de l'attente ». Comme le remarque Wittgenstein: « Si je dis "c'est le même événement que celui que j'attendais", et "c'est le même événement que celui qui s'est produit à cet endroit", alors le mot "le même" signifie à chaque fois quelque chose de différent ». Dans le second cas, on compare deux événements et il y a un sens à s'interroger sur leur degré exact de ressemblance; rien de tel dans le premier, et d'ailleurs, observe Wittgenstein, on dit plutôt: « C'est ce que j'attendais »[6]. Dans le cas de l'attente, « le même » signifie que l'on a affaire à *un seul et même* événement, et non pas que deux événements se ressemblent en tout point.

1. PU § 439.

2. Pour cette même image de l'attente: PB, § 34; WLC 30-32, p. 37-8; BT, § 77, p. 357; DWW, p. 16; PU, § 439.

3. DWW, p. 16.

4. WLC 30-32, p. 38 – nous soulignons.

5. PB, § 25. *Cf.* aussi BT, § 79, p. 371/PU, § 445.

6. *Ibid.*, § 30 pour les deux dernières citations. *Cf.* également WLC 30-32, p. 38 et 40-41 et BT, § 79, p. 373/PU, § 444.

Wittgenstein ne nie pas du tout, bien sûr, que l'attente se fasse dans le présent et qu'elle soit temporellement séparée du futur de l'événement attendu. Il note ainsi que l'attente décrit « par avance » (*von vornherein*) l'événement futur[1], qu'elle l'« anticipe »[2], et qu'« on ne peut pas décrire l'attente si l'on ne peut pas décrire la réalité présente »[3]. L'aspect problématique de la théorie russellienne réside à ses yeux dans le statut qu'elle accorde au présent de l'attente – qu'elle considère comme nécessaire et suffisant à l'application du concept d'attente – et la relation subséquente qu'elle conçoit entre le présent et le futur. La conception des relations externes conduit en effet à réduire l'attente à un « état présent de l'esprit » (*gegenwärtigen Geisteszustand*)[4] pour lequel la relation à l'événement futur serait inessentielle, et en conséquence elle légitime une perplexité comme celle-ci : « Quel processus étonnant doit être la volonté pour que je puisse vouloir maintenant *cela* que je ne ferai que dans cinq minutes ! Comment puis-je attendre l'événement, il n'est encore pas du tout là ? »[5]. Le présupposé entériné ici est précisément celui du réductionnisme instantanéiste au présent. Quelles formes précises, selon Wittgenstein, prend le mythe du présent dans le cas de l'attente et comment est-il possible de les déjouer ?

Dans le cadre dessiné par la théorie russellienne, avons-nous dit, l'intentionnalité de l'attente prend l'aspect d'une entité (*cf.* le *drittes Ereignis*) dont l'occurrence serait requise pour lier l'attente à l'événement attendu et l'attente ne devient celle de *cet* événement que lorsque celui-ci est présent empiriquement. Tant que l'événement est futur, l'attente ne peut rien viser. Au-delà de sa version russellienne, ce présupposé relatif à la position du temps dans la grammaire de l'attente donne lieu en particulier aux deux conceptions suivantes. On peut d'abord chercher une solution de compromis, « quelque chose d'intermédiaire » (comme dans le cas du souhait) que l'on appellera « l'ombre annonciatrice » (*foreshadow*) du remplissemment de l'attente : « le fait que j'attende que M. Smith vienne dans la pièce semble *être l'ombre annonciatrice* de sa venue »[6]. En ce cas, un double ou un intermédiaire de l'événement futur devrait représenter le futur dans le présent de l'attente. Mais comme nous le faisions remarquer plus haut, attendre un représentant de l'événement futur possible, c'est

1. *Ibid.*, § 23.
2. *Ibid.*, § 34.
3. *Ibid.*, § 35/BT, § 82, p. 389. *Cf.* également PB, § 82 et WLC 30-32, p. 6.
4. *Ibid.*, § 29. Cela rappelle évidemment la conception du souvenir comme « vécu présent » (*gegenwärtiges Erlebnis*) (PU, II, xiii, p. 322).
5. BT, § 78, p. 364.
6. WLC 30-32, p. 34.

attendre quelque chose qui ressemble à, et donc diffère de cet événement. Au motif qu'il faut que ce soit le futur lui-même qui soit attendu et non pas quelque chose d'autre que lui, on peut ensuite être tenté d'appliquer à l'attente cette remarque générale: «La pensée est un processus remarquable car, lorsque je pense à ce qui arrivera demain, je suis par esprit dans le futur (*im Geiste in der Zukunft*) » [1]. Cela peut conduire à dire que le futur lui-même serait déjà dans l'attente : « Je vois quelqu'un mettre en joue et je dis : "Je m'attends à une détonation". Le coup part. – Que veut dire que tu t'y attendais; le coup était-il déjà (*schon*) d'une quelconque façon dans ton attente?» [2]. Mais comme dans le cas du souvenir, on confond ici la grammaire de «désigner le futur» avec celle de «désigner un objet», comme si «désigner directement le futur» signifiait la même chose que «désigner directement un objet». De même qu'une confusion est à l'origine de l'idée philosophique d'une désignation directe de l'impression et déforme ce que signifie dans notre langage une telle expression, une erreur est à l'origine de l'idée d'un contact direct avec le futur (ou le passé). Le travail thérapeutique est ici, comme dans le cas de l'impression, de nous rappeler la grammaire de l'expression « désigner directement le futur » (par exemple en mimant ce que je ferai d'ici une heure) et de nous montrer ainsi que là où nous pensions opérer une désignation plus directe, nous avons en réalité cessé de désigner le futur. Le propos de Wittgenstein n'est donc pas de nier que l'attente entretient un rapport direct avec le futur, mais de montrer le caractère erroné de certaines façons philosophiques de concevoir ce rapport.

Notre chemin croise de nouveau l'alternative du représentationnalisme (l'événement attendu est présent dans l'attente sous la forme d'une ombre) et du réalisme direct (nous attendons l'événement futur lui-même et cela signifie que nous regardons dans le futur); l'erreur commune à ces deux conceptions est ainsi de croire à une présence nécessaire de l'événement attendu dans l'attente. Mais comme dans le cas du souhait, de telles exigences théoriques soulèvent bien des difficultés. Tout d'abord, il n'y aurait d'attente possible que *déjà* remplie, puisque pour qu'une ombre de l'événement futur soit possible, il faudrait que l'événement soit déjà réel dans le futur et donc que son entrée dans le présent soit inévitable: sans cela, *de quoi* l'ombre pourrait-elle être l'ombre? « Si mon attente est une ombre du fait attendu, comment puis-je attendre que M. Smith entre dans la pièce s'il ne le fait pas?» [3]. Plus généralement, concevoir comme externe la

1. Ms 114, p. 224/Ms 145, p. 88/PG, § 106.
2. BT, § 77, p. 358-9/PU, § 442.
3. WLC 30-32, p. 50.

relation du présent au futur dans le cas de l'attente s'avère reposer sur la confusion de l'effectivité et de la possibilité de l'occurrence de l'événement attendu : considérer que l'événement attendu doit déjà être présent d'une façon ou d'une autre, c'est exiger qu'il soit déjà réel d'une façon ou d'une autre. Or l'attente a le même sens qu'elle soit remplie ou non ; elle ne dépend donc pas, quant à son sens, de la réalité d'un événement futur[1], mais se rapporte logiquement à tel ou tel instant ou laps de temps futurs, quels que soient les événements qui s'y produiront[2]. En outre, tenir pour légitimes les exigences théoriques mentionnées revient également à dire, dans le cas où l'on considère comme malheureusement impossible la présence mystérieuse du futur dans le présent, que l'attente est par sa nature même incomplète : « l'attente est insatisfaite parce qu'elle est l'attente de quelque chose »[3]. Mais quelle que soit la conception adoptée, la relation y est tenue pour externe et (qu'elle soit niée ou affirmée) la présence pour empirique. Enfin, c'est le même présupposé du caractère nécessaire du présent qu'entérine et renforce l'une des confusions les plus profondément enracinées dans notre langage : « Il est difficile de se défaire d'une comparaison : l'homme arrive – l'événement arrive. Comme si l'événement était déjà préformé devant la porte de la réalité et arrivait dans celle-ci (comme dans une pièce) »[4]. Ou encore : « Nous disons "je l'attends" et "j'attends sa venue" et "j'attends qu'il vienne" »[5]. L'image qui nous est suggérée par le caractère analogue de ces phrases est celle selon laquelle l'événement futur de la venue de *N* existerait déjà au moment où je l'attends, tout comme *N* existe déjà avant de venir chez moi ; *N* et sa venue se trouveraient simplement à un autre endroit que celui où je me trouve.

Wittgenstein propose notamment trois moyens pour se libérer du présupposé de la présence nécessaire. Le premier consiste à nous faire reconnaître que l'usage d'un mot n'implique pas en général la présence de la chose qu'il désigne. Il remarque à propos de l'idée que le rouge que l'on se représente ne peut pas être le même que celui que l'on voit puisque, précisément, le premier est représenté et le second vu : « Mais cette situation n'est-elle pas analogue à celle des phrases "Il y a ici une tache rouge" et "Il n'y a ici aucune tache rouge" ? Dans les deux intervient le mot "rouge" ; par conséquent, ce mot ne peut pas indiquer la présence (*Vorhandensein*)

1. *Ibid.*, p. 38.
2. PB, § 33.
3. PU, § 438. *Cf.* également : PG, § 85, ainsi que : Ms 110, p. 63/PG, § 87/PU, § 439.
4. Z, § 59/BT, § 78, p. 366 ; BrB, p. 177-178.
5. BT, § 78, p. 366.

de quelque chose de rouge »[1]. De même, on peut dire aussi bien « J'attends la venue de *N* » que « Je n'attends pas la venue de *N* », et par conséquent « la venue de *N* » n'a pas pour fonction de désigner la réalité déjà présente d'un événement futur. Le passage à la forme négative se charge ici d'une fonction libératrice.

Le deuxième procédé consiste en la substitution de l'expression langagière de l'attente à l'ombre psychique présente et répond plus spécifiquement à la tentation suivante. On se représente facilement l'attente comme « un processus spirituel ». De cette caractérisation, il semble légitime de remarquer : « Si quelqu'un pouvait voir l'attente, le processus spirituel de l'attente, il verrait à coup sûr *ce qui* est attendu »[2]. Mais que peut bien signifier « voir le processus spirituel de l'attente ?! »[3]. Regarder les divers comportements de l'attente (internes ou externes) ne nous permettra pas de voir un tel processus. Ce que l'on désigne comme un processus spirituel spécifique n'est en réalité rien d'autre que les jeux de langage de l'attente une fois simplifiés et idéalisés. Quelle peut être en effet la « différence entre attendre quelqu'un pour le thé à 4h30 et l'attendre à 4h40 » sinon le fait qu'on le dit ou qu'on l'écrit dans son agenda ?[4]. Cependant, l'expression langagière n'intervient pas ici afin de révéler la nature véritable de l'attente, mais dans le but de nous rappeler un aspect de la grammaire de l'attente sans lequel celle-ci serait incompréhensible : la substitution de l'expression de l'attente à l'attente « *clarifie* (*klären*) la situation grammaticale »[5], elle ne la fonde pas. Si Wittgenstein remarque que « la seule description du contenu de l'attente est son expression en *p* », c'est parce « la similitude entre l'attente et son remplissement est manifestée par le fait qu'ils sont exprimés l'un et l'autre dans les mêmes mots du langage, et non par une quelconque proposition supplémentaire »[6]. La remarque : « nous attendons *aussi* dans les signes »[7] est destinée à la fois à rappeler la part de l'expression langagière dans l'attente et à souligner ce qu'a d'éclairant le recours à cette expression pour la compréhension de ce concept. Ainsi s'explique l'insistance de Wittgenstein sur la nécessité de substituer à l'attente l'expression de l'attente[8]. L'affirmation : « Plaçons

1. *Ibid.*, § 77, p. 359/PU, § 443.
2. PU, § 452.
3. *Ibid.*, § 453.
4. WLC 30-32, p. 113-114.
5. Ms 114, p. 199/Ms 145, p. 147/ PG, § 92.
6. WLC 30-32, p. 38.
7. PB, § 30 – nous soulignons.
8. *Cf.* également sur ce point WLC 30-32, p. 40-1 et BT, § 23, p. 88.

l'expression de l'attente à la place de l'attente »[1] a un sens thérapeutique. Et le résultat de la substitution proposée est le suivant : « Tu vois ainsi, ai-je envie de dire, sur ces exemples, comment les mots sont effectivement utilisés »[2].

Enfin, le rappel des relations internes est une façon de quitter le présupposé qui donne pour modèle à l'intentionnalité le contact du mot et de la chose, comme si un mot ne désignait jamais aussi bien une chose qu'en la touchant[3]. La représentation de l'écart temporel entre la proposition et l'état de choses comme un obstacle au caractère signifiant des concepts d'attente et de souvenir – écart qui devrait, à ce titre, être réduit par l'explication du fonctionnement du langage (par le recours à l'idée d'ombre, notamment) – équivaut à accorder un privilège sémantique au présent, dont le rappel de l'usage ordinaire et celui des relations internes montrent le caractère illégitime.

Au-delà de ces considérations critiques, quelle grammaire de l'état d'attente Wittgenstein dessine-t-il ? L'attente appartient grammaticalement à la catégorie des états (*Zustände*)[4]. Mais une fois cette remarque formulée, le risque surgit de simplifier la « grammaire de ces états » et de la réduire, par exemple, à celle de la douleur. On en vient vite à concevoir l'attente comme un « processus » (*Vorgang*) psychologique spécifique qui se déroulerait durant tout le laps de temps où l'on attend[5]. Or, remarque Wittgenstein, on ne trouve aucun processus spécifique de ce type, pas plus d'ailleurs qu'un type d'action[6] ou qu'un processus langagier systématiquement présents que l'on pourrait désigner comme constituant essentiellement l'attente. Les cas que l'on désigne par le concept d'attente sont des plus divers : parfois on dit ou se dit ce que l'on attend, parfois on ne dit rien ; parfois on pense à celle ou celui que l'on attend et parfois pas du tout[7]. Le rapport entre les cas d'attente est donc de ressemblance de famille et non pas de partage d'un élément commun.

Une fois l'illusion de l'unicité dissipée, il reste à spécifier la grammaire de l'état d'attente. Si l'on peut dire que cet état dure[8], cette durée est-elle identique à celle d'une sensation de douleur, par exemple ? « Qu'est-ce qui

1. Ms 114, p. 199/Ms 145, p. 47/PG, § 92.
2. BT, § 77, p. 360.
3. « LSD », p. 164-165.
4. PU, § 572 et DWW, p. 208. Voir également Ms 114, p. 141/201/ PG, § 93 où Wittgenstein parle de l'attente comme d'un « état duratif » (*Dauerzustand*).
5. PU, § 452.
6. BT, § 79, p. 373/PG, § 92.
7. PG, § 94 ; DWW, p. 208 ; PU, § 576-577.
8. Ms 114, p. 141/201/ PG, § 93.

vaut comme critère du fait que quelqu'un se trouve dans cet état ? »[1]. Lorsque je dis « Je l'ai attendu toute la journée » ou « Je l'ai attendu une demi-heure »[2], est-ce un processus quelconque (d'actions, de paroles ou de sentiments) qui a duré pendant tout ce temps qui joue le rôle de critère d'application du concept d'attente ? Nous l'avons indiqué, Wittgenstein répond par la négative et le développement le plus convaincant qu'il donne à cette réponse se trouve sans doute dans les *Recherches* lorsqu'il écrit : « Une attente est enchâssée dans une situation, d'où elle naît »[3]. La situation dans laquelle se trouve celui qui attend joue donc un rôle critérial essentiel. Plus encore, c'est le contexte en son sens temporel qui remplit ce rôle : l'état d'attente peut très bien avoir pour seuls critères des circonstances qui prennent place avant et après la durée de cet état, tandis que rien de ce qui se passe pendant la durée de l'attente ne joue ce rôle.

Imaginons le cas suivant. J'ai rendez-vous avec *N* à 14h00 dans son bureau. Lorsque j'arrive, le gardien du lieu m'informe que *N* aura une heure de retard. Mais j'ai l'habitude des retards de *N*. Aussi ai-je pris mes précautions : j'ai apporté un roman captivant. Je m'installe donc dans le bureau de *N* et je me plonge dans la lecture. Tout au long de l'heure durant laquelle j'attends *N*, peut-être ne penserai-je pas un seul instant à *N* : toutes mes pensées sont tournées vers le sort du héros du roman. « Nous disons "Je l'attends" si nous croyons qu'il viendra sans que pour autant sa venue nous *préoccupe* »[4]. Cependant, si quelqu'un entre tout-à-coup dans le bureau (le gardien qui vient de prendre son tour de garde) et me demande ce que je fais là, je lui répondrai à coup sûr : « J'attends *N* ! », et non pas : « Je suis en train de lire un roman passionnant ! ». De même, si *N* me dit en arrivant : « Je t'ai fait attendre, n'est-ce pas ? », je ne lui répondrai pas en général : « Non, tu m'as fait lire un roman captivant », mais plutôt : « Ce n'est pas grave » ou « J'en ai plus qu'assez de tes retards », etc. Ici, seule l'« histoire »[5] (*Geschichte*) de la situation, c'est-à-dire « ce qui a précédé et ce qui suit » l'heure d'attente, fait de cette heure une heure d'attente : c'est mon rendez-vous avec *N* et le retard de celui-ci qui sont les critères d'après lesquels j'applique à ma présence dans ce bureau pendant cette heure le concept d'attente (ce sont eux que je fournirai en guise de réponse au gardien soupçonneux) – je pourrais très bien occuper le bureau de *N* pendant une heure parce qu'il me l'aurait prêté ou parce qu'il aurait absolument tenu à

1. PU, § 572.
2. Respectivement PG, § 93 et DWW, p. 208.
3. PU, § 581.
4. *Ibid.*, § 577.
5. *Ibid.*, § 638 et 644.

me le faire essayer, etc. Avec l'exemple mentionné, nous tenons donc un cas d'attente au cours de laquelle rien ne se produit (rien n'est présent) qui ferait de ce qui se passe une attente. Le mythe du présent se trouve par là de nouveau contesté.

LE TEMPS DU LANGAGE : L'EXTENSION ET L'ÉCLAIR

Écartons d'emblée une méprise qui risque de fausser le sens des analyses à venir : nous ne quittons pas la perspective philosophique adoptée jusqu'ici pour reprendre celle d'un point de vue extérieur sur le langage, comme s'il s'agissait, après avoir étudié l'expression linguistique du temps, de s'interroger sur ce qui permet cette expression en examinant comment le langage s'articule au temps de façon à signifier. Notre propos est d'interroger à la suite de Wittgenstein les raisons pour lesquelles certains philosophes en sont venus à déformer notre concept de langage – et dans la foulée, ceux de signification et de compréhension – au point de croire nécessaire le rejet de toute temporalité hors de la grammaire de ces concepts, alors même que celle-ci accorde une place à celle-là : parmi les réquisits que la philosophie a fait le plus lourdement peser sur le langage figure en effet la *négation de la temporalité*. Mais s'il écarte cette négation, Wittgenstein ne promeut pas en retour la temporalité au rang de propriété essentielle du langage – ce qui serait prendre encore un point de vue extérieur sur celui-ci. L'originalité de sa conception de (ce que nous appelons) la « temporalité grammaticale du langage » se tient tout entière dans cette nuance.

L'une des questions introduites dans les réflexions de Wittgenstein par le projet avorté d'un langage phénoménologique de 1929 concernait la temporalité du langage. On a vu combien la position de notre auteur à cet égard est problématique à l'époque. D'abord parce qu'il considère qu'il y a un sens à opposer la temporalité du langage à celle des phénomènes et à les déclarer incompatibles. Ensuite et surtout parce qu'il entérine le présupposé que le sens et la compréhension d'une expression doivent se situer dans le présent de son utilisation. Le mythe du présent constitue donc un obstacle majeur, comme Wittgenstein ne cesse de le penser au cours des années 1930 et 1940, à une juste vision du caractère *signifiant* de notre langage, et pour cette raison, examiner les rapports de la sémantique et du temps revient à affronter de façon directe ce mythe philosophique. Les textes à ce sujet sont nombreux, mais on ne lit en eux le plus souvent que la critique du psychologisme (pour le concept de compréhension) et de l'idée de « corps de signification » (pour le concept de signification), sans apercevoir les présupposés relatifs au temps engagés par ces conceptions. Or, envisagés selon l'ordre de leur genèse grâce à l'étude de la période intermédiaire, les écrits de Wittgenstein révèlent que les textes évoqués sont l'aboutissement d'une préoccupation insistante à l'égard de la temporalité du langage et que le traitement accordé à celle-ci prolonge celui qui est donné du mythe du présent au début des années 1930. C'est d'ailleurs sans doute un certain achèvement de ce travail critique qui explique tout à la fois la disparition autour de 1937-1938 des analyses réservées au problème philosophique classique du temps et l'importance accrue de la dimension sémantique du mythe du présent.

La temporalité grammaticale du concept de langage

« Signification » et « sémantique »

Un texte de 1937 noue la critique du mythe du présent et la reconnaissance d'une certaine temporalité du langage considéré en sa valeur symbolique :

> 18.11.37
> A la représentation présente (*gegenwärtigen Vorstellung*)[1] je ne peux donner aucun nom, parce qu'elle n'est pas commensurable à un nom. Peut-on dire : ce qui est nommé doit avoir une *durée* (*Dauer*) au même sens que le nom ?
> 19.11.37
> Comment puis-je décrire ce qu'est la régularité (*Regelmässigkeit*) ? Par exemple, un changement de couleur régulier : bleu, rouge, bleu, rouge, bleu ... Bien sûr, au lieu de cela, je peux également pointer vers un échantillon. Mais pas vers mes représentations ? Si je disais alors à autrui : « j'ai maintenant une succession régulière de représentations de couleur : ceci, ceci, ceci, ceci, ceci, etc. », il pourrait me demander : « Es-tu certain que tu ne te trompes pas ? Que c'était effectivement une telle suite régulière ? Ta mémoire ne t'a-t-elle pas trompé ? » – Je pourrais répondre ainsi : « Elle *me semble* régulière ! » – Lui : « Mais *est*-elle régulière pour autant ? Car si tu as raison, alors il n'est pas nécessaire qu'il se trouve ici, par exemple, cette série régulière d'échantillons. Cependant nous n'avons tous les deux, moi et toi, que ton mot, "régulier", ou (le fait) que tu pointes vers tel et tel échantillon. Avec cela, je dis que le jeu de *langage* commence aussi bien pour moi *que pour toi* ».
> On pourrait également dire, je crois : pour la représentation (*Vorstellung*), telle que tu emploies ce mot, il n'y a que le présent ; mais dans le langage et dans le jeu [il y a] également le passé et le futur.

1. Wittgenstein entend par là : la (prétendue) représentation *privée* (Ms 119, p. 141v).

> La représentation est, pour ainsi dire, la projection présente sur l'écran et dans cette projection il y aurait également le vécu de souvenir, le vécu de la reconnaissance, etc., etc. ... Si dès lors il ne m'est pas permis de comparer les images qui se succèdent les unes aux autres (et tout ce qu'elles contiennent), si je ne peux pas voir sur la pellicule les images qui permettent cette comparaison, – alors cette « succession » d'images présentes n'est rien de plus qu'*une unique* [image]. Car alors je ne peux pas dire si elles diffèrent les unes des autres ou si elles sont toutes identiques. Il n'y *a* toujours (dans *ce* sens) qu'*une* [image] [1].

L'« incommensurabilité » temporelle inscrite entre le langage et la représentation privée manifeste à la fois une prise de distance très nette à l'égard des analyses de l'année 1929 et une avancée dans le traitement de la temporalité du langage. Il est clair, tout d'abord, qu'elle ne résulte pas de l'incompatibilité de deux temporalités comme celle du temps physique et du « présent fluant », mais provient du non-sens de l'idée d'une temporalité de l'expérience privée, que Wittgenstein établit ici par l'impossibilité d'appliquer à la « représentation privée » des termes (« durée », « passé », « régularité ») qui relèvent de notre grammaire du temps [2]. Mais une seconde différence, plus spécifiquement tournée vers la dimension sémantique, sépare le texte du Ms 119 des analyses de 1929. Les affirmations « Il n'y a que le présent » et « Il n'y a toujours en ce sens qu'une image » n'écartent plus le passé et le futur à la façon (erronée) du solipsisme instantanéiste, mais expriment l'impossibilité de *parler* d'un passé et d'un futur au sujet de la représentation privée. L'importance de la temporalité pour le langage est mise en vedette grâce à l'accent porté sur le lien de la *sémantique* et du *temps*.

Ce dernier point est lui-même envisagé à deux niveaux. Il appartient d'abord à notre langage de pouvoir exprimer le temps, c'est-à-dire notamment de parler d'une impression passée ou future (« dans le langage et dans le jeu, il y aussi le passé et le futur »). Mais la possibilité de distinguer présent, passé et futur ne concerne pas la seule expression linguistique du temps : c'est la possibilité de parler *de quelque chose* (d'une représentation, en l'occurrence) qui s'avère reposer largement sur la possibilité de désigner cette chose comme présente, passée ou future. Wittgenstein lie en effet d'un côté l'exclusivité du présent à l'assimilation sans distinction de tous les vécus (« le vécu de souvenir, le vécu de la reconnaissance, etc. » forment « *une unique* [image] »), et de l'autre, la possibilité de distinguer

1. Ms 119, p. 143-145.

2. La caractérisation de la représentation par le recours à l'analogie cinématographique renvoie clairement à l'expérience immédiate présente de 1929-1930 (BT, § 102, p. 494).

des représentations à la tripartition temporelle. La relation de la sémantique au temps doit donc aussi être abordée relativement à la possibilité de distinguer entre les applications d'une expression au cours du temps, cette possibilité constituant un critère du caractère sensé de l'expression.

Appliquée ici au seul cas de la représentation (ou du vécu), cette analyse élargira sa portée au sein des *Recherches*, puisqu'il y apparaîtra que parler, selon toute la diversité que recouvre ce terme, est lié à une certaine régularité, et dans cette mesure à une temporalité dont il faudra préciser les contours. Par conséquent, l'analogie cinématographique, qui sert dans la citation du Ms 119 à opposer la temporalité comme détermination grammaticale de nos vécus à l'impossible temporalité de la représentation privée, devra être étendue à l'ensemble du langage. Il faudra reconnaître que signifier, dans notre langage, dépend d'une certaine régularité temporelle de l'usage linguistique, que concevoir le présent comme le fondement et le centre sémantiques de notre langage est illusoire, et plus généralement, que la négation de la temporalité du langage (qu'elle conduise à l'instantanéité ou à l'omnitemporalité) repose sur des fondements peu solides. Mais encore une fois, il faudra savoir s'arrêter à temps, car en reconnaissant cette temporalité, Wittgenstein n'a pas le projet de construire une théorie du langage fondée sur l'idée d'une temporalité essentielle et constitutive de la valeur symbolique du langage (le temps comme condition de possibilité du langage), mais vise simplement à rappeler un trait de la physionomie effective de notre langage afin de nous libérer de certaines erreurs commises à son égard.

Le texte du Ms 119 infléchit donc le traitement wittgensteinien du thème du temps vers la compréhension de la sémantique de notre langage (ce qui n'avait été que succinctement envisagé par Wittgenstein jusqu'alors). La dissolution des erreurs commises par les philosophes à l'égard de la temporalité du langage s'éclaire ainsi de la lumière apportée par les analyses de nos expressions relatives au temps. La méditation de Wittgenstein se poursuit désormais sous cette forme.

Nous ne saurions cependant aller plus avant sans préciser ce que nous entendons par les termes « signification » et « sémantique ». Wittgenstein identifie en général la signification (*Bedeutung*, *meaning*) d'une expression à son usage (*Gebrauch*, *Verwendung*, *use*)[1], considérant que celui-ci donne vie au signe de l'expression et fait de lui un symbole[2]. L'usage ne doit cependant pas être assimilé à l'utilisation (si celle-ci désigne l'application particulière et ponctuelle d'une expression), mais doit être décrit

1. PU, § 43.
2. BlB, p. 40 et PU, § 432.

comme un mode d'application d'une expression commun aux diverses utilisations de celle-ci: l'usage de l'expression «se souvenir» (par exemple) peut être décrit comme un ensemble ouvert d'utilisations que l'on considère comme apparentées. Précisons ce point.

Wittgenstein ne cherche pas à répondre, par l'identification de la signification et de l'usage, à la question de l'essence (ou de l'étoffe) de la signification : il rejette autant la question métaphysique « Qu'est-ce que le sens ? » que la question « Qu'est-ce que le temps ? » [1]. Le retour à l'usage est bien plutôt un moyen de renoncer à ces questions. Wittgenstein nous enjoint de regarder ce que nous faisons avec nos expressions et c'est précisément l'usage ordinaire du mot «signification» qui exige que l'on renonce à la recherche d'une entité quelconque, car le mot « signification » entre très souvent dans l'expression « l'explication de la signification ». Il intervient donc dans le jeu de langage d'une demande de clarification ou d'enseignement de l'usage d'un mot, et non pas dans celui de la désignation ou de la description d'une entité: «"La signification du mot est ce que l'explication de la signification explique". C'est-à-dire: si tu veux comprendre l'usage du mot "signification", eh bien regarde ce qu'on appelle "explication de la signification"» [2].

L'idée d'une façon commune d'utiliser une expression peut elle aussi nous induire en erreur. La communauté évoquée n'est pas celle d'un même élément que chaque utilisation devrait partager pour pouvoir être identifiée à d'autres, mais celle d'une «ressemblance de famille» entre différentes utilisations [3]. Ainsi s'explique que la maîtrise d'un concept consiste en la capacité de donner des exemples de ce concept, et ne trouve pas en l'énumération d'exemples un simple moyen subalterne et imparfait de se manifester. Corrélativement, la signification d'une expression ne doit pas être conçue comme une entité possédée par l'expression et ayant une certaine durée d'existence (éventuellement instantanée), mais comme ce que nous tenons pour la même action langagière (exprimer un souhait, se souvenir, donner un ordre, etc.) accomplie par différentes utilisations : de l'équivalence, dans la plupart des cas, de la signification et de l'usage découle que la signification ne peut être montrée que si l'on montre certains aspects de cet usage, et donc des exemples [4]. On comprend dès lors que l'extension temporelle du langage (Wittgenstein parle de « l'usage étendu

1. DWW, p. 242 et 246; BlB, p. 35-36.
2. PU, § 560. *Cf.* également DWW, p. 222-223.
3. *Ibid.*, § 67, 69, 71 et 75.
4. *Ibid.*, § 75.

dans le temps »[1]) ne puisse sans risque être tenue pour négligeable, puisqu'on ne sait comment une multiplicité d'exemples serait possible sans elle.

Dans ces conditions, quel sens donnons-nous au terme « sémantique » (auquel Wittgenstein lui-même ne recourt pas) dans les analyses qui suivent? Nous l'utilisons en lien direct avec la grammaire ordinaire de « signification ». La tripartition classique syntaxe/sémantique/pragmatique[2] n'a donc pas de pertinence ici. Le terme « sémantique » désigne ce qui est relatif au caractère signifiant d'une expression, c'est-à-dire aussi bien le contenu de l'expression (ce qu'elle dit) que ses conditions d'évaluation[3]; ou encore : il désigne les propriétés grammaticales des expressions « signification » et « avoir une signification ». Si Wittgenstein ménage une place à la temporalité sémantique de notre langage, c'est donc au sens où il considère que notre terme ordinaire « signification » est lié de façon interne à l'usage du langage étendu dans le temps[4] et qu'il est philosophiquement dangereux d'oublier cela[5].

Le traitement de la temporalité du langage au début des années 1930

La reconnaissance d'une temporalité du langage en sa dimension sémantique s'est opérée progressivement au sein de la méditation de Wittgenstein. Cependant, cette question lui a semblé aussi importante que délicate dès la première moitié des années 1930[6]. Cet intérêt prend plus précisément la forme d'une interrogation sur la situation temporelle de la signification des termes du langage ordinaire, d'une part, et sur celle de la normativité de ses règles grammaticales, d'autre part.

Dès cette époque, Wittgenstein écarte explicitement deux conceptions : celle de l'atemporalité *logiciste* des lois de la grammaire et celle de

1. *Ibid.*, § 138.

2. *Cf.* à ce sujet l'article classique de Ch. Morris, « Foundations of the theory of signs », *International Encyclopedia of Unified Science*, 1938.

3. Nous empruntons la distinction du *content* et des *evaluative properties* à Travis qui les réunit sous la désignation de *semantic properties* (*The Uses of Sense*, Oxford, Clarendon Press, 1989, p. 3-4 et « Pragmatics », dans *A Companion to the Philosophy of Language*, p. 88).

4. Notamment DWW, p. 225, 228-229, 230-231 et 246; WLC 32-35, p. 106; « LSD », p. 142-143; PU, § 138-141; *Wittgenstein's Lectures on the Foundations of Mathematics, Cambridge 1939*, London, Harvester, 1976, trad. fr. E. Rigal, *Cours sur les fondements des mathématiques*, Mauvezin, TER, 1995, II, p. 11 et 14.

5. Il le serait tout autant, bien sûr, de négliger les modes d'expression de la signification qui ne font aucune place au temps.

6. BT, § 31, 36-9, 41-42. Voir *supra*, p. 166.

l'instantanéité *psychologiste* de la compréhension et de la règle conçues comme des contenus mentaux co-présents à l'utilisation des symboles. Toutefois, même s'il soutient alors que c'est du « phénomène spatio-temporel du langage » qu'il entend parler, et non « d'une absurdité non-spatiale et non-temporelle » dont la logique – y compris celle du *Tractatus* – fait volontiers son objet d'investigation[1], il ne s'agit là que d'une déclaration d'intention. Wittgenstein ne s'est pas encore entièrement libéré des deux tentations indiquées (notamment, et de son propre aveu, de la tentation psychologiste[2]) et n'a pas encore tiré toutes les conséquences philosophiquement importantes de son retour au phénomène temporel du langage de tous les jours. C'est qu'il se heurte ici à une difficulté majeure de sa pensée.

Cette difficulté concerne la conciliation de la compréhension et de la signification instantanées avec l'extension temporelle du langage : quelle place convient-il de reconnaître au temps dans le fonctionnement du langage ?

> La véritable difficulté est peut-être celle-ci : le fait que j'explique le mot « rouge » en pointant vers quelque chose de rouge et en disant « c'est rouge », alors que ce rouge disparaît plus tard (*später*) de ma vue. Et alors *quelque chose d'autre* prend apparemment sa place (appelez cela le souvenir ou comme vous voudrez).
> « Eh bien, c'est *ainsi* que ce mot est employé ! » Mais comment donc est-ce que je conserve (*bewahre*) cet *Ainsi* dans le souvenir ?[3].

En lisant cette remarque, on se rappellera d'abord que la même question de la temporalité du langage suscitait déjà de la part de Wittgenstein, quelques paragraphes auparavant, une affirmation similaire : « Le problème le plus difficile semble être l'opposition, le rapport entre le fait d'opérer dans le temps//dans le cours du temps//(*in der Zeit//im Lauf der Zeit*) avec le langage et la saisie instantanée (*momentanen*) de la proposition »[4]. Et comme l'annonce clairement le titre du § 41, le problème soulevé est celui du rapport temporel de l'explication ponctuelle d'un mot avec son utilisation ultérieure : « Comment l'explication (*Erklärung*)

1. Ms 114, p. 108/BT, § 16, p. 71. L'expression « le phénomène spatio-temporel du langage » sera reprise dans PU, § 108.

2. BT, § 36, p. 149 (pour la compréhension et la capacité) et § 38, p. 154 (pour la signification). Mais notre remarque vaut également pour la conception logiciste du langage comme calcul, *cf.* PU, § 81.

3. *Ibid.*, V, « Essence du langage », § 41, p. 175.

4. *Ibid.*, § 36, p. 147. Voir nos analyses *supra*, p. 115 *sq.* tournées vers l'aspect psychologique de ce problème.

linguistique qui n'a lieu qu'une fois (*einmalige*) produit-elle la compréhension ? »[1]. Wittgenstein pose ainsi pour l'explication le même problème que celui qu'il posait pour la compréhension au § 36 : celui de se représenter la façon dont la signification (expliquée ou comprise) peut persister dans le temps. Comment puis-je être sûr que ma conviction d'utiliser une expression selon l'explication que l'on m'en a donnée est fondée ? N'est-il donc pas possible que je me souvienne mal et que je dise quelque chose d'autre que ce que je croyais et voulais dire ? La difficulté réside dans la conciliation de l'expérience immédiate de la signification (l'évidence instantanée de la compréhension et de l'explication) et du temps que prend inévitablement la manipulation des signes linguistiques (*i.e.* plus largement : l'extension temporelle de l'usage du langage)[2].

Un trait de la formulation précédente de la difficulté mérite notre attention : Wittgenstein s'y interroge sur la possibilité de la « reproduction » et de la « conservation » de l'explication et de la compréhension au-delà de l'instant où celles-ci se produisent. En réalité, cette position du problème est en elle-même discutable. Le présupposé trompeur qui se glisse dans la question formulée consiste à dire que la signification (expliquée ou comprise) est contenue (située) dans un instant. Dès lors, le problème que le temps paraît poser est celui de l'existence de la signification au-delà de cet instant où elle se tiendrait d'abord, pour ainsi dire complète et achevée. Or d'une part l'expression de la situation temporelle de la signification et de la compréhension a une grammaire bien particulière, et d'autre part, souligner le lien de la signification et de l'usage rappelle que le langage en sa valeur symbolique est « étendu dans le temps ». Le biais par lequel le Ts 213 aborde le rapport de la signification au temps n'est donc pas satisfaisant; il serait beaucoup plus correct de présenter ce rapport en relevant la valeur grammaticale de la régularité (*Regelmässigkeit*)[3] – en son double sens normatif et temporel qu'il faudra expliciter – sans laquelle nous n'accorderions pas à un mot d'avoir une signification. Mais alors le temps n'est pas à concevoir comme un obstacle à la signification (contrairement à ce que laissent entendre les formulations du Ts 213[4]), mais plutôt comme l'un des critères principaux (ce qui ne signifie pas « condition de possibilité ») que nous mobilisons pour savoir si un mot a une signification

1. Du reste, le titre de la quatrième section du BT évoque déjà clairement le problème : « La compréhension instantanée et l'application du mot dans le temps » (p. 142).

2. WLC 30-32, p. 130.

3. Notamment Ms 116, p. 117 et PU, § 207.

4. Elles suggèrent au fond que la métaphore du lieu dans l'espace logique (BT, § 8, p. 130 *sq.*) suffit à décrire ce qu'est la signification d'un mot, et plus généralement ce qu'est un langage. PU, § 81 pour le rejet de cette idée.

ou si quelqu'un a compris une expression : pour un mot, posséder une signification, c'est notamment faire l'objet d'un certain usage, c'est-à-dire d'un emploi spécifique et permanent. La persistance de la signification ne doit donc pas être pensée dans les termes d'une *reproduction* conservatrice, mais dans ceux d'une *régularité* grammaticale[1] : celle-là part de l'instant présent de compréhension et tente de reconquérir l'extension temporelle de la pratique langagière, tandis que celle-ci reconnaît le statut grammatical de cette extension. De même qu'on ne peut parler de souvenir qu'en commençant par la relation interne du présent et du passé, on ne peut parler de signification ou de langage qu'en commençant par l'extension temporelle de l'usage.

Mais Wittgenstein n'est pas encore parvenu à ce stade de sa pensée à l'époque du Ts 213. Il désigne alors la difficulté exposée comme « le problème *le plus difficile* » et « la *véritable* difficulté », ce qui est accorder un rôle sémantique éminent à la temporalité sans l'avoir éclairci cependant. Le problème évoqué résulte avant tout de l'emprise qu'exerce encore sur lui la pensée issue de son projet phénoménologique de 1929[2]. Mais alors, comment parvient-il à concilier, du point de vue sémantique, la compréhension instantanée et l'usage étendu dans le temps, et par là à s'affranchir de la distinction centrale, issue de la phénoménologie, du premier et du second systèmes ? Pour ce faire, il lui faudra reconsidérer cette distinction, et en particulier renoncer à l'idée que nous aurions affaire ici à deux temporalités commensurables[3].

La solution proposée par le Ts 213 demeure encore largement insatisfaisante, puisqu'elle ne laisse le choix qu'entre une instantanéité sans temporalité et une temporalité sans nécessité, comme l'atteste le texte suivant :

> C'est un fait très remarquable qu'au moment où j'emploie le langage (*beim Gebrauch der Sprache*), je ne me souviens pas de la façon dont je l'ai appris. Je dis « je vois ici une boule noire ». Je ne sais pas comment j'ai appris « noir » et « boule ». Mon application des mots est indépendante de cet apprentissage. C'est comme si j'avais moi-même forgé ces mots. Et ici, nous sommes de nouveau conduits à la question : si la grammaire qui traite des mots est essentielle à leur signification, faut-il que j'aie en tête (*im Kopf*

1. On se gardera donc de confondre la régularité dont il s'agit ici avec toute temporalité simplement empirique, dont Wittgenstein écarte la pertinence sémantique en critiquant les théories associationniste (WLC 30-32, p. 31) et causale (DWW, p. 50) de la signification.

2. Ms 107, p. 231, 232 et 233. La première formulation du texte du § 36 du Ts 213 que nous avons cité indique même explicitement le lien entre la distinction « primaire/secondaire » et la question de la temporalité de la sémantique.

3. PU, § 138-139.

> *haben*) les règles grammaticales qui traitent d'un mot si ce mot doit signifier quelque chose pour moi ? Ou bien est-ce que les choses se passent ici comme dans un mécanisme : la roue, qui reste immobile ou qui tourne, la roue dans une position, ne sait pas, pour ainsi dire, quel mouvement lui est encore permis, le piston ne sait pas quelle loi est prescrite à son mouvement ; et pourtant, la roue et le piston ne fonctionnent que selon cette contrainte.
> Est-ce que je dois dire alors : les règles grammaticales opèrent dans le temps ? (Comme ce guidage.)
> Donc : le mot « boule » n'opère que sur le mode de son application. Et cette étrange question serait concevable : « comment puis-je donc alors savoir dans l'instant (*gleich*) ce que je veux dire avec "boule", je ne peux quand même pas avoir d'un seul coup (*auf einmal*) en tête tous les modes d'application du mot ? » [1].

De deux choses l'une. Soit l'on écarte la temporalité du langage, mais on se condamne alors à l'instantanéité, comme si pour éviter la distance temporelle, la seule solution était de se restreindre à l'instant présent : je devrais « avoir en tête » toutes les règles déterminant la signification d'un mot « *au moment où* j'utilise » ce mot – instant à peine temporel, donc, puisqu'il est censé affranchir le sens de tout écart temporel avec lui-même[2]. Soit le langage, en tant que pratique symbolique, intègre la temporalité comme l'une de ses propriétés irréductibles (« les règles grammaticales opèrent dans le temps »), mais alors nous transformons les relations grammaticales en des relations *causales* (hypothétiques), comme si accepter que le temps et son extension entrent dans le fonctionnement même du langage nous condamnait à convertir les relations internes propres à celui-ci en des relations externes : le locuteur serait alors comme cette roue ou ce piston qui ignorent ce que sont leurs possibilités de mouvement à venir[3]. Dans ce cas, il faudrait attendre la « confirmation par l'expérience »[4] pour savoir si la règle produit effectivement tel ou tel effet (ou : application). La temporalité de la règle ne pourrait donc être qu'*empirique*[5]. Toute la difficulté sera pour Wittgenstein de renoncer à cette idée sans embrasser aussitôt celle selon laquelle la règle doit être co-présente à ses applications sous la forme de son expression. Bref, il lui faudra penser une inhérence de la règle

1. BT, § 37, p. 150-151.
2. La complicité est grande ici entre l'instantanéité et l'atemporalité.
3. *Ibid.* et § 41, p. 177-178 ; BlB, p. 51-52.
4. *Ibid.*, § 38, p. 152.
5. Remarquons que dans le BlB (p. 51-52), alors même qu'il a dépassé les analyses du BT sur un certain nombre de points, Wittgenstein est encore aux prises avec la même difficulté.

à ses applications qui rompe avec l'idée de l'autonomie sémantique du présent. Ce qui exige de reconsidérer le concept de règle.

Quel est donc le mode spécifique de présence de la règle dans l'utilisation du langage qu'elle détermine ? Si l'analyse évoquée ne semble pouvoir être contestée quant à ce qu'elle rejette (*i.e.* l'assimilation de la règle à une cause hypothétique passée), il reste que n'a pas été précisé le sens à donner au terme « présent » lorsqu'il qualifie la détermination normative opérée par la règle. Wittgenstein demande ainsi dans les *Recherches* sur quel mode sont « présentes (*gegenwärtig*) »[1] les règles du jeu d'échecs dans l'intention de jouer à ce jeu. Or c'est bien cet aspect qui lui pose problème au début des années 1930 et qui l'oblige à modifier son analyse en profondeur.

La mécompréhension de l'inhérence de la règle au cours de la pratique reviendrait à penser que le terme « présent » s'applique à elle d'une façon similaire à celle dont il s'applique à un événement ou à une chose : la règle serait présente au sens où une certaine action (en l'occurrence, une certaine utilisation de signes) est présente. Selon le *Cahier bleu*, en particulier, l'affirmation qu'« une règle n'agit pas à distance » signifie que l'« implication » du symbole de la règle dans le calcul est nécessaire à la détermination du calcul par *cette* règle. Mais on aligne alors le mode de présence de la règle sur celui des signes, quand bien même la différence grammaticale qui sépare celle-là de ceux-ci est affirmée par ailleurs. La « distance » logique de la détermination dont il est question comporte de façon très claire un sens temporel, et c'est en ce sens que la règle est distinguée alors de la cause que constitue « la façon dont nous avons appris le langage »[2]. Mais distinguer la règle de toute cause hypothétique en lui réservant une situation de simultanéité à l'action qu'elle détermine pourrait bien se contenter de dissimuler le caractère causal de la règle elle-même, bien que Wittgenstein prétende le rejeter. En effet, avancer l'argument que si son expression n'était pas présente (« impliquée ») dans l'action qu'elle détermine, la règle ne pourrait être invoquée qu'à titre de cause passée hypothétique et qu'en conséquence elle doit être présente, c'est considérer que la règle ne peut être distinguée comme la cause effective de l'action que par sa proximité (avant tout temporelle) à l'action. La relation entre la règle et l'action qu'elle détermine ne serait pourvue dès lors que d'une nécessité externe, et la règle dangereusement apparentée à son expression. L'alternative évoquée plus haut ne disait rien d'autre, puisque ses deux termes s'accordaient

1. PU, § 205.
2. PG, § 39. Voir BlB, p. 52.

en réalité pour ne présupposer qu'un seul type de temporalité : la temporalité empirique[1].

Assurément, Wittgenstein ne s'est pas satisfait de la description de la situation temporelle de la règle grammaticale et de la signification suggérée par le Ts 213 et le *Cahier bleu*, et ce dès l'époque de la rédaction de ces deux textes : à ses propres yeux, certaines erreurs philosophiques concernant le rapport de la sémantique et du temps exercent encore sur lui leur emprise. Cela explique qu'il ait tenté de spécifier d'une autre façon le sens que revêt la détermination temporelle « présent » dans le cas de la règle, en particulier par la description de la grammaire du concept de compréhension et par la distinction des types de temporalité respectifs de la règle et de son expression. Au cours de la seconde moitié des années 1930 (autour de 1937), Wittgenstein accomplit de cette façon le pas qui le conduit à sa présentation la plus mûre de la temporalité de la pratique langagière.

L'absurdité de l'instantanéisme sémantique

L'un des accomplissements du passage de Wittgenstein à sa seconde philosophie a consisté à voir le langage comme un phénomène temporel, *i.e.* comme une pratique dynamique étendue dans le temps. La reconnaissance de cette temporalité constitue le point d'aboutissement de l'évolution que nous venons de dessiner et un aspect majeur de la façon de considérer notre langage à laquelle Wittgenstein veut amener son lecteur dans les *Recherches*. Mais qu'est-ce qui lui permet de sortir de l'impasse dans laquelle il est encore retenu dans la première moitié des années 1930 ? Wittgenstein dépasse l'alternative évoquée par la remarque que la règle grammaticale peut être la raison de l'usage présent sans que son expression soit présente en aucune façon, et donc que la règle et sa maîtrise ne sont pas « situées dans le temps » comme le sont leurs expressions, différence qui n'implique pour autant ni que les règles soient extérieures au temps de la pratique, ni que celui-ci soit identique à la temporalité empirique. Mais il ne le peut qu'en prenant très au sérieux l'idée que le langage est un « usage étendu dans le temps », et en conséquence, en accordant un statut *grammatical* à la temporalité du langage, en particulier à celle que constitue le trait physionomique de la « régularité » (*Regelmässigkeit*) sans laquelle nous ne serions pas prêts à parler d'un « langage ».

1. Pour cette même mécompréhension (qui prend la forme de l'assimilation des deux expressions « penser à » et « utiliser »), *cf.* BT, § 38, p. 152. Les PU rejettent l'assimilation suggérée (§ 692-693), ainsi que celle (similaire) de *denken* et *meinen* (§ 20, 187, 637, 692-693 – voir aussi Z, § 4 et DWW, p. 231).

Cette orientation nouvelle de la description risque de nous opposer de sérieuses difficultés. Wittgenstein ne manque pas de le souligner dans une remarque de la première moitié des années 1940 :

> Pour décrire le phénomène du langage, il faut décrire une pratique, non un processus unique (*einen einmaligen Vorgang*), quel qu'il soit. C'est quelque chose de très difficile à reconnaître (*Erkenntnis*) [1].

Au moins trois raisons sont susceptibles d'expliquer la difficulté à laquelle ce texte fait allusion. La description bute d'abord, et presque immanquablement, contre l'image qui présente la signification (*Bedeutung*) de nos mots comme une relation de désignation (*Bezeichnung*) qui unirait chacun d'entre eux à un objet particulier. Si l'on se contentait de ce mode de présentation (*Darstellungsweise*), l'indication de l'objet porteur du mot suffirait à rendre compte du fonctionnement de ce mot. Dans ces conditions, le « processus » de désignation (quelle que soit l'idée que nous nous en formons) pourrait très bien ne se produire qu'une seule fois (*einmal*), la relation de dénotation entre le mot et l'objet n'en serait pas moins établie [2]; cette relation représente d'ailleurs à coup sûr l'un des « processus uniques » auxquels on recourt volontiers afin d'expliquer le phénomène de la signification. Le caractère de pratique étendue dans le temps propre au langage devient, de ce point de vue, tout à fait négligeable. Or cette image constitue précisément l'une des ramifications de l'image augustinienne dont les *Recherches* font leur cible. La remarque citée plus haut pointe donc vers le travail accompli par Wittgenstein dans l'ensemble des *Recherches*, et en particulier dans les premiers paragraphes de cette œuvre. Notons au passage qu'à cette conception de la signification est étroitement attachée une certaine représentation de la détermination normative opérée par les règles : celle de la règle conçue comme des rails pré-tracés et indépendants de la pratique effective, qui fixeraient par avance toutes les applications à venir de la règle [3]. Il ne s'agit là que d'un mythe qui surgit lorsque l'on se trouve face à la tâche de penser qu'une règle est une prescription appelant un certain développement. La normativité de la règle ne peut en réalité être correctement décrite que si l'on

1. BGM, VI, § 34 (Ms 164, p. 99). Le terme *Erkenntnis* est directement lié à la thématique du regard et de la cécité à ce que nous avons sous les yeux (PU, § 92, 126 et 129).
2. PU, § 27 et 264.
3. *Ibid.*, § 218.

renonce à la conviction que la systématicité du langage a besoin[1] d'être fondée sur une norme idéale *atemporelle*[2].

Il faut rappeler ensuite que le début des années 1930 a vu se multiplier chez Wittgenstein les remarques relatives aux perplexités philosophiques qu'engendrent le concept de temps et les expressions qui se rattachent à celui-ci. Aussi, non seulement une certaine image du langage fait barrage à sa saisie comme phénomène temporel, mais la prise en compte de cette temporalité nous laisse à son tour face à la difficulté d'user correctement des concepts qui l'expriment : se donner pour but une description du langage comme pratique étendue dans le temps ranime les difficultés relatives au temps du début des années 1930. Le problème est non seulement de quitter l'image du langage comme atemporel, mais également de rendre compte de sa temporalité sans prendre le chemin d'une quelconque conception philosophique de celle-ci. Comment parler d'elle sans en dire plus que ce qu'en montre effectivement notre langage ?

Enfin, reste la tentation de construire une théorie du temps du langage, c'est-à-dire de présenter le temps comme une condition nécessaire à l'existence du langage et à son caractère pourvu de sens. Wittgenstein s'en prend précisément à ce type de position lorsqu'il introduit le trait de la temporalité dans sa description : le rappel de la temporalité vise l'idée selon laquelle le langage ne pourrait fonctionner que sous certaines conditions, y compris celle de la temporalité. Peu avant le texte cité plus haut, Wittgenstein remarquait dans ce sens :

> L'application du concept « suivre une règle » présupppose une habitude. De ce fait, il serait dépourvu de sens de dire : une fois dans l'histoire du monde, quelqu'un a suivi une règle (...). Ici le plus dur est d'éviter les pléonasmes et de dire simplement ce qui décrit exactement quelque chose. Car ici *la tentation est grande de dire encore quelque chose quand tout est déjà décrit*[3].

La prise en compte du trait de la temporalité s'impose avant tout comme une exigence thérapeutique que satisfait la juxtaposition à un mode d'expression qui privilégie l'instant présent (*cf.* la signification et la compréhension instantanées) d'un mode d'expression qui tient compte de

1. *Ibid.*, § 108 et 112. Nous croisons ici le commentaire que Diamond donne du § 108 dans *op. cit.*, p. 50. Voir également Cavell, *This New Yet Unapproachable America*, trad. fr. S. Laugier, *Une nouvelle Amérique encore inapprochable*, Combas, L'éclat, 1991, p. 48.

2. Pour l'initiation de la lecture que nous adoptons ici, *cf.* Mc Dowell, « Non-cognitivism and Rule-Following », dans S.H. Holtzman et C.M. Leich (ed.) *Wittgenstein : to Follow a Rule*, London, Routledge et Kegan, 1981, p. 147-149 en particulier.

3. BGM, VI, § 31 (nous soulignons).

l'extension temporelle (*cf.* la signification comme usage). Et si cette juxtaposition est destinée à nous libérer de la fascination exercée par le premier mode, elle ne cherche certainement pas à nous faire tomber sous la fascination du second. Son but n'est pas de montrer que le langage ne peut signifier que s'il est articulé dans le temps, mais que l'idée qu'un langage serait impossible si ses règles et la signification de ses expressions n'échappaient pas au temps est une exigence philosophique absurde. La méthode de la synopsis (la juxtaposition de différents modes d'expression) et le travail descriptif de la physionomie de notre langage se trouvent à cet égard étroitement intriqués : le rappel du lien du concept de signification avec celui d'usage nous libère de la fascination des modes d'expression atemporalistes et éclaire l'aspect temporel de notre pratique du langage.

Aussi la plus grande méfiance est de mise à l'encontre de deux types de point de vue. D'abord à l'encontre de toute *perspective temporelle privilégiée* que l'on pourrait être tenté de prendre sur le langage (notamment : regarder le présent à partir du présent, ou le passé à partir du présent). Nous verrons à quels risques elle nous expose. Ensuite, à l'encontre de tout *point de vue extérieur* au (et en surplomb du) langage prétendant observer la façon dont le temps s'impose à lui ainsi que la façon dont celui-ci s'en arrange, ou prétendant ériger le temps au rang d'ingrédient nécessaire d'une prétendue essence de la règle. Si l'on veut bien voir dans l'adoption de ce dernier point de vue une attitude philosophique caractéristique, le problème est alors pour Wittgenstein de parler de façon non-philosophique de la temporalité du langage. En somme, il s'agit pour lui de mettre en évidence la temporalité du langage comme l'une des déterminations *ordinaires* de notre concept de langage. Ou encore : Wittgenstein veut non pas se glisser derrière le miroir pour constater le rapport « véritable » du langage et du temps, mais rappeler les critères qui ont rapport au temps et qui régissent l'application des concepts de langage, de signification et de compréhension, ainsi que de critère et de règle.

Sans doute le caractère périlleux de la tâche à accomplir décide-t-il en grande partie de la stratégie choisie pour la mener à bien, en particulier quant aux deux traits suivants. En premier lieu, Wittgenstein ne formule jamais le problème considéré en s'interrogeant sur l'importance du temps pour le langage, car cela suggèrerait que le temps existe comme une propriété du monde dont le langage devrait s'accommoder. De même, le recours au lexique classiquement mobilisé par la philosophie du temps (*cf.* « temps », « passé », « futur », « présent », etc.) est soigneusement écarté de la description au profit d'expressions ordinaires de la temporalité, comme « régularité » (*Regelmässigkeit*), « continuation » (*Fortsetzung*), « répétition » (*Wiederholung*), « pendant que » (*während*), « déjà » (*schon*),

« autrefois, alors » (*damals*), « une fois » (*einmal*), « parfois » (*manchmal*), « chaque fois » (*jedesmal*), « constamment » (*beständig*, *stets*), « jamais » (*nie*), « toujours » (*immer*), « fréquence » (*Häufigkeit*), « ensuite, par la suite » (*weiter*), « de nouveau » (*wieder*), « en même temps, à ce moment-là » (*dabei*), etc. En second lieu, si un certain lexique du temps est écarté, cela ne signifie pas cependant que les *problèmes* philosophiques relatifs au temps se trouvent évités. Ainsi, les deux tentations de l'héraclitéisme et du solipsisme instantanéiste s'insinuent de nouveau dans la réflexion de Wittgenstein comme des éléments à part entière des images du langage qu'il questionne. Le second trait caractéristique de la stratégie wittgensteinienne consiste alors en la critique de l'application de ces images au fonctionnement du langage.

Quelle est, dans la perspective ouverte par ces analyses, la teneur de la critique que Wittgenstein adresse à la négation philosophique de la temporalité du langage ? Et comment entame-t-il la réalisation du programme d'une description du langage comme « une pratique, non [comme] un processus unique » ? La critique de l'image augustinienne en constitue une pièce maîtresse.

Ramener son lecteur du privilège sémantique de l'instantanéité à l'« extension temporelle »[1] effective de la pratique langagière suppose d'abord de montrer que l'instantanéisme sémantique repose sur la confusion de la prédication et de la définition. Il est utile de rappeler que le § 1 des *Recherches* – qui engage la critique de l'image augustinienne – a été rédigé[2] d'une part peu après la dictée du *Cahier brun*, qui renferme l'une des premières versions d'une critique détaillée de l'image augustinienne[3], et d'autre part simultanément aux notes des leçons sur l'expérience privée et les *sense-data*[4]. Or celles-ci procèdent à la critique d'une certaine confusion commise à l'égard de la définition ostensive :

> Si j'indique quelque chose et que j'emploie un nom, ou bien (1) je désigne ce que j'indique comme un échantillon que j'incorporerai à l'avenir (*in the future*) à mon langage. « Je nommerai "vert" ce que je vois en ce moment (*now*) » – « je nommerai ceci "vert" ». Il ne s'agit pas d'attribuer la propriété d'être vert à quelque chose, mais de dire que j'emploierai (*I am going to use*) cela (ce que j'indique) comme échantillon.

1. Ms 107, p. 233 et PU, § 138.
2. Ms 142, p. 1 (nov. 1936).
3. *Cf.* p. 77 *sq.* On trouve l'évocation de l'image augustinienne dès le tout début des années 1930, dans le BT en particulier.
4. « NPESD » et « LSD ».

> Ou bien (2) je peux regarder là-bas et dire : « Je vois cette couleur » (en indiquant le même objet qu'auparavant). Alors je l'*emploie* déjà comme un échantillon.
> Mais la tentation est de confondre les deux processus et d'employer, pour ainsi dire, l'objet comme échantillon de lui-même [1].

Le résultat d'une telle confusion est que, dans le même instant, sont opérés à la fois l'*institution* d'un usage (la définition au moyen d'un échantillon) et l'*usage* lui-même (l'application de l'échantillon). Ce qui normalement se distribue comme l'institution présente (*now*) et l'usage futur (*in the future*) se trouve réuni dans le seul instant de la confusion : l'emploi normalement étendu en direction de l'avenir semble pouvoir se contenter d'être simultané à l'acte présent de l'institution, comme si son extension vers l'avenir était tout à fait négligeable. La confusion prend une importance particulière lorsqu'elle est effectuée par le défenseur de la possibilité d'un langage privé. Pour celui-ci, en effet, la désignation (*pointing*) de sa sensation privée, c'est-à-dire le « baptême » (*christening*) censé instituer sa dénomination, serait assurée par un acte de concentration sur la sensation simultané à la profération de l'expression jouant le rôle du nom de la sensation : la désignation ostensive privée et instantanée suffirait à donner sa signification au nom de la sensation privée. Bref, là où la définition et la compréhension de la signification d'un nom ordinaire exigent la possibilité d'une application répétée de ce nom à travers le temps, la définition opérée par le biais d'un acte d'ostension privée pourrait se satisfaire du seul instant de cette ostension. Mais de même que le souhait de désigner sa sensation plus directement qu'on ne le fait d'ordinaire aboutit à une illusion de désignation, celui d'instituer un nom plus rapidement qu'on ne le fait d'ordinaire aboutit à une illusion d'institution et de dénomination. L'idée qu'un langage pourrait être infiniment plus court (jusqu'à l'instantanéité) que le langage ordinaire ne présente qu'une illusion de langage, et comme pour l'idée philosophique d'une désignation directe de la sensation, celle de l'instantanéité sémantique provient d'une confusion. Dans les deux cas, la confusion engendre un « superlatif philosophique »[2] en comparaison duquel on a alors beau jeu de reprocher sa grossièreté à notre langage ordinaire.

Voilà pourquoi, dans son cours de 1936[3], Wittgenstein rapproche l'institution instantanée illusoire du langage privé et la tentation du solipsisme instantanéiste. Toutes deux reposent en effet sur la même aspi-

1. « LSD », p. 179. *Cf.* BlB, p. 36 pour la dénonciation de la même confusion.
2. PU, § 192.
3. « LSD », p. 179.

ration à accorder un privilège à l'instant présent. Sur ce privilège, le défenseur du langage privé pense pouvoir asseoir sa conception de la désignation signitive, c'est-à-dire le caractère sémantiquement nécessaire et suffisant de l'acte d'ostension privée. « Je vois confusément un lien, pressentait Wittgenstein dès 1932-1933, entre le problème du solipsisme ou de l'idéalisme et celui de la façon dont une proposition désigne (*der Bezeichnungsweise eines Satzes*) »[1]. C'est qu'à la dévalorisation du passé et du futur commise par le solipsiste instantanéiste répond l'oubli, commis par le défenseur du langage privé, de l'extension temporelle de l'usage qui encadre l'instant d'utilisation de la proposition[2].

Mais l'instantanéisme sémantique inhérent à l'image augustinienne trouve une seconde expression privilégiée, qui n'est autre que l'idée du corps de signification. L'instantanéité sémantique est en effet mise en cause par les § 138-139 des *Recherches* à l'occasion d'une reformulation du problème (déjà rencontré dans le Ts 213[3]) de la conciliation – les § 138-139 parlent d'« adéquation » (*Passen*) – de la compréhension instantanée présente de la signification d'un mot et de son usage étendu dans le temps :

> Ce que nous saisissons *d'un seul coup* (*mit einem Schlage*) peut-il s'accorder avec un usage, lui être ou ne pas lui être adéquat (*passen*) ? Et comment ce qui nous est présent dans un instant (*in einem Augenblick*), ce qui flotte devant notre esprit dans un instant, peut-il être adéquat à un usage ? (§ 138).

L'image philosophique questionnée par ces paragraphes est celle du « corps de signification » (*Bedeutungskörper*)[4]. Selon elle, les possibilités et les modes d'utilisation d'un mot, quel que soit le contexte de cette utilisation, seraient entièrement déterminés par une entité (le corps de signification) dont la forme autoriserait ou interdirait que le mot en question s'agence avec d'autres en une proposition. A la façon d'un objet invisible présent dans l'instant de compréhension et d'utilisation, le corps de signification épuiserait la sémantique du mot. En guise d'illustration, le § 139 propose de considérer que le corps de signification consiste en une « image » (*Bild*). Or l'image (celle d'un cube, par exemple) ne peut à elle

1. BT, § 103, p. 499.

2. Pour la même raison, Wittgenstein reproche à l'image augustinienne sa cécité à la temporalité de l'apprentissage du langage (PU, § 1 et 32 notamment). C'est là assurément une « illusion d'optique » (Z, § 173 et BPP I, § 687) temporelle caractéristique de l'instantanéisme sémantique (BT, § 37, p. 150). Wittgenstein se méfie d'ailleurs tout autant de la perspective temporelle rétrospective (PU, § 428, PG, § 62 et 131, DWW, p. 231 et BrB, p. 224).

3. § 36, p. 147.

4. PU, § 559.

seule décider des conditions de vérité de son application, puisque cette décision équivaut à répondre à la question préjudicielle du mode d'application de l'image qui, par elle-même, n'en impose aucun (du point de vue logique, tout du moins). L'image du cube « sous-détermine », pourrait-on dire, les conditions de vérité de son application et donc celles du mot « cube » [1] : le simple fait instantané de l'apparition de l'image mentale du cube est compatible avec de multiples conditions de vérité de son application et de celle du mot « cube ». Aussi est-il erroné de considérer le phénomène de la compréhension instantanée d'un mot comme s'il prouvait que toute la détermination sémantique du mot était contenue dans l'instant présent de cette compréhension sous la forme d'un corps de signification. Il ne faut cependant pas confondre cette version mythologique de la compréhension instantanée avec sa version ordinaire : celle-ci constitue un cas de compréhension à part entière[2]. Mais alors, précisément, l'instant de compréhension est inséré dans certaines circonstances et non pas isolé comme le fondement sémantique absolu d'un mot.

Braquée sur le début des *Recherches*, la lumière des deux critiques que l'on vient de rapporter révèle combien l'image augustinienne du langage est problématique. C'est d'abord que le langage augustinien ne paraît être viable que dans un monde d'objets présents et immédiatement désignables, comme celui des deux ouvriers du § 2. C'est ensuite que, selon cette image, on ne pourrait vouloir dire (*meinen*) la forme plutôt que la couleur en montrant une figure et en disant « rouge » (par exemple) sans qu'un processus se produise au moment où (*während*, *dabei*) on utilise le mot mentionné[3]. A chaque fois, la signification est présentée comme une doublure du signe employé qui lui est co-présente[4], et par là même se trouve prescrit un mode d'élucidation de la signification qui se pense, en écho au projet phénoménologique de 1929, comme une explicitation de ce qui est contenu et resserré dans l'instant présent d'utilisation du langage. Wittgenstein remarque ainsi à propos de la question « Comment la phrase parvient-elle à représenter ? » : « Il est facile ici de tomber dans cette impasse philosophique dans laquelle on croit que la difficulté de la tâche consiste en ce que nous devons décrire des phénomènes difficilement saisissables,

1. Travis, *op. cit.*, p. 92 et *Les liaisons ordinaires*, trad. fr. B. Ambroise, Paris, Vrin, 2003, p. 45.

2. PU, § 179.

3. *Ibid.*, § 19-20 et 33-34. Voir également BrB, p. 138-139.

4. « Coexisting » dit le BlB (p. 40).

l'expérience présente qui s'enfuit rapidement ou d'autres choses semblables »[1].

Wittgenstein insiste beaucoup sur la diversité des choses que nous faisons avec nos propositions[2] et il donne à voir cette « multiplicité des jeux de langage » au moyen d'une « présentation synoptique » (*übersichtliche Darstellung*)[3] opposée à l'uniformité qu'impose au langage la présentation (*Darstellung*) augustinienne. Cette méthode ne revient pas, cependant, à entériner une conception spatialisante du langage : la temporalité qu'il entend soustraire à la négation philosophique est étroitement liée à la multiplicité des jeux de langage. Mais de quelle façon ? La spécificité de chaque usage (et donc la multiplicité des usages) dépend d'une extension temporelle en dehors de laquelle nous n'accorderions sans doute aucun sens à l'idée d'une différenciation des emplois de nos mots. C'est ce que suggère Wittgenstein lorsqu'il présente le modèle augustinien de la « désignation » (*Bezeichnung*) comme une « abréviation » (*Abkürzung*) de l'usage[4] : s'il peut être parfois légitime d'utiliser de façon générale le terme « désignation » pour caractériser le fonctionnement de notre langage, il reste qu'une telle utilisation ne peut suffire à une description adéquate. Le mot « désignation » simplifie et raccourcit tout à la fois l'usage des termes, parce qu'il existe un lien entre la multiplicité des types d'emploi du langage et l'extension temporelle de l'usage de celui-ci.

C'est le sens de l'hypothèse suivante, que Wittgenstein présente dans un texte des *Remarques sur les fondements*... de peu ultérieur à la remarque relative à la difficulté de décrire le langage comme une pratique :

> Imaginons qu'un dieu crée en un instant, au beau milieu du désert, un pays qui existe deux minutes durant, et soit la reproduction exacte d'une partie de l'Angleterre avec tout ce qui se passe en cet endroit pendant deux minutes. Tout comme en Angleterre, les hommes vaquent à leurs diverses occupations. Les enfants sont en classe. Quelques personnes font des mathématiques. Regardons l'activité de l'un quelconque de ces hommes pendant ces deux minutes. L'une de ces personnes fait exactement ce que fait un mathématicien en Angleterre lorsqu'il effectue un calcul. – Devons-nous dire de cet homme de deux minutes qu'il compte ? Ne pourrions-nous, par exemple, imaginer un passé (*Vergangenheit*) et une continuation (*Fortsetzung*) à ces deux minutes, qui nous feraient nommer tout autrement ces processus ?

1. PU, § 435-436.
2. *Ibid.*, § 23 et 27.
3. *Ibid.*, § 122.
4. *Ibid.*, § 10.

> Mettons que ces êtres ne parlent pas anglais, mais communiquent apparemment dans un langage que nous ne connaissons pas. Quelle raison aurions-nous de dire qu'ils parlent un langage ? Et pourtant, ne *pourrions*-nous pas comprendre ainsi ce qu'ils font ?
> Et en admettant qu'ils fassent quelque chose que nous inclinerions à appeler « compter »; disons parce qu'extérieurement, cela y ressemble. – Mais *est*-ce compter; et les gens qui le font le savent-ils quand nous ne le savons pas ? [1].

Cette fiction étonnante repose sur l'opération qui consiste à isoler un très court laps de temps au sein de la pratique linguistique [2] afin de mettre à l'épreuve la nécessité avec laquelle cette pratique requiert le temps. On ne peut qu'être frappé par le contraste de cette évocation d'un monde instantané avec le texte suivant, extrait du *Tractatus :*

> Si un dieu crée un monde dans lequel certaines propositions sont vraies, il crée aussi déjà (*schon*) un monde dans lequel sont valables toutes leurs conséquences. Et de même il ne saurait créer un monde où serait vraie la proposition « *p* » sans créer en même temps tous les objets de celle-ci (5.123).

Ces lignes, qui prennent place au sein des remarques consacrées à la relation de conséquence logique, utilisent une image que Wittgenstein dénoncera par la suite: celle de l'atemporalité des relations logiques conçues comme des vérités éternelles qui existeraient *par avance* (*schon*). En 1922, Wittgenstein ne parle pas seulement d'un régime grammatical spécifique (celui de l'atemporalité des énoncés logiques), mais se place dans le cadre d'une action démiurgique qui fixerait instantanément, au moment de la création d'un monde, toutes les conséquences logiques des propositions dont la fantaisie divine a établi la vérité: si tous les fondements de vérité d'une proposition *q* sont également des fondements de vérité d'une proposition *p*, alors *p* « suit » (*folgt*) logiquement de *q*. A la fin des années 1930, Wittgenstein observe au sujet du principe du *modus ponens* tel qu'il est utilisé par Russell : « Avec ce principe, Russell semble dire : "elle suit déjà (*schon*) – je n'ai qu'à la déduire". Ainsi chez Frege la droite qui relie deux points existe déjà (*schon*) avant que nous ne la

1. BGM, VI, § 34 (Ms 116, p. 99).
2. Wittgenstein isole dans PU « une seconde » au § 583 et à la p. 247, « une minute » au § 584, « un instant » aux § 638 et 642. Voir également les § 21, 35 et 205 où il concentre son regard sur un instant.

tracions »[1]. L'image sous-jacente aux analyses de Russell et Frege est celle d'une réalité déjà existante mais encore invisible, dessinée en pointillés qu'il suffirait de repasser à l'encre pour qu'elle apparaisse, comme si la détermination du développement d'une série numérique par une prescription (par exemple) devait consister en cette réalité déjà déterminée mais non effective[2]. Au « déjà » de l'hypothèse du *Tractatus* fait donc directement écho celui du texte que nous venons de citer. Si l'on se fie à une telle image, un monde pourrait très bien n'exister que le temps d'un éclair et posséder un ensemble parfaitement délimité de propositions vraies. Or la remarque relative au monde de deux minutes aspire précisément à montrer le caractère absurde d'une telle affirmation. Qu'est-ce qui la sépare de la section 5.123 du *Tractatus* ?

Une première différence est que dans celle-là, Wittgenstein attribue de façon explicite une certaine *durée* au monde imaginaire. La temporalité constitue donc manifestement un trait notable de l'hypothèse des *Remarques sur les fondements...*, tandis qu'elle reste implicite dans celle du *Tractatus*, et Wittgenstein semble bien reprocher à l'auteur du *Tractatus* d'avoir négligé ce trait dans la formulation de son hypothèse. En outre, l'explicitation de cette temporalité montre que l'hypothèse « si un dieu crée un monde dans lequel certaines propositions sont vraies » n'est en réalité pas claire du tout, car nous ne savons pas comment l'instant de création pourrait suffire à déterminer la signification de ces propositions, ni ce que peut bien vouloir dire « être vraie » dans leur cas – et comme Wittgenstein le dit à propos d'un autre cas : « il importe que j'aie recouru à la représentation d'une divinité pour me représenter cela »[3]. Voilà pourquoi il demande dans le texte des *Remarques sur les fondements...* : « devons-nous dire de cet homme de deux minutes qu'il compte ? ». En d'autres termes : que signifie « compter » si nous l'appliquons à ce que fait cet homme ? Rien n'est plus incertain que la réponse à donner.

Le recours au concept d'*occasion-sensitivity* dégagé par Travis[4] nous aidera à établir l'obscurité de l'hypothèse du *Tractatus*. Celle-ci repose en effet sur le présupposé que la relation de conséquence logique d'une propo-

1. BGM, I, § 21. Voir la séquence § 18-23. Voir également la note (a) de la p. 212 de PU où Wittgenstein donne une présentation de ce qu'il appelle le « mythe de la signification » qui utilise le même exemple.

2. « Les passages sont déjà effectués, il ne fait que les écrire » (*ibid.*, § 22). *Cf.* PU, § 188.

3. *Cf.* en particulier, dans *op. cit.*, les p. 18-20 pour une présentation de ce phénomène et (en relation directe avec notre analyse) la section intitulée « S-Use and Entailment », p. 63-74. Voir également les remarques critiques de Travis relatives à l'idée d'« extension » d'une propriété (art. cit., p. 98 *sq.*).

4. PU, § 346.

sition ordinaire à une autre est soustraite à toute variation due à l'occasion d'utilisation de la proposition – elle serait « insensible à l'occasion » d'utilisation (*occasion-insensitive*). Par exemple [1], il semble d'abord évident que de la proposition « Cet échantillon présente la couleur "vert" » suive nécessairement la proposition, relative aux feuilles d'un arbre recouvertes de peinture verte, « Ces feuilles sont vertes » : les fondements de vérité de la première proposition sont manifestement tous des fondements de la seconde. On peut imaginer que l'arbre dont les feuilles ont été peintes soit un érable japonais [2] ; imaginons également que sa propriétaire (Pia) n'appréciait pas le roux et a décidé pour cette raison de les peindre. Ce qui importe ici est que les conditions de vérité de la proposition « Ces feuilles sont vertes » peuvent varier de l'une de ses occasions d'utilisation à une autre et que, de ce fait, l'existence de la relation de conséquence logique dépend elle-même de l'occasion considérée (elle est *occasion-sensitive*). Ainsi, comme le suggère Travis, si Pia affirme, en regardant son arbre après en avoir repeint les feuilles : « Ces feuilles sont vertes », son affirmation est vraie. En revanche, si l'une de ses amies botanistes l'appelle parce qu'elle est à la recherche de feuilles d'arbre vertes pour mener une étude sur leurs propriétés chimiques, l'affirmation de la propriétaire de l'érable japonais est fausse, alors qu'elle consiste en la même proposition appliquée au même objet. Par conséquent, en raison de l'atemporalité ou (ce qui revient au même ici) de l'instantanéité de la création de l'ensemble de propositions vraies qu'elle évoque, la remarque du *Tractatus* n'est pas recevable. Si elle peut être vraie pour l'*une* des utilisations d'une proposition, en revanche elle peut être démentie par des utilisations ultérieures : rien de telle ou telle utilisation présente ne permet de savoir *par avance* si la relation de conséquence qui vaut pour elle vaudra également à l'occasion d'autres utilisations à venir. L'extension temporelle de la pratique linguistique et le lien de la sémantique des propositions aux circonstances indéfiniment variables qui jalonnent cette extension empêchent en réalité de donner un sens à l'affirmation du *Tractatus*. Supposons que dans le monde de deux minutes Pia se tienne face à son arbre dont elle a repeint les feuilles en vert au cours de la première minute et qu'elle affirme (au cours de la seconde) : « Ces feuilles sont vertes ». Outre la difficulté rédhibitoire de la détermination du sens du concept « vert » au cours d'une durée d'existence aussi brève, se dresse celle produite par la restriction de l'usage de ce concept à *une seule* utilisation : on ne peut pas dire que de la création d'un monde contenant un certain nombre de propositions vraies – à supposer qu'une telle idée ait un

1. Nous empruntons cet exemple à Travis (art. cit., p. 89).
2. Les feuilles de l'érable japonais sont rousses.

sens – découle nécessairement la création de toutes les propositions qui suivent des premières. L'hypothèse du *Tractatus* ne serait donc concevable qu'au prix de la restriction du monde créé par le dieu à l'instantanéité, mais par là précisément (comme le montre le texte des *Remarques sur les fondements...*) elle se trouve privée de sens. En la dirigeant contre la citation du *Tractatus* et en l'appliquant au monde de deux minutes, on pourrait utiliser cette formule (adaptée d'une remarque de Wittgenstein) : « Dieu, s'il avait regardé dans les âmes de ces hommes de deux minutes, n'aurait pu y voir s'ils comptaient ou faisaient tout autre chose »[1].

Mais c'est alors le concept de circonstances (*Umstände*) qui se trouve investi d'une dimension temporelle irréductible[2], une fois l'instant présent dépouillé de sa capacité illusoire de détermination sémantique absolue. Le seul moment présent de l'utilisation d'une expression ne suffit pas, dans bien des cas, à fixer son sens ; ce qui la précède et ce qui la suit participe de façon capitale à la détermination du type dont relève l'emploi de l'expression. Comme le dit Wittgenstein, le fait de diriger son attention sur la forme d'un objet n'est pas déterminé par cela seul « qui arrive pendant (*geschieht während*) qu'"on dirige son attention sur telle ou telle chose" (...). De même, un coup aux échecs ne consiste pas en cela seul qu'une pièce est déplacée de telle et telle façon sur l'échiquier, – et cela ne réside pas non plus dans les pensées et les sentiments du joueur qui accompagnent le coup, mais dans les circonstances (*in den Umständen*) que nous appelons "jouer une partie d'échecs", "résoudre un problème d'échecs" et autres choses semblables »[3]. La détermination n'opère donc pas dans l'instant où l'on déplace la pièce, mais dans le rapport de cette action à ce qui la précède et la suit[4] :

> (...) Mais même si un tel processus se répétait dans tous les cas [*i.e.* un improbable processus caractéristique accompagnant le fait de montrer la forme plutôt que la couleur], il reviendrait pourtant aux circonstances (*Umstände*) – c'est-à-dire à ce qui se produit *avant et après* l'acte de montrer (*was vor und nach dem Zeigen geschieht*) – de déterminer si nous dirions « Il a montré la forme et non pas la couleur »[5].

1. LS I, § 108 et PU, II, xi, p. 305.

2. Wittgenstein utilise à ce propos le terme « histoire » (*Geschichte*), selon une acception distincte de celle qui renvoie à la « préhistoire » de l'apprentissage (Ms 110, p. 70 ; BT, § 37, p. 150 ; PG, § 39 ; BlB, p. 52). L'histoire désigne ici la détermination critériale de la signification d'une expression (notamment PU, § 637, 638, 644, 663). Voir également Cavell, *Les voix de la raison*, p. 154 et 175.

3. PU, § 33.

4. Cavell, *op. cit.*, p. 128.

5. § 35 (nous soulignons). On trouve le même sens temporel du concept de « circonstances » (*Umgebung*) au § 583. *Cf.* également BGM, VI, § 48.

Un jeu de langage ne peut jouer le rôle de circonstance dans la détermination du sens d'une action linguistique qu'à la condition d'encadrer temporellement celle-ci. Voilà précisément ce qu'il manque aux activités qui se déroulent dans le monde de deux minutes. Ce sont ces mêmes circonstances que l'image augustinienne oublie, prisonnière d'une illusion d'optique car fascinée par ce qui se produit *pendant* l'utilisation d'une expression. Détourner le regard de cette image de la signification pour le tourner vers les circonstances temporelles qui déterminent le sens de nos utilisations du langage et donc vers le « flux » du langage[1], revient à lui faire opérer une conversion décisive.

Il est donc tout sauf évident que nous accepterions d'appeler « langage » ou « mathématiques » certaines des activités qui remplissent ces deux minutes, quand bien même elles ressembleraient à ce que nous appelons ainsi dans *notre* monde. C'est que même si cette « ressemblance extérieure » est susceptible de fournir une « raison » permettant de trancher la question de la nature des activités de deux minutes, une telle raison se révèle extrêmement fragile, et pour Wittgenstein, l'incertitude pourrait bien être le dernier mot de la fiction envisagée. Mais il n'y a pas de sens clair non plus à dire que les habitants du monde de deux minutes savent, *quant à eux*, la nature de ce qu'ils font : il n'est pas vrai que l'existence de ce monde est trop courte pour que *nous* puissions saisir la nature des activités qui le remplissent, alors même que ces deux minutes renferment effectivement tout ce qui est nécessaire à la détermination de ces activités, comme si notre ignorance seule était en cause[2]. On reconnaîtra ici une reformulation de l'affirmation (issue de la période phénoménologique) que la pensée passerait trop vite pour que nous parvenions à saisir ce en quoi elle consiste, bien qu'elle possède en elle-même une identité parfaitement claire[3], comme si une analyse suffisamment poussée de ces deux minutes devait révéler la nature d'abord invisible des activités qui s'y déroulent. Tout à l'inverse de ce qu'il avait envisagé en 1929, Wittgenstein suggère désormais que le temps n'est pas un obstacle à la saisie de la signification[4], mais l'absence de temps un obstacle à son institution et à sa détermination. Le fait qu'aucune raison décisive ne soit disponible trouve donc son origine dans ce qui fait l'exotisme de la fiction : la durée de vie du monde qu'elle évoque. Ce que

1. Z, § 135.

2. La même idée est exprimée au § 32 des BGM, VI.

3. PU, § 435.

4. Comme si un juste compte-rendu de ce que sont le sens d'une proposition et la pensée exigeait que l'on note en toute hâte, aussitôt après qu'ils se sont produits, en quoi ont consisté ces phénomènes de peur de l'oublier (*ibid.*, § 314, 316, 327 et 435-436).

nous appelons « compter » et « parler » constituent des activités étendues sur des laps de temps considérablement plus longs. En ce sens, on peut bien affirmer que le temps est nécessaire à la sémantique de nos expressions [1].

La prise en compte de la multiplicité implique celle de la temporalité. La substitution de l'usage à la signification va de pair avec celle de la multiplicité des usages à l'uniformité caractéristique de l'image augustinienne du langage, mais également avec celle de l'extension temporelle à la simultanéité et au présent que privilégie cette même image. Sans la reconnaissance de cette extension, nous nous priverions du moyen d'opérer la distinction des types d'usages différents, et inversement, l'oubli de cette multiplicité trouve l'une de ses sources dans la restriction de l'utilisation du mot à un simple instant de co-présence à la chose qu'il nomme.

Quelques mots de complément achèveront l'analyse de la fiction du monde de deux minutes. On notera d'abord que le terme « continuation » (*Fortsetzung*) utilisé par Wittgenstein pour formuler son hypothèse est celui-là même auquel il recourt dans les *Recherches* pour décrire la situation où l'élève acquiert puis maîtrise le langage, mais peut aussi bien dévier de l'usage prescrit jusqu'à ce qu'une complète incompréhension s'installe entre lui et son instructeur [2]. C'est seulement dans une « continuation » de la pratique (par exemple, le développement d'une série numérique) bien au-delà de deux courtes minutes que résident la maîtrise du langage et sa détermination sémantique. On relèvera ensuite que dans le Ms 164 [3], les § 34 et 35 de la section VI des *Remarques sur les fondements...* forment une séquence continue. Aussi, lorsque Wittgenstein écrit au début du § 35 : « Comment sais-je que la couleur que je vois maintenant (*jetzt*) s'appelle "vert" ? », de toute évidence il prolonge sa réflexion sur le monde de deux minutes. Il demande alors si nous ne nous trouvons pas dans la situation des habitants de ce monde lorsque nous utilisons un prédicat comme « vert ». Qu'est-ce qui nous distingue d'eux en ce cas ? Et comment répondre à ces questions sans se jeter dans les bras d'une conception philosophique qui nous fournirait une réponse au prix de la présence d'une entité mythologique quelconque (comme le corps de signification) ? Le § 34 ne se contente pas de manifester la valeur critériale de la temporalité, mais questionne en outre la façon dont elle endosse et assume cette valeur. Nous verrons que la position de Wittgenstein sur cette question s'élabore au moyen du concept de réaction, qui écarte aussi bien l'idée du caractère

1. Où l'on retrouve une idée centrale de l'extrait du Ms 119 cité p. 175-176.
2. § 143-146 et 185.
3. P. 102.

sémantiquement suffisant du présent que celle de la nécessaire présence du passé et du futur dans le présent.

La conversion de l'image du langage

Le but thérapeutique visé par Wittgenstein au terme du combat engagé avec l'image augustinienne est la conversion de cette présentation (*Darstellung*) que nous nous donnons si facilement de notre langage – conversion qui exige que l'on fasse « pivoter toute notre considération (*Betrachtung*) » du langage[1]. C'est en effet un certain « mode de considération » (*Betrachtungsweise*)[2] de celui-ci que nous suggère l'image augustinienne, un peu à la façon d'une illusion d'optique : changer d'image du langage suppose notamment de quitter certaines perspectives temporelles philosophiquement dangereuses que l'on peut prendre sur lui. Cette conversion fait l'objet du § 144 des *Recherches*, qui occupe pour cette raison une place importante au sein de cette œuvre tant du point de vue de la stratégie que de celui du contenu.

1) Le § 144[3] est d'abord relié au § 108 par le fil du changement de « la façon de regarder les choses (*Anschauungsweise*) » – les « considérer autrement (*anders betrachten*) », dit encore Wittgenstein – développant ainsi, en s'appuyant sur l'exemple exposé au § 143, l'idée d'une conversion de l'« image » du langage, également présente au § 108. Il succède en outre immédiatement à la séquence des § 138-142 dont nous avons montré qu'elle soulève de façon explicite la question du rapport entre la compréhension instantanée d'une expression et son usage étendu dans le temps. Inséré dans ces deux filiations textuelles, le § 144 provoque la conversion recherchée en libérant le lecteur de l'image qui le retient prisonnier dans le privilège du présent[4]. Ce rôle explique son importance pour la suite des *Recherches*. En particulier, l'exemple donné au § 143 (le développement d'une série de signes d'après une loi de formation) fournit sa trame thématique à la séquence des § 185-202 consacrée à la règle, et les troubles philosophiques envisagés alors constitueront autant de mécompréhensions de ce que dit le § 144. Plus généralement, l'image du langage que suggère le § 144 constituera désormais comme un acquis auquel se réfèreront de nombreuses remarques ultérieures des *Recherches*. Quelle est donc cette image ?

1. PU, § 108.
2. *Ibid.*
3. Z, § 461 (même texte).
4. PU, § 138-139.

Aux § 138-141, l'idée selon laquelle les utilisations possibles d'une expression seraient entièrement déterminées par son corps de signification, indépendamment de toute circonstance particulière d'emploi, prend la forme du phénomène de la « compréhension éclair » (*mit einem Schlage erfassen*) (§ 138 et 139), que l'interlocuteur de Wittgenstein oppose à « l'"usage" étendu dans le temps » (*der in der Zeit ausgedehnte Gebrauch*)[1]. Lorsque nous saisissons d'un seul coup la signification d'une expression (au moment où nous la proférons, par exemple), il semble bien que l'ensemble des utilisations possibles « nous est présent dans un instant » d'une certaine façon, qu'il « nous flotte devant l'esprit dans un instant » (§ 139), tout comme le corps de signification est censé se tenir derrière l'expression à laquelle il correspond; et l'on est tenté de dire que le rapport qu'entretient cette saisie éclair avec l'usage est lui-même un rapport d'« adéquation » selon que l'on peut emboîter ou pas l'une dans l'autre.

Dès le § 136, Wittgenstein avait mis en garde son lecteur contre cette « mauvaise image ». C'est à elle qu'il souhaite, au § 144, en substituer une autre. Mais où réside leur opposition? L'image du corps de signification était tributaire de l'idée que la signification pourrait être donnée instantanément (*mit einem Schlage*, *in einem Augenblick*) et déterminer alors l'ensemble des utilisations (*Verwendung*) possibles[2]. Cette façon de regarder les choses constitue ce que l'on pourrait appeler un *fatalisme sémantique* dont l'une des propriétés est de considérer que le futur de notre usage linguistique est déjà décidé[3]. En d'autres termes, « "l'usage" étendu dans le temps » *ne pourrait pas* intervenir dans la détermination sémantique d'une expression et la succession des utilisations particulières de l'expression serait absolument inessentielle à la signification de celle-ci. Or l'image développée par Wittgenstein aux § 143-4 prend l'exact contre-pied d'une telle idée.

Le § 143 présente la situation dans laquelle un élève doit développer la série des entiers naturels dans le système décimal selon les instructions d'un enseignant. La question soulevée par Wittgenstein à cette occasion

1. Voir *supra*, p. 177 *sq*.

2. *Cf.* la conception des règles comme des rails le long desquels notre usage du langage devrait se déplacer – représentation dont Wittgenstein précise qu'elle est « une façon particulière de regarder les événements (*one peculiar way of looking at events*) » (« Lectures on the Freedom of the Will », dans *Philosophical Occasions 1912-1951*, trad. fr. A. Soulez, *Leçons sur la liberté de la volonté*, Paris, PUF, 1998, p. 20 – voir également p. 11, 14 et 36, ainsi que BGM, VI, § 22 et PU, § 218).

3. *Ibid.*, p. 16-17.

est celle de « la *possibilité de la compréhension*[1] » : à quelles conditions l'enseignant accordera-t-il à l'élève qu'il a compris ce qui lui est demandé et qu'il maîtrise la règle de la série numérique en question ? Quels critères de l'application de l'expression « comprendre la loi de formation d'une série numérique » la description révèle-t-elle ? En réponse à cette question, Wittgenstein insiste sur l'importance du critère de la fréquence (*Häufigkeit*), qui permet de distinguer entre les différents cas de l'erreur sans règle, de l'erreur systématique, de l'erreur ponctuelle et de la maîtrise complète. Or le § 144 précise que la conversion de l'image du langage repose sur un fait présenté de la façon suivante au § 143 (alors qu'est évoquée la possibilité de corriger l'élève et de l'amener à la compréhension) : « Et ici aussi la capacité d'apprentissage (*die Lehrnfähigkeit*) de l'élève peut cesser »[2]. Mais en quoi la reconnaissance de cette possibilité peut-elle enclencher une conversion ?

Wittgenstein précise que cette possibilité n'est pas « empirique » – elle n'est pas relatée parce qu'elle aurait été observée. De même, elle ne désigne pas une performance possible de notre capacité de représentation. Quel statut a-t-elle ? Le § 140 faisait remarquer que l'affirmation (du § 139) selon laquelle l'image du cube qui nous vient à l'esprit n'impose par elle-même aucun mode d'application était destinée à ce que nous « voyions (*sehen*) qu'il est possible que la même chose flotte devant notre esprit au moment où (*beim*) nous entendons le mot, alors que son application peut être tout autre ». La possibilité soulignée au § 144 est, elle aussi, destinée à nous faire *voir* quelque chose : si la possibilité mentionnée au § 139 voulait manifester l'insuffisante détermination sémantique de tout événement ou entité spirituel(lle) présent(e), celle évoquée au § 144 veut d'abord nous faire voir le lien qui existe, au sein de notre usage du langage, entre la maîtrise du langage et la régularité de son application. En d'autres termes, nous n'accepterons le plus souvent d'accorder aux manipulations de signes effectuées par quelqu'un (l'élève, en l'occurrence) le nom de « langage », et donc de reconnaître que cet individu « maîtrise » un langage, qu'à la condition qu'il *poursuive* la pratique du langage[3] d'une façon que l'enseignant juge correcte. Ou encore : qu'à la condition que l'élève suive la prescription correctement *avec une fréquence suffisante*. Wittgenstein précise ainsi au § 145 :

1. Au sens d'« entente », d'abord, mais également au sens de la « maîtrise » de la prescription.

2. Le verbe « pouvoir » est souligné lors de la répétition de cette même affirmation au § 144.

3. PU, § 143 (*weiterschreiben*) et 145 (*fortsetzen*).

A notre satisfaction, l'élève écrit maintenant la série de 0 à 9. – Et cela ne sera le cas que s'il réussit *souvent* (*oft*), et non pas s'il le fait correctement une fois sur cent.

Dans le *développement* de la pratique réside un critère majeur d'application du concept de compréhension (ou de maîtrise) d'un langage et donc du concept de langage lui-même. Il est grammaticalement nécessaire d'envisager la pratique linguistique selon son extension temporelle pour pouvoir parler de la compréhension d'une expression – et nous retrouvons ainsi nos commentaires relatifs au monde de deux minutes. Voilà l'un des aspects principaux de l'image que Wittgenstein souhaite «placer sous les yeux» de son interlocuteur avec l'espoir que celui-ci la «reconnaîtra» et l'adoptera. Mais la possibilité soulignée au § 144 veut dire plus que cela. Il ne faudrait pas croire, en effet, que Wittgenstein se libère de la fascination d'une image pour tomber sous la fascination d'une autre (celle du langage comme pratique étendue dans le temps). Ce n'est pas le propos du § 144. Celui-ci cherche seulement à ramener de l'oubli un critère qui atteste l'importance et l'irréductibilité de la temporalité dans la grammaire de nos concepts de langage, de compréhension et de signification, dans le but de *juxtaposer*[1] des aspects différents de ces concepts et de renoncer à accorder un privilège à l'un de ces aspects. C'est en ce sens que le § 141 précise qu'il existe au moins deux types de critères d'application de l'image du cube: «d'un côté l'image (...) qui lui flotte devant l'esprit à un moment quelconque (*zu irgendeiner Zeit*); d'un autre côté l'application, qu'il fait – au cours du temps (*im Laufe der Zeit*) – de cette représentation». Notre expression «la temporalité grammaticale» vise simplement à faire droit à cette diversité de critères.

Un questionnement engagé dès 1929 trouve ici son terme. En décembre 1929, nous l'avons vu, Wittgenstein pense que l'inscription du langage dans le temps est montrée par les modes de vérification respectifs de l'hypothèse et de la proposition authentique[2]. Cette thèse se prolonge dans le Ts 213[3] en une interrogation sur la compatibilité de l'instantanéité de la compréhension et de la signification avec l'utilisation étendue dans le temps. Atteint dans les *Recherches*, l'aboutissement de ce questionnement consiste à voir que nous n'avons affaire avec cette distinction, par-delà les formulations philosophiques que l'on peut être tenté d'en donner, qu'à celle de deux critères des concepts de signification et de compréhension.

1. «Il est curieux que le simple fait de rassembler des cas nous donne la tranquillité» (DWW, p. 156).
2. Voir *supra*, p. 47 *sq*.
3. § 36, p. 147.

L'ensemble des problèmes qu'elle semble soulever – nous les avons détaillés – provient en somme des erreurs suivantes : d'abord celle de considérer que la grammaire de notre langage est partagée en deux systèmes (1929); puis celle de croire que cette distinction séparerait deux phénomènes temporellement incompatibles (1932-1933). Se déprendre de ces conceptions suppose de « laisser toute chose en l'état » et de « reconnaître » les deux critères sans chercher à les fonder; la volonté doit abdiquer son orientation philosophique. Alors seulement la juxtaposition des deux modes d'expression peut opérer son effet thérapeutique, en particulier à l'égard du mythe du présent.

2) Comment la conversion accomplit-elle le mouvement que nous avons indiqué ? Il s'agit pour Wittgenstein, en premier lieu, de reconsidérer l'immanence du grammatical à la pratique linguistique et, pour cela, d'écarter deux conceptions. La première est celle du « préjugé de la pureté de cristal », propre au soi-disant « ordre *a priori* du monde »[1] censé définir ce qu'est le logique. Aux yeux de Wittgenstein, il nous faut renoncer à l'idée que le logique exercerait sa détermination normative à l'égard de l'expérience tout en étant antérieure à (vor *aller Erfahrung*) et distincte de l'expérience (*ihr selbst darf keine erfahrungsmässige Trübe oder Unsicherheit anheften*) : l'essence de la proposition et celle du langage seraient déterminées « une fois pour toutes (*ein für allemal*) » et « indépendantes de toute expérience future (*von jeder künftigen Erfahrung*) »[2]. La réplique wittgensteinienne ne répond pas que nous renouvelons sans cesse notre concept de proposition au cours de notre expérience, mais que la solidité de son identité ne repose pas sur (ni n'a besoin d') une essence immuable de la proposition comme celle que proposait la « forme générale » tractarienne[3]. La nuance est de taille, et c'est d'abord[4] en ce sens que la question « Qu'est-ce qu'une proposition ? » est liée à l'expérience future. Il faut dire que la temporalité est ici irréductible, dans la mesure où le développement de l'usage (nous réagissons linguistiquement de la même façon dans des situations identiques) est un élément constitutif de la signification du mot « proposition ». La conversion que Wittgenstein nous invite à accomplir consiste donc à ne plus sublimer la normativité logique en une entité transcendante à la pratique linguistique ordinaire (un mythologique cristal omnitemporel), et en conséquence, à ne plus considérer l'extension

1. PU, § 97.
2. *Ibid.*, § 92.
3. 4.5, 5.471 et 6. *Cf.* Mc Dowell, « Non-cognitivism and rule-following », p. 148.
4. Nous verrons (p. 229 *sq.*) que la dépendance à l'égard du futur intervient également au sujet de la détermination des *critères* d'application de nos expressions.

temporelle de celle-ci comme étrangère à la signification que nous donnons aux concepts de langage et de proposition.

La conversion indiquée ne manquera pas de susciter la crainte que la logique (la grammaire) ne perde à cette occasion la dureté de sa normativité[1]. En réalité, une telle inquiétude est elle-même engendrée par l'image de la grammaire que l'on vient de dénoncer : c'est précisément dans le cadre du présupposé d'une extériorité métaphysique de la logique à la pratique que le rappel du lien de la proposition à l'égard du cours de la pratique (« l'expérience future ») peut susciter la crainte évoquée. Et se libérer de cette image de la grammaire équivaut à se libérer de la croyance qu'elle pourrait être abolie. Le but poursuivi par Wittgenstein n'est donc pas de montrer que la nécessité de nos règles grammaticales n'est pas aussi stricte qu'il y paraît, mais de transformer la vision que nous avons de cette nécessité.

Le recours à une omnitemporalité mythologique de la grammaire n'est cependant pas la seule façon de nier la temporalité de la pratique linguistique. Si on le peut en prétendant donner une fois pour toutes le sens de nos concepts par le recours à un ordre *a priori*, on le peut également en isolant de cette temporalité l'instant où l'on emploie le langage – c'est la seconde conception contestée par Wittgenstein. Le « Cahier jaune » remarque ainsi : « L'une des difficultés principales que nous rencontrons avec la notion d'une idée générale ou avec la compréhension d'un mot est que nous voulons que cela soit présent (*present*) à un moment déterminé (*at a definite time*), disons lorsque le mot est compris, et l'idée que nous avons est supposée avoir des conséquences et agir au fur et à mesure que le temps passe (*as time goes on*). (…) C'est comme si l'idée contenait l'usage, qui est alors étendu dans le temps (*spread out in time*) »[2]. L'« idée générale » (qui n'est qu'un avatar des notions de corps de signification et d'unité formelle[3]), et en particulier l'idée générale de proposition, serait donc donnée *dans le présent* d'utilisation ou de compréhension ; l'usage futur se contenterait de la déplier. Selon cette conception, c'est donc en « exhumant » (*hervorgraben*) ce qui se produit dans l'instant présent d'utilisation, en creusant par l'analyse sous la « surface »[4] de l'utilisation manifeste du langage, que l'on découvrira l'essence de celui-ci (par exemple, ce qu'est une proposition). Aux § 105-106, Wittgenstein demande ainsi si « l'essence du signe véritable » ne serait pas « la représentation du moment

1. PU, § 108 et 242.
2. WLC 32-35, p. 106 et 109.
3. PU, § 108.
4. *Ibid.*, § 92. Pour l'utilisation de la même métaphore, BGM, VI, § 31.

présent », dont il faudrait décrire les « finesses » de « toile d'araignée » pour saisir le sens véritable du concept de signe, alors que l'essence de la proposition est épuisée par les différents types d'emplois possibles de ce mot.

La conversion à laquelle nous invite le § 108 écarte autant l'erreur qui consiste à croire voir dans le langage quelque chose (l'idéal logique atemporel) qui ne s'y trouve pas [1], que celle qui consiste à croire que se trouve dans le langage quelque chose (la complexité contenue dans l'instant présent) qu'on ne voit pas d'abord. Que ce soit la tentation logiciste du *Tractatus* – telle que Wittgenstein la lit rétrospectivement dans ce texte – de postuler un ordre logique *a priori*, ou celle phénoménologique de 1929 d'une profondeur peu accessible du présent de l'usage, ces deux conceptions échouent à *voir* [2] (« reconnaître ») la pratique linguistique telle qu'elle se fait. Ni l'atemporalité de l'ordre *a priori*, ni la profondeur de l'instant présent, donc, puisque ces deux images rendent indépendant de l'usage l'instant de l'utilisation : la tentation logiciste en l'investissant d'une norme atemporelle indifférente à ses incarnations antérieures et postérieures (le corps de signification ou l'idée générale), et la tentation phénoménologique en lui adjoignant une entité présente (le vécu présent) censée épuiser dans l'instant la détermination de la signification. « Faire pivoter toute notre vision » du langage a pour but d'éviter ces deux écueils. Il n'est donc pas surprenant que la conversion du regard à laquelle Wittgenstein engage son lecteur requiert d'abord de considérer le langage comme un « phénomène spatio-*temporel* » [3] et de reconnaître que « notre besoin véritable » (qui doit servir de « pivot » à la conversion) n'inclut pas le fait que la logique soit un ordre idéal atemporel et *a priori*. Voilà pourquoi, si l'on reprend l'exemple de Wittgenstein, « il est superflu d'avoir établi à l'avance » qu'il faut écrire « 2002, 2004, 2006, etc. » après 2000 pour avoir voulu dire la règle + 2 en utilisant les signes « + 2 » [4].

En second lieu, il faut se garder d'entendre l'appel à reconnaître la temporalité et la spatialité du langage comme une incitation au nominalisme : Wittgenstein ne conduit pas notre regard à ne saisir en elles que des « propriétés physiques ». S'il s'agit de voir le langage comme un phénomène spatio-temporel, c'est en tant qu'il est un phénomène *grammaticalement réglé*. Sans doute fera-t-on valoir ici l'objection que l'usage ordinaire distingue les expressions « signification » et « mot » (la marque

1. *Ibid.*, § 92, 97-102 et 105-106.
2. Il faut insister sur le sens visuel de l'expression *Betrachtungsweise*.
3. *Ibid.*, § 108 (nous soulignons).
4. BGM, I, § 3. Voir Diamond, *op. cit.*, p. 50.

physique), ainsi que « règle » et « expression de la règle ». Et l'on ajoutera que Wittgenstein lui-même renonce en réalité à la temporalité du langage lorsqu'il affirme : « Mais nous parlons [du langage], tout comme des pièces du jeu d'échec, en indiquant leurs règles du jeu et non pas leurs propriétés physiques » [1]. Ne range-t-il pas de cette manière le temps parmi les seules propriétés physiques du langage, le vidant de toute espèce d'importance dès que l'on considère la dimension grammaticale de celui-ci ?

L'analogie du jeu d'échecs est particulièrement précieuse pour répondre à cette question. Il est opportun de se souvenir qu'aux § 33 et 35 des *Recherches*, la même analogie servait à insister sur le fait « qu'un coup aux échecs ne consiste pas seulement dans le déplacement d'une pièce de telle et telle façon sur un échiquier (...); mais dans les circonstances que nous appelons "jouer une partie d'échecs", "résoudre un problème aux échecs", etc. », c'est-à-dire dans « ce qui se produit avant et après » le déplacement de la pièce. La relation du mouvement physique d'une pièce et des règles du jeu qui valent pour le roi aux échecs ne doit donc être pensée ni simplement sur le mode de l'exclusion réciproque, ni simplement sur celui de l'assimilation. Comme le suggère le § 33 (avec la nuance « pas seulement »), la temporalité entre dans la détermination du sens du déplacement évoqué, c'est-à-dire que la pièce en tant qu'élément du jeu d'échecs dont les mouvements possibles sont prescrits par des règles est liée à la temporalité physique de l'objet qui sert de pièce. Certaines des considérations développées par Wittgenstein dans le « Cahier jaune » permettront de préciser ce point.

Wittgenstein s'y interroge en particulier sur le rapport du pronom personnel « je » et de l'expression « (mon) corps » [2]. Il rappelle que « le mot "je" ne peut pas être remplacé par "ce corps" » (par exemple, on dit « j'ai mal aux dents » et pas « mon corps a mal aux dents »), mais également que « "je" n'a de signification que par référence à un corps », *i.e.* à la fois « que "je" ne soit non pas utilisé de la même façon que "mon corps" » ne montre pas qu'il désigne quelque chose d'autre que mon corps [3] et « l'usage du mot "je" dépend d'une corrélation empirique entre la bouche et d'autres parties du corps ». Bref « "je" n'aurait aucune signification en dehors d'une telle corrélation » [4]. Or Wittgenstein ajoute : « On trouve un parallèle à cela dans

1. PU, § 108.

2. WLC 32-35, p. 79-80.

3. *Ibid.*

4. Par exemple : « si, lorsque des gens parlent, les sons provenaient toujours d'un haut-parleur et que les voix fussent identiques, le mot "moi" n'aurait aucun emploi : il serait absurde de dire "C'est moi qui ai mal aux dents" » (*ibid.*, p. 39). *Cf.* aussi WLC 30-32, p. 30-31.

le jeu d'échecs : bien que le roi ne doive pas être identifié à telle pièce de bois, on ne peut pourtant pas parler de ce qui serait un pur roi, auquel aucune marque ou aucun symbole ne correspondrait »[1]. En d'autres termes, la pièce en tant que *fonction* dans un jeu réglé entretient une corrélation essentielle avec l'*objet physique* qui l'incarne. De la même façon, le signe en tant qu'élément du langage entretient une corrélation essentielle avec sa nature spatio-temporelle. Plus encore, c'est seulement en tant qu'elle est un objet physique que la pièce peut remplir une fonction dans le jeu, puisque l'ordre temporel des coups détermine essentiellement une partie d'échecs : que pourrait bien être une « pure » partie d'échecs qui ne serait pas soumise à la temporalité des déplacements des pièces qu'elle utilise ? Un mot n'a lui aussi de signification qu'en tant qu'il est un « phénomène spatio-*temporel* », et pour cette raison, la temporalité ne peut intervenir au seul niveau de ses propriétés physiques. L'idée même du caractère négligeable du temps provient d'ailleurs de la distinction très contestable du signe et de la signification comme de deux entités de natures différentes[2]. On ne peut donc même pas dire que le langage « s'accommode » de ses propriétés physiques temporelles, mais simplement rappeler que la répétition régulière au cours du temps et en des circonstances variées appartient à la grammaire de notre concept de langage. De cette façon est atteint le terme du mouvement de conversion de notre regard souhaité par Wittgenstein.

3) A quelle description la conversion du regard désormais accomplie donne-t-elle lieu ? A partir des *Recherches*, il devient évident que les notions de fréquence et de régularité occupent une place centrale au sein de l'image wittgensteinienne du langage, et cette importance ne cessera de se confirmer au cours des années 1940. Ces notions permettent de préciser ce que nous avons appelé la « temporalité grammaticale », et par là, de proposer une description plus juste de la « physionomie »[3] de notre langage.

Une expression particulièrement adéquate du point de vue descriptif est fournie par l'adverbe *mal* (« fois ») qui exprime le degré de fréquence. C'est que la limite pertinente pour la temporalité du langage passe bien souvent entre « une seule fois » et « un grand nombre de fois »[4]. La question *wie oft ?* interroge ainsi la fréquence d'un processus dynamique. Sans doute emploie-t-on cette question en un sens purement quantitatif au sujet (par exemple) du nombre d'occurrences d'un motif dans une frise. Mais d'une

1. *Ibid.*, p. 82.

2. Wittgenstein rapproche d'ailleurs explicitement cette distinction erronée de celle de l'esprit et du corps, *cf.* LS I, § 979.

3. PU, § 235.

4. *Cf.* en particulier BGM VI, § 32 et PU, § 145.

part, l'adverbe allemand *einmal* (ainsi que ses dérivés *ein für allemal*[1] et *auf einmal*[2]) et le nom français « fois » expriment d'abord et principalement la fréquence temporelle, et d'autre part, les expressions employées comme apparentées à *oft* par Wittgenstein – entre autres, les adverbes *ständig*[3] et *stets*[4] – ne laissent guère de doute quant à la valeur temporelle de cet adverbe[5].

Cela signifie que les différences de fréquence au sein de l'usage sont grammaticalement pertinentes, c'est-à-dire qu'elles jouent pour certains concepts – comme ceux de langage et de compréhension d'une règle – le rôle d'un critère : l'élève ne comprend la règle prescrite, avons-nous vu, que s'il l'applique correctement *avec une fréquence suffisante*. C'est en ce sens qu'il faut lire les textes dans lesquels est écartée la possibilité qu'une expression ne soit utilisée que par un seul individu et qu'une unique fois, comme lorsque Wittgenstein écrit, dénonçant à la fois la réduction au présent et l'oubli corrélatif du rôle joué par la fréquence : « Comment pourrait-on décrire la façon dont les hommes agissent ? Comment, sinon en montrant la façon dont les actions des hommes, dans leur diversité, empiètent les unes sur les autres en une sorte de grouillement. L'arrière-plan sur le fond duquel nous voyons l'action n'est pas ce qu'*un* indidividu fait *maintenant* (*was Einer jetzt tut*), mais cet ensemble grouillant, et c'est lui qui détermine notre jugement, nos concepts et nos réactions »[6].

Le rôle déterminant de la fréquence n'intervient pas seulement au niveau de l'accomplissement des actions relevant d'une pratique, mais également (comme dans le texte cité) au niveau de la forme de vie au sein de laquelle sont accomplies ces actions, ainsi que des faits de nature très généraux qui expliquent l'importance de nos concepts. Au sujet de ces faits, Wittgenstein écrit :

> Le procédé qui consiste à poser un morceau de fromage sur une balance et à déterminer le prix selon l'oscillation de la balance, perdrait sa raison d'être s'il arrivait plus fréquemment (*häufiger*) que ces morceaux disparaissent soudainement sans cause apparente, ou bien qu'ils rétrécissent[7].

1. PU, respectivement § 143, 199 et 92.
2. BT, § 39, p. 160. L'expression synonyme *mit einem Schlage* est utilisée à plusieurs reprises par Wittgenstein dans PU (§ 191 et 197).
3. PU, § 190 et 198 ; BPP II, § 626.
4. BGM, VI, § 33 et 43.
5. Peut-être serait-il plus juste de traduire *wie oft ?* par « avec quelle fréquence ? » que par « combien de fois ? ».
6. BPP II, § 629. *Cf.* également PU, § 199 et BGM, VI, § 21.
7. PU, § 142.

Et au sujet de la forme de vie :

> L'arrière-fond est le train-train de la vie (*das Getriebe des Lebens*). Et notre concept désigne quelque chose dans *ce* train-train.
> Et déjà le concept « train-train » entraîne l'indétermination. Car c'est seulement par une répétition constante (*ständige Wiederholung*) que se produit un train-train. Et une « répétition constante » n'a pas de commencement déterminé [1].

Il faut souligner d'abord le caractère *indéterminé* de cette temporalité, ce qui signifie que les limites de la « répétition constante » sont floues. Par exemple, on ne peut pas dire en général à partir de combien d'occurrences réussies d'une même action on accorderait à l'élève qu'il a compris la règle qu'on lui a enseignée (la situation diffèrerait notamment selon qu'on a affaire à un élève qui a toujours facilement appris ou pas) [2]. Bien entendu, le risque est grand que le caractère indéterminé nous conduise à penser que la fréquence temporelle n'a en réalité aucune valeur grammaticale et que la compréhension est bien un état psychique présent, dont la continuation réussie de la série n'est que la manifestation. Mais de cette façon, on se précipiterait de nouveau [3] vers l'instantanéisme sémantique.

L'indétermination de la fréquence concerne également le *rythme* avec lequel s'opère la répétition constitutive de l'arrière-fond du train-train de la vie. « Le "chagrin" décrit pour nous, remarque Wittgenstein, un motif qui revient (*wiederkehrt*) dans le tapis de la vie avec différentes variations. Si chez un homme, l'expression corporelle de la tristesse et de la joie alternaient par exemple selon le tic-tac d'une horloge, alors nous n'aurions pas le cours (*Verlauf*) caractéristique du motif de la tristesse ni de celui de la joie » [4]. Le caractère déterminant du temps et de la fréquence doit être rattaché étroitement aux remarques de la même époque qui évoquent « le flux de la vie » [5], synonyme du « train-train de la vie », dans le cadre d'une reformulation ultime du principe frégéen de contextualité [6]. Le rythme de l'alternance de la joie et de la tristesse – la morphologie de leur succession temporelle et de celle de leurs critères – détermine ce que nous serions prêts à appeler de la « tristesse » et de la « joie ». L'importance du terme « flux » dans la reformulation du principe de Frege devient ainsi particulièrement claire : le critère ne se constitue pas simplement selon les circonstances

1. BPP II, § 625-626.
2. PU, § 146.
3. Manifestement, Wittgenstein renvoie ici à *ibid.*, § 139.
4. *Ibid.*, II, i, p. 247. Voir VB, p. 80.
5. *Cf.* (entre autres) LS I, § 913.
6. Z, § 173.

instantanées de l'utilisation d'un terme, mais *selon la succession temporelle elle-même;* c'est dans et par la succession (le flux) des circonstances que telle ou telle d'entre elles peut recevoir une valeur critériale. Et c'est au fond ce que dit Wittgenstein dès la seconde moitié des années 1930, lorsqu'il explicite le concept de circonstance comme « ce qui arrive avant et après »[1] l'action à laquelle on applique l'expression « désigner la forme ». C'est assez dire que les considérations exposées confèrent à la temporalité un statut grammatical (« logique »). De même que la fréquence, la succession est donc grammaticalement pertinente[2].

Qu'en est-il de la régularité (*Regelmässigkeit*)? On ne peut saisir son statut sans rappeler que Wittgenstein ne prétend pas circonscrire ce qui permet au langage de fonctionner. L'utilisation de ce concept, en particulier aux § 207-208 des *Recherches*, se veut ordinaire et descriptive. La situation évoquée par le § 207, qui présente un explorateur découvrant un peuple dont la langue lui est inconnue, vise à répondre à la question posée au § 206 : « Dans quelles circonstances dirais-tu que les gens là-bas donnent des ordres, comprennent des ordres, les exécutent, s'opposent à des ordres, etc. ? » Elle est destinée à souligner l'existence d'un critère essentiel de notre utilisation ordinaire du terme « langage ». Si les manipulations de signes effectuées par les membres du peuple imaginé ne laissaient apparaître aucune régularité, remarque Wittgentein, nous refuserions de leur appliquer ce terme – et comme le dit Putnam, le concept de régularité tel qu'il est utilisé ici n'a pas besoin d'une explication philosophique qui fournirait un fondement à la régularité[3]. Le § 208 succède au § 207 avec la fonction d'expliciter la grammaire du mot « régularité ». Or il est frappant que Wittgenstein s'engage alors dans la description d'une activité d'enseignement tout à fait similaire à celle rencontrée aux § 143-5 et destinée, elle aussi, à apprendre ce qu'est la régularité. Cela suggère que l'un des objectifs de la conversion de l'image du langage proposée par Wittgenstein réside dans la mise en évidence de l'importance considérable, au sein de nos usages linguistiques, du critère de la régularité. De cette façon se précise l'idée selon laquelle la conversion a pour but de supprimer la négation traditionnelle du trait de la temporalité propre à la physionomie de notre langage.

1. PU, § 35.

2. Voir Putnam, « Was Wittgenstein Really an Anti-realist About Mathematics ? », dans S.C. Stidd et T. McCarthy (ed.), *Wittgenstein in America*, Oxford, Clarendon Press, 2001, p. 144-5 et 147.

3. Art. cit., p. 147.

Mais quelle est la grammaire du concept de régularité ? Wittgenstein ne parvient à une présentation satisfaisante de la temporalité du langage qu'à partir du moment où il conçoit le rapport entre les différentes utilisations d'une expression comme la *régularité* d'un usage, dont la temporalité est aussi différenciée et ouverte que l'autorise la règle grammaticale, et non plus comme une série de *reproductions*, terme qui suggère une temporalité centrée sur l'instant, d'emblée déterminée et susceptible de faire obstacle à la signification. Plus précisément, « régularité » exprime d'abord *l'identité*, c'est-à-dire la répétition de la même chose d'une occasion à l'autre [1] (rendre régulièrement visite à quelqu'un) ou d'un instant à l'autre (la production d'un bruit régulier). Ce mot exprime ensuite *l'extension temporelle*, dans la mesure où dans bien des cas la régularité n'apparaît que si des unités de temps sont distinguées (on ne rend des visites régulières à quelqu'un que si on lui rend visite certains jours distincts) – « régulier » s'apparente par là à « constant » [2]. Ces deux premiers sens dessinent l'opposition de « régulier » et « exceptionnel », ou encore, celle de la « pratique » et du « processus unique » [3]. Enfin, « régularité » signifie la *conformité à une règle* [4]. Il serait erroné cependant d'assimiler simplement les deux concepts de « règle » et de « régularité » et de « *définir* "règle" en termes de "régularité", ou de réduire la notion de règle à celle de régularité » [5]. Il est en effet parfaitement concevable que l'on assiste à un phénomène régulier sans que celui-ci constitue l'application d'une règle [6]. Le lien qui unit les deux notions distinguées reste essentiel cependant [7]. Si Wittgenstein ne définit pas la règle par la régularité, il considère néanmoins que la première dépend grammaticalement de la seconde, c'est-à-dire qu'une règle n'existerait pas sans une régularité de l'action réglée. Et cela signifie notamment que la règle doit avoir été appliquée un certain nombre de fois pour qu'elle reçoive ce statut.

Par conséquent, la régularité a un sens clairement *temporel*, puisqu'en la supposant, le concept de règle suppose en général une multiplicité d'applications identiques et donc une « continuation » (*Fortsetzung*) effective de l'application de la règle à travers le temps. Corrélativement, on ne dira qu'une *même* règle a été appliquée que si une succession d'occurrences

1. BGM, VI, § 32.

2. PU, § 190, 198, 415 (*ständig*) et § 242 (*Konstanz*) ; BGM, VI, § 33 (*stets*).

3. Qu'opposait le § 34 de la partie VI des BGM.

4. *Ibid.*, VI, § 39 : « le phénomène du langage repose sur la régularité ». Voir Putnam, art. cit., p. 145.

5. Putnam, *ibid.*

6. Wittgenstein évoque en guise d'illustration le chant régulier d'une grive (BGM, VI, § 42). Voir aussi *ibid.*, § 44-45 et PU, § 207.

7. PU, § 225.

peut être saisie comme régulière, et c'est alors la règle qui définit ce que signifie « être régulier (ou) identique » pour ces occurrences. Par son étroite parenté avec le concept de règle, la régularité constitue donc l'un des traits essentiels de la « physionomie de ce que nous appelons dans la vie de tous les jours “suivre une règle” » [1], statut que lui reconnaissent les *Recherches* lorsque les § 203-242 brossent la « physionomie » de cette pratique, après que Wittgenstein en a discuté des mécompréhensions aux § 185-202. Et ce trait est d'autant plus digne d'être remarqué qu'il constitue l'un des aspects que la conversion de l'image du langage prônée par le § 108 et accomplie par les § 143-144 est destinée à révéler.

L'inscription de la sémantique ordinaire dans le temps

Le changement d'image du langage à laquelle Wittgenstein invite son interlocuteur implique un changement d'image de ce que signifie « posséder une signification » pour une expression ordinaire. Il s'agit dès lors d'expliciter le rôle joué dans la grammaire de la signification et de la compréhension par le critère de « l'application au cours du temps » (§ 141). Mais les considérations développées dans la section précédente ne manqueront pas de soulever deux objections fortes dont Wittgenstein a lui-même tenu compte et qu'il nous faut maintenant affronter.

Objections

Nos propos précédents prouvent trop, pourrait-on dire, dans la mesure où l'instant d'utilisation du langage paraît à leur lumière dépourvu de toute singularité, comme si ce que nous disons en lui tirait tout son sens de son appartenance au cours de la pratique. Par là se profile le risque déjà entrevu d'une conception qui n'est pas moins mythologique que celle que nous dénoncions : l'utilisation présente est sur le point de se dissoudre dans l'extension temporelle ouverte par la conversion wittgensteinienne et au privilège de l'instant présent menace de se substituer celui de cette extension. Or lorsque je veux dire quelque chose en employant une expression à un moment et dans des circonstances données, la signification des termes que j'emploie est déterminée essentiellement par les propriétés des circonstances présentes dans lesquelles j'effectue cette utilisation. Autrement dit, la signification singulière que je veux produire est ce que je veux dire *maintenant* par mon engagement dans ce que je dis. Le présent comme *actualité* et comme instant *singulier* a donc une importance cruciale pour ma pratique du langage, puisque sans celui-là, celle-ci n'aurait pas lieu

1. *Ibid.*, § 235.

d'être. Si la solution de l'événement mental co-présent à l'utilisation de signes n'est pas satisfaisante, il reste qu'elle tente de rendre compte d'une caractéristique importante de notre utilisation du langage, que la substitution wittgensteinienne du concept d'usage à celui de signification semble négliger.

Si la dénonciation du mythe du présent et le rappel de la valeur grammaticale d'une certaine temporalité du langage sont indispensables, sans doute ne peut-on s'en tenir à eux. Toute la difficulté pour Wittgenstein est donc en réalité d'échapper à *deux* erreurs : d'une part, celle d'une autonomie de l'instant (nous avons montré le combat qui lui est livré) ; d'autre part, celle de la dissolution de l'instant d'utilisation dans l'usage. L'une et l'autre sont des images philosophiques de la pratique linguistique. Selon nous, c'est aux notions de critère et de réaction qu'il échoit de rendre compte de la singularité de l'instant présent ordinaire sans retomber pour autant dans les ornières du mythe du présent, et de dessiner la façon dont s'articulent l'un à l'autre l'instant d'utilisation et la pratique temporellement étendue.

En outre, une fois reconnue la physionomie temporelle du langage et sa valeur grammaticale, il peut être tentant de poser de nouveau la question de l'identité (la stabilité) de la sémantique du langage à travers le temps : « Cette extension temporelle dont vous dites qu'il faut commencer avec elle pour avoir une vision juste du concept de signification, qu'est-ce qui nous assure (dans le cas d'une expression quelconque) qu'elle est celle de la *même* signification ? ». Cette objection prend la forme d'une interrogation sur la fragilité temporelle de la règle grammaticale. Deux inquiétudes se font jour. 1) N'est-il pas toujours possible que celui qui jusqu'à maintenant a poursuivi comme moi l'application de la règle cesse soudain de le faire et qu'une insoluble incompréhension nous sépare désormais[1] ? Le caractère temporel de la pratique linguistique prend ici l'aspect d'une menace toujours imminente qui pèse sur la communauté de langage. 2) N'est-il pas toujours possible que je ne retienne pas le sens selon lequel j'ai appliqué telle règle jusqu'à maintenant ? Qu'est-ce qui m'assure que je ne perds pas ce sens au cours du temps, alors même que je crois le conserver ?[2]. Le temps, qui est apparu dans les considérations précédentes comme un critère d'existence de la règle, revêt l'aspect d'une cause possible de sa disparition. Ces questions adoptent un tour résolument sceptique puisqu'elles deman-

1. PU, § 185 ; BGM, VI, § 35.

2. BGM, VI, § 47. *Cf.* également PU, § 242. Ces questions présentent le cœur de l'interprétation que donne Kripke de la pensée de Wittgenstein (*Wittgenstein. On Rules and Private Language*, Blackwell, Oxford, 1982).

dent ce qui garantit notre croyance spontanée en la permanence temporelle du langage et soutiennent que rien ne peut satisfaire cette demande. Doit-on dire avec elles que s'il peut m'arriver *parfois* d'oublier le sens d'une règle et de poursuivre son application de façon erronée sans m'en apercevoir, cela pourrait très bien *toujours* se produire ?

Nous répondrons principalement à la première de ces objections et indiquerons à cette occasion quelques éléments de la réplique que l'on peut adresser à la seconde.

Critères, sémantique et temporalité du langage

C'est sans doute l'une des spécificités de la description wittgensteinienne que de saisir la pratique linguistique sur le vif, dans les multiples moments où elle « se poursuit ». Le § 198 des *Recherches* nous place ainsi face à l'instant de l'application de la règle, et nombre des remarques de Wittgenstein s'interrogent sur ce qui se produit au moment où l'on utilise et comprend le langage [1]. C'est donc bien souvent le langage *en train de se faire* qui est décrit (ce qu'expriment au fond les termes « pratique », « usage », « application »), et non pas tout fait et fixé une fois pour toutes [2].

Mais qu'est-ce qui, dans le moment où l'on opère une utilisation particulière, fait de cette activité une application *de notre langage ?* Si l'on sait combien Wittgenstein était attentif à la singularité des instants de la pratique linguistique effective, on sait également toute la méfiance dont il a pu faire preuve à l'égard des réponses philosophiques habituelles que suggère la question formulée (que l'on pense à l'idée de la présence des règles, à celle du corps de signification ou au mentalisme sémantique). Il n'en reste pas moins que la description adéquate de ces instants [3] représente pour lui un enjeu important : il est de quitter toute espèce de point de vue philosophique sur le présent d'utilisation du langage pour revenir à son rôle effectif et ordinaire. Le terme de la critique du mythe du présent en sa dimension sémantique pourrait bien être non pas de nier le rôle sémantique du présent, mais de le voir de façon non-philosophique.

Afin de préciser ce rôle, il est utile de se souvenir que le critère ordinaire aussi bien que l'expérience (prétendue) du locuteur privé remplissent leur office sémantique dans le moment présent d'utilisation du langage. La question surgit aussitôt : qu'est-ce qui distingue ces deux présents ? Quel

1. Entre autres, PU, § 19, 20, 138-140, 147, 185-187, 191-197, 205.

2. Bien entendu, saisir une même pratique dans sa progression n'équivaut pas à considérer l'évolution historique qui conduit d'une pratique à une autre.

3. « Ces quelques moments, en apparence si fragiles et si intimes – ces moments privés » (Cavell, *op. cit.*, p. 74).

rapport du langage et du temps se noue en chacun d'eux? Et la notion de critère n'est-elle pas simplement le substitut anti-réaliste des notions (mentaliste) de représentation et (platonicienne) de corps de signification affiliées au mythe du présent?

Nous répondrons d'abord que l'apparition de la notion de critère propre au Wittgenstein des *Recherches* correspond au rejet d'un certain point de vue philosophique sur la temporalité de la sémantique; cela consiste en un décentrement temporel du langage accompli en réplique à l'idée d'un « centre temporel », à l'œuvre au cours de la période « vérificationniste ». La notion de critère sert alors à la description non-philosophique – *common-sensical* (Putnam) – de la temporalité du langage. En conséquence, le présent du critère s'avère différer profondément de celui de l'expérience privée. S'il souhaite attribuer à l'expérience privée le statut d'unique critère véritable, c'est que le locuteur privé conçoit un présent « sublimé » du critère, tandis que Wittgenstein suggère de revenir au présent ordinaire du critère, qui apparaît alors comme la variation d'une pratique et la continuation d'une régularité.

Le décentrement temporel du langage : du vérificationnisme au « critère primaire »

Wittgenstein est tenté par une certaine forme de vérificationnisme logique en 1929-1932/33[1], qui apparaît en particulier dans les *Remarques*. Ce vérificationnisme s'exprime notamment au § 56 à l'égard des propositions au passé, où Wittgenstein critique l'analyse russellienne de la croyance à des événements passés[2]. Russell a défendu en 1921 une certaine forme de réductionnisme temporel[3] appuyée sur la distinction, au sein de la croyance, de deux éléments : l'*objective* et *what is believed*. Lorsque l'on affirme que « César a franchi le Rubicon », par exemple, ce qui est cru serait un contenu mental présent (*what is believed*) et non pas l'événement passé lui-même (*the objective*) :

> (...) ce que je crois est quelque chose qui se trouve maintenant dans mon esprit, quelque chose qui est relié à l'événement (...) mais qui de toute évidence ne doit pas être confondu avec l'événement, puisque l'événement ne se produit pas maintenant, ce qui est le cas, au contraire, de l'acte de

1. Nous laisserons de côté la question du vérificationnisme wittgensteinien dans son application aux propositions mathématiques.

2. AoM, Lecture XII, p. 231 *sq.*

3. *Ibid.*, p. 233-234. Pour une définition du réductionnisme, *cf.* M. Dummett, « Realism », *Synthese*, 52, 1982, p. 55-112.

croyance. Ce qu'un homme croit à un instant donné est entièrement déterminé si nous connaissons ce que contient son esprit à cet instant [1].

Du point de vue de Russell, la classe des propositions exprimant une croyance à un événement passé peut donc être réduite à une classe de propositions portant sur des événements présents. Le « contenu » ou le sens de la croyance devrait être entièrement élucidé au moyen de cette réduction. En nous passant de l'événement réel, nous perdrions assurément la valeur de vérité de la croyance, mais pas son sens.

Au § 56 des *Remarques*, Wittgenstein s'oppose frontalement à cette analyse[2] :

> Qui veut contester la proposition selon laquelle seule l'expérience présente est réelle (...) demandera peut-être si une proposition comme « César a franchi les Alpes » ne décrit que l'état présent de mon esprit (*Geisteszustand*) qui porte sur cette chose. Et la réponse est naturellement : Non ! La proposition décrit un événement (*Ereignis*) qui, comme nous le croyons, s'est produit il y a environ 2000 ans [3].

La charge critique de ce texte porte sur l'externalité attribuée par Russell à la relation de la proposition de croyance et de l'événement qu'elle décrit. A l'encontre d'une telle conception, Wittgenstein considère qu'« entre la proposition et sa vérification, aucun terme supplémentaire n'intervient (*Mittelglied*) pour permettre cette vérification »[4]. En particulier, aucun « contenu » présent de mon esprit simultané à la proposition ne peut indiquer ce qui est susceptible de constituer la vérification de cette proposition, et donc déterminer si « Jules César a franchi les Alpes » décrit l'événement passé évoqué ou tout autre chose. C'est bien l'événement passé lui-même sur lequel porte la proposition qui remplit ce rôle, en déterminant, selon qu'il s'est produit ou pas, la valeur de vérité de celle-ci. Par exemple, ce n'est pas parce que la représentation de Napoléon perdant la bataille de Waterloo surgit au moment où j'affirme « César a franchi les Alpes » que ma proposition porte en réalité sur Napoléon. Or aux yeux de Wittgenstein, l'analyse de Russell conduit à une telle conclusion et implique que l'écart temporel qui sépare nombre de nos propositions de ce qui détermine leur mode de vérification possible se trouve écrasé en un instant unique, celui de la co-présence du contenu et de la proposition,

1. *Ibid.*

2. Cette opposition s'adresse aussi bien au programme réductionniste de l'empirisme logique (Bouveresse, *Le mythe de l'intériorité*, Paris, Minuit, 1981, p. 354-355).

3. PB, p. 86-87.

4. *Ibid.*, § 25 pour une affirmation similaire au sujet de l'attente. *Cf.* § 21, 26 et 29 pour la notion de relation externe/interne. Voir *supra*, p. 140 *sq*.

comme si la distance temporelle devait empêcher l'événement visé d'accomplir sa fonction de détermination sémantique. Pour Wittgenstein, au contraire, si la proposition porte sur un événement passé, c'est *celui-ci*, dans son éloignement temporel même, qui fixe les critères de vérification de la proposition, de même que l'événement futur fixe ce qui est susceptible de satisfaire l'attente et l'événement passé le caractère de souvenir de la proposition qui prétend exprimer un souvenir. La relation de la proposition à l'événement passé est donc interne.

Cependant, s'il refuse toute forme de réductionnisme temporel, Wittgenstein maintient à cette époque une position de type vérificationniste[1] qui n'est pas sans ambiguïté dans le traitement qu'elle accorde à la temporalité exprimée par les propositions au passé. En effet, si l'on considère (comme Wittgenstein le fait au § 56 des *Remarques*) que le sens d'une proposition *est* sa méthode de vérification[2], les propositions qui portent sur des événements passés semblent placées en situation d'infériorité sémantique par rapport aux autres, puisque le type de vérification directe à laquelle une proposition au présent peut prétendre (et à laquelle une proposition au futur pourra donner lieu) semble échapper par principe à celle qui porte sur le passé. Précisons ce point.

Nous l'avons vu[3]: en 1930-1932/33 Wittgenstein maintient une distinction issue de son projet de phénoménologie[4] entre les deux types d'énoncés de la « proposition authentique (ou : phénoménologique) », qui porte sur les données de l'expérience immédiate, et de l'« hypothèse »[5], qui porte au-delà de ces données, l'hypothèse se distinguant grammaticalement de la proposition dans la mesure où son mode de satisfaction est celui de la « confirmation » et non celui de la « vérification »[6]. De ce fait, l'hypothèse entretient un rapport essentiel au futur puisqu'elle produit

1. Nous avons conscience du caractère problématique de ce qualificatif lorsqu'on l'applique à Wittgenstein. Sur l'ambiguïté de la position de Wittgenstein à l'égard du principe de vérification des Viennois, *cf.* A. Soulez, *Manifeste du Cercle de Vienne et autres écrits*, Introduction, p. 59-60 et J. Bouveresse, *op. cit.*, p. 336-337, 346-347 et 354.

2. *Cf.* également PB, § 27; BT, § 103, p. 500; Ms 107, p. 143 et 151; WWK, p. 209.

3. Voir *supra*, p. 51.

4. En 1929, Wittgenstein flirte avec l'idée selon laquelle une proposition n'est vérifiée que si elle est strictement simultanée à ce qu'elle décrit (Ms 107, p. 222).

5. En réalité, on peut se demander dans quelle mesure Wittgenstein possède un concept unifié de ce qu'est une hypothèse en 1930. En particulier, peut-on appliquer simplement ce qu'il dit au sujet de l'hypothèse scientifique (PB, § 225 *sq.*) au cas des propositions ordinaires ?

6. PB, § 226-230. Sur ce point, *cf.* J.-J. Rosat, « Schlick, Waismann, Wittgenstein et la grammaire des lois de la nature », *Les Études philosophiques*, n° 3/2001, p. 322.

l'attente de certaines expériences capables de la confirmer[1]. Toutefois, si seules les propositions phénoménologiques sont susceptibles d'une vérification *stricto sensu* et si, en conséquence, elles n'entretiennent pas de lien vérifonctionnel avec les hypothèses, il n'en reste pas moins que c'est d'elles que dépend la confirmation de l'hypothèse: une hypothèse est «renforcée»[2] si chaque nouvelle expérience immédiate la confirme en remplissant l'une des attentes produites par l'hypothèse; l'hypothèse n'est donc liée à la réalité que par les propositions phénoménologiques[3] et Wittgenstein reconnaît ainsi sa dépendance sémantique à l'égard de celles-ci. Or les propositions authentiques sont essentiellement *au temps du présent*, comme l'illustre le cas invoqué par le § 56: «Je vois une tache rouge passer sur une tache verte». Aux yeux de Wittgenstein à l'époque, il existe un lien étroit entre la vérifiabilité stricte et le présent[4]: parce qu'il permet la simultanéité de la proposition et de l'événement, le présent est la dimension du temps où la vérification peut s'effectuer. Ainsi Wittgenstein peut-il écrire à la fin de 1929: «La vérification du langage – donc l'acte par lequel le langage reçoit son sens – se déroule assurément dans le présent»[5].

On pourrait nous contester l'attribution du qualificatif «présent» au temps des propositions phénoménologiques dans la mesure où Wittgenstein lui-même considère dès les *Remarques* qu'on ne peut pas parler du «présent» de l'expérience immédiate comme on parle du «présent» des événements physiques: si l'hypothèse peut être au présent *stricto sensu*, la proposition phénoménologique ne le peut pas car son présent ne s'oppose à aucun passé ni à aucun futur. Mais la position de Wittgenstein à l'époque est en réalité beaucoup plus ambiguë. Il considère bien chaque expérience immédiate comme un événement au sein du flux de l'expérience puisqu'il la caractérise comme une «coupe» (*Schnitt*) opérée au sein de ce flux[6]. Cette même ambiguïté s'atteste également dans le traitement des énoncés au passé – c'est ce qu'il nous faut maintenant prendre en vue.

1. WWK, p. 16 et PB, § 228, p. 285. En un sens, cette analyse rapproche Wittgenstein du principe de vérification viennois puisque l'analyse logique de l'hypothèse doit conduire aux propositions phénoménologiques qui peuvent la confirmer. Demeure cependant cette restriction importante que le lien de l'hypothèse aux propositions n'est pas vérifonctionnel: la vérité d'un ensemble de propositions phénoménologiques n'implique pas la vérité de l'hypothèse, mais contribue seulement à sa confirmation (WWK, p. 193 et 238-240).

2. PB, § 56.

3. *Ibid.*, § 225.

4. Ms 105, p. 108 et 120 et Ms 111, p. 5-6.

5. Ms 105, p. 120.

6. PB, § 227-228 et WWK, p. 240. Voir également WWK, p. 244; DWW, p. 166; BT, § 102, p. 494.

Quel traitement Wittgenstein donne-t-il de ces énoncés au § 56 des *Remarques*? Qu'un énoncé ne soit pas au présent implique qu'il ne peut être une proposition authentique. Par conséquent, les énoncés au passé ne peuvent être qu'hypothétiques et on ne saurait dire en toute rigueur qu'ils ont une méthode de vérification plus indirecte que celle des propositions, dès lors que leur mode de satisfaction relève d'une catégorie autre que celle de la vérification. Wittgenstein est néanmoins singulièrement hésitant sur ce point puisqu'il parle parfois de « vérification » au sujet des énoncés au futur et au passé[1], que l'on serait pourtant tenté de tenir pour des hypothèses. Mais surtout, il ne parle pas de la différence entre énoncé phénoménologique au présent et énoncé hypothétique au passé simplement en termes de différence grammaticale :

> la proposition au sujet de César, écrit-il, possède son sens de façon plus indirecte (*auf eine indirektere Art*) que la première [*sc.* « Je vois une tache ... »][2].

Autrement dit, l'assouplissement du vérificationnisme que sollicite le cas des hypothèses prend la forme de la reconnaissance d'une certaine infériorité sémantique (un rapport moins direct à la réalité)[3] des énoncés au passé par rapport aux propositions phénoménologiques au présent, et cela précisément en raison des situations temporelles respectives de ce dont parlent ces deux types d'énoncés.

On pourrait reformuler ce qui précède en disant qu'à cette époque, pour Wittgenstein, la vérification « donne » la signification : le mode de la vérification possible *lato sensu* d'un énoncé est identique au sens de cet énoncé. Aussi, en raison du caractère plus indirect de la vérification de l'occurrence d'un événement passé (*i.e.* même si c'est l'événement passé qui détermine les critères de vérification, il ne peut jamais assurer lui-même cette vérification), l'énoncé portant sur cet événement « possède son sens de façon plus indirecte » qu'une proposition portant exclusivement sur le présent. Se voient privilégiés de cette manière le moment présent par rapport aux autres instants, et corrélativement les propositions phénoménologiques par rapport aux hypothèses. Le langage se trouve dès lors *centré*

1. PB, respectivement § 27 *in fine* et § 56.

2. Il écrit également dans la reprise qu'il fait de cette remarque : « cette proposition [*sc.* celle qui porte sur la tache de couleur] possède un sens de façon plus immédiate (*in unmittelbarerer Art*) que celle à propos de J. César » (BT, § 103, p. 502).

3. PB, § 225. Wittgenstein critiquera explicitement quelques années plus tard la représentation de la signification parfaite comme une relation immédiate pensée sur le modèle du contact sensible (entre autres « LSD », p. 164).

temporellement sur le présent[1]. Si ce vérificationnisme n'est assurément pas un simple réductionnisme temporel, il n'en accorde pas moins un privilège au présent : même si la détermination des critères de vérification est donnée d'emblée avec l'énoncé, il reste que ce sont ces critères *lorsqu'ils sont présents* qui fondent la signification, et s'ils ne devenaient jamais présents, l'hypothèse s'avèrerait dépourvue de sens[2]. Dans le prolongement de la place que lui accorde le projet phénoménologique, le présent est investi d'un rôle sémantique fondationnel. Wittgenstein caractérisera ce même rôle lorsqu'il est accordé par le locuteur privé à l'expérience présente comme résultant de l'attitude philosophique qui consiste à « mettre le présent sur un piédestal, [à] le couronner »[3]. Et c'est précisément ce privilège que l'apparition de la notion de « critère primaire » conteste.

L'une des façons les plus évidentes de disposer de la conception sémantique vérificationniste est de remarquer que, dans bien des cas, les critères qui vérifient une proposition ne sont pas ce que signifie cette proposition. Wittgenstein emprunte cette voie argumentative en 1932-1933 à l'égard de ses propres analyses. Mais il le fait d'une façon particulière. Il part en effet du problème sémantique qu'opposent au vérificationnisme les propositions au passé, pour aboutir à la critique que nous venons d'évoquer. Il affirme ainsi que « Il a plu hier » ne signifie pas « Je me souviens qu'il a plu hier », bien que cette dernière proposition soit l'un des éléments de la méthode de vérification de la première; de même, « Cambridge a gagné la régate » ne signifie pas « Je lis dans le journal que Cambridge a gagné la régate », bien que cette dernière proposition soit un élément de la méthode de vérification de la première. C'est donc notamment dans le prolongement d'une discussion sur le temps – la discussion de l'analyse russellienne dans les *Remarques* prend elle-même place dans une discussion du solipsisme instantanéiste[4] – que s'effectue la sortie de Wittgenstein hors du vérificationnisme. Bien entendu, nous ne soutenons pas que la seule question de la temporalité du langage motive l'abandon du vérificationnisme; d'autres raisons ont sans doute pesé. Néanmoins, la particularité indiquée nous semble y jouer un rôle suffisamment important pour qu'il mérite d'être étudié et souligné.

En travers de l'analyse du § 56 des *Remarques* se dresse une question que Wittgenstein formule dans un cours professé deux ans plus tard :

1. Pour l'idée de « centre temporel », *cf.* Russell, TK, I, chap. 3, p. 40.

2. PB, § 225. Bien entendu, un événement vérificateur peut infirmer aussi bien que confirmer l'hypothèse.

3. « LSD », p. 182. Voir également PU, § 436.

4. *Cf.* le début du § 56.

> Comment la signification d'une phrase portant sur le passé pourrait-elle être donnée (*given*) par une phrase portant sur le présent? La vérification d'une proposition sur le passé est un ensemble de propositions comprenant les temps (*tenses*) présent et futur. Si la vérification donne (*gives*) la signification, une part de la signification se trouve-t-elle laissée de côté ?[1].

Puisque l'événement passé a définitivement quitté le présent et que la vérification de la proposition portant sur le passé ne peut avoir lieu que dans le présent et le futur[2], les propositions au passé ne souffrent-elles pas de l'infériorité sémantique évoquée en 1930? Le caractère moins immédiat de la possession de son sens par l'énoncé au passé n'entame-t-il pas ce sens? Et en somme, l'analyse du § 56 des *Remarques* ne se contente-t-elle pas de réaménager l'analyse russellienne en substituant au privilège du présent de l'état psychique celui du présent de l'événement signifié par la proposition (étant entendu que, pour le Wittgenstein de 1929-1930, il n'y a d'événement strictement présent que phénoménologique)?

Face à ces questions critiques (qu'il adresse selon toute vraisemblance à ses propres analyses antérieures), Wittgenstein procède d'abord à l'introduction d'une distinction entre « donner la signification » et « déterminer la signification » :

> Ma réponse consiste à nier, dit-il, que la vérification *donne* (*gives*) la signification. Elle *détermine* (*determines*) simplement la signification, *i.e.* elle détermine son usage, ou sa grammaire [3].

Si la vérification peut constituer une « contribution (*Beitrag*) à la grammaire du mot »[4], sans doute ne peut-elle pas constituer à elle seule la signification du mot. Wittgenstein abandonne donc clairement le vérificationnisme comme conception sémantique. Or l'introduction de la distinction qui motive cet abandon repose elle-même sur une autre distinction : celle du « critère primaire » et du « critère secondaire ».

> Les différentes façons de vérifier « Il a plu hier » aident à en déterminer la signification. Toutefois, il faut introduire une distinction entre « être la signification de » et « déterminer la signification de ». Le fait que je me

1. WLC 32-35, p. 44. *Cf.* le passage correspondant dans les notes de G. E. Moore, WLC 30-33, p. 66-68. L'écart entre le passage de WLC 32-35 que nous commentons et la position antérieure de Wittgenstein apparaît notamment si on le confronte aux textes suivants : BT, § 60, p. 265 *sq.* et § 103, p. 500.

2. Et la vérification future possible ne vaudra effectivement comme vérification que lorsqu'elle sera présente – ce qui nous ramène au privilège du présent.

3. WLC 32-35, p. 44. *Cf.* aussi WLC 30-33, p. 66-68; DWW, p. 59 et 246; PU, § 353. Voir également Waismann, *op. cit.*, p. 482-484.

4. PU, § 353.

souvienne qu'il a plu hier aide à déterminer la signification de « Il a plu hier », mais il n'est pas vrai que « Il a plu hier » *signifie* (*means*) « Je me souviens qu'... ». Nous pouvons distinguer entre critères primaires et critères secondaires du fait qu'il pleut. Si quelqu'un demande « Qu'est-ce que la pluie ? », vous pouvez montrer la pluie qui tombe, ou faire couler quelques gouttes d'eau d'une cruche. Ce sont là les critères primaires. Les pavés humides constituent un critère secondaire et déterminent la signification de « pluie » d'une façon dont l'importance est moindre [1].

Les « critères secondaires » sont les critères qui vérifient un énoncé donné. Ils s'agit donc de ceux qui occupaient la position centrale au sein du vérificationnisme, c'est-à-dire de ceux qui permettaient d'établir la valeur de vérité de l'énoncé[2] et à ce titre déterminaient de façon exhaustive la signification. Extraite et distinguée de la précédente, la notion de « critères primaires » est très proche de la notion de critère telle qu'elle est employée par Wittgenstein dans les *Recherches* : elle désigne les conditions qui justifient l'application d'un concept dans certaines circonstances et qui par là permettent l'identification d'une chose par le concept considéré[3]. Elle ne contribue pas à établir la valeur de vérité d'un énoncé (comme si le critère primaire était destiné à répondre à la question : « A-t-il plu hier ? »), mais à établir ce que nous appelons « la pluie ». Le critère primaire a un rôle de définition (d'identification) et non de vérification. La signification de l'énoncé « Il a plu hier » ne dépend donc pas exclusivement de critères de vérité.

L'émergence du critère primaire et la relativisation du rôle sémantique du critère de vérité aboutissent en réalité à la reconnaissance d'une relation complexe entre la grammaire et la vérification d'un énoncé. Elles ne reviennent pas à destituer la vérification de tout rôle sémantique, Wittgenstein insistant au contraire sur son importance[4]. Le point décisif n'est donc pas que ce serait désormais les critères primaires qui « donneraient » la signification, mais plutôt que les critères secondaires n'ont pas l'exclusivité de la détermination sémantique, et que cette émergence et cette relativisation corrélative exigent que l'on détache désormais la fermeté du sens de l'énoncé de la situation temporelle de l'événement qui en détermine les critères de vérification. En conséquence, le présent cesse de constituer le

1. WLC 32-35, p. 43-44.

2. Wittgenstein utilise également l'expression « critère de vérité », *ibid.*, p. 40 et DWW, p. 235.

3. Cavell, *op. cit.*, p. 86-87 et 114, et McDowell, « Criteria, Defeasibility and Knowledge », p. 385.

4. WLC 32-35, p. 45 : « si nous nous débarrassions de tous les moyens de vérification, nous détruirions le sens ».

centre sémantique de notre langage. Mais ce décentrement temporel ne s'accompagne d'aucun recentrement: l'idée qu'une certaine dimension du temps serait sémantiquement privilégiée est désormais âprement combattue par Wittgenstein. A cet égard, il est tout à fait significatif que dans le cours « Philosophy » que nous avons cité soit utilisé l'exemple de propositions au passé. La raison en est sans doute qu'elles manifestent clairement, comme nous l'avons montré, le lien établi par le vérificationnisme (wittgensteinien) entre la sémantique de nos énoncés ordinaires et le temps.

Déroulons les conséquences de l'inflexion dessinée. Dire, tout d'abord, que la vérification « détermine » mais ne « donne » pas la signification d'un énoncé portant sur le passé revient à rejeter l'affirmation selon laquelle la proposition au passé « possèderait son sens de façon plus indirecte » que la proposition qui porte exclusivement sur le présent, puisque le sens n'est plus assujetti au seul instant de vérification. L'introduction du critère primaire écarte la conception que le vérificationnisme des années 1929-1930 proposait du rapport de la sémantique au temps et Wittgenstein peut se libérer à cette occasion des conséquences sémantiques de l'image de la temporalité propre à la phénoménologie. Plus encore, l'idée même d'une possession plus ou moins directe de son sens par un énoncé apparaît désormais bien étrange.

L'abandon du vérificationnisme et l'introduction de la notion de critère primaire s'accompagnent également de l'abandon du couple « proposition authentique »/« hypothèse ». Wittgenstein ne considère plus la proposition phénoménologique comme le modèle de toute vérification – à proprement parler, d'ailleurs, ces propositions ne possèdent pas de méthode de vérification[1]. La co-présense de l'énoncé et de l'événement qu'il décrit est donc destituée de son rôle sémantique fondationnel. Ce n'est sans doute pas un hasard si dans le même cours de 1932-33, peu avant le passage que nous venons de commenter[2], Wittgenstein soutient l'idée que le privilège accordé au présent par le solipsiste instantanéiste est le résultat d'une décision grammaticale que l'on pourrait aussi bien prendre en faveur du passé. C'est que les mises en cause respectives de l'aspect métaphysique et de l'aspect sémantique du mythe du présent vont ici de pair.

Mais que se produit-t-il pour la temporalité du langage avec la notion de critère telle qu'elle est élaborée par les *Recherches ?* Tout se passe comme si la détermination grammaticale cessait d'équivaloir à la négation de l'indétermination temporelle: la grammaire d'une expression peut être

1. WLC 30-33, p. 67 et Bouveresse, *op. cit.*, p. 356.
2. WLC 32-35, p. 39-42.

fixée sans que les applications de cette expression soient toutes présentement décidées et déjà effectuées d'une façon ou d'une autre; et l'absence de cette effectuation n'équivaut pas à une indétermination catastrophique pour le sens.

L'inscription du critère dans la temporalité de la pratique: la réaction

1) On ne peut se satisfaire de la lecture de Wittgenstein que J. Mc Dowell[1] a appelée la « théorie critériale (*criterial theory*) » et que représentent (parmi d'autres) P. Hacker[2] et G. Baker[3], dans certains de leurs textes tout du moins. Deux idées discutables se trouvent au foyer de cette conception. La première affirme que le critère wittgensteinien est caractérisé par une essentielle « défaisabilité (*defeasibility*) »[4] : il serait possible que l'on fasse l'expérience de la satisfaction d'un tel critère alors même que celui-ci se trouve ne pas constituer une garantie valable de l'affirmation dont il est le critère; la satisfaction du critère pourrait aller de pair avec l'inexistence de ce dont il est censé justifier la réalité et la connaissance. Par exemple, une personne peut avoir le comportement de quelqu'un qui souffre dans des circonstances qui laissent penser qu'elle ne simule pas, alors même que cette personne ne souffre pas. La conception critériale dirait dans ce cas que le critère est effectivement satisfait, mais qu'il n'est pas un appui solide de notre prétention à savoir que la personne souffre.

Même si Hacker précise que le caractère « défaisable » ne laisse pas toujours ouverte la possibilité du doute quant à la valeur du critère[5], il semble difficile de soustraire la théorie critériale à l'objection suivante[6] : si je n'ai accès à la douleur d'autrui qu'au moyen de critères, comment distinguer les cas où les critères ne sont effectivement pas *defeated* de ceux où ils le sont, puisque pour ce faire, il faudrait que je puisse accéder à la douleur d'autrui directement, sans l'intermédiaire du critère? La théorie critériale se prive d'emblée de la justification nécessaire à l'affirmation (« il n'y a pas toujours un sens à douter du critère ») qui tente de la sauver du scepticisme[7]. De plus, on peut objecter à la caractérisation de défaisabilité

1. Art. cit., p. 373.

2. *Insight and Illusion*, Oxford, Clarendon Press, 1986, chap. XI, p. 307 *sq.* et *Wittgenstein, Meaning and Mind*, Oxford, Basil Blackwell, 1990, Part I, XIII, p. 243 *sq.*

3. « Criteria : A New Foundation for Semantics », dans St. Shanker (ed.), *L. Wittgenstein. Critical Assessments*, vol. 2, p. 194 *sq.*

4. Hacker, *Insight and Illusion*, p. 317-318 et *Wittgenstein, Meaning and Mind*, p. 251.

5. *Ibid.*, p. 318.

6. Mc Dowell, art. cit., p. 372-374.

7. *Ibid.*, p. 372.

qu'elle fait violence au sens du terme « critère ». En effet, une « fausse connaissance » *n'est pas* une connaissance, par opposition (notamment) à une croyance erronée, qui n'en est pas moins croyance d'être erronée. On dit ainsi que quelqu'un « croit à tort », mais pas qu'il « sait à tort ». De ces deux expressions, « être critère de » s'apparente à la première : de même qu'il n'y a pas de connaissance fausse, il n'y a pas de faux critère ; un faux critère *n'est pas* un critère. On pourrait dire encore qu'une condition ne peut être un critère d'une expression que si elle réussit à l'être. Voilà pourquoi il n'y a pas d'« échec » des critères[1]. Or l'attribution de la propriété de défaisabilité ne respecte pas ce trait grammatical du concept wittgensteinien de critère.

La seconde idée discutable soutient que les critères wittgensteiniens possèdent un caractère général[2] : un critère serait celui de telle affirmation *indépendamment*[3] des circonstances d'utilisation particulières de cette affirmation, et les critères dépenderaient des circonstances quant à leur réussite à constituer un fondement fiable pour l'affirmation, mais pas quant à leur statut de critère de cette affirmation. Ainsi, un certain comportement serait un critère de la douleur avant toute circonstance particulière de son application effective à l'affirmation que quelqu'un souffre. Plus encore, il pourrait être un critère effectivement satisfait même si la personne ayant ce comportement ne souffrait pas réellement. Il faudrait donc donner un sens faible aux affirmations répétées de Wittgenstein dans les *Recherches* d'une dépendance étroite du critère à l'égard des circonstances particulières d'application de nos expressions : selon la conception critériale, les circonstances ne décideraient que de la réussite des critères et non de leur identité[4].

Au moins deux renversements doivent être imposés à la lecture développée par la théorie critériale si l'on souhaite retrouver le sens de la notion wittgensteinienne de critère[5]. En premier lieu, les circonstances particulières qui se présentent à nous au cours de notre pratique linguistique déterminent ce qui vaut en elles en fait de critères : elles participent à la détermination de l'identité des critères (le critère est *S-use sensitive*, dirait Travis)[6]. Si Hacker reconnaît bien qu'il existe pour chaque concept une

1. Cavell, *op. cit.*, p. 84.
2. « Criteria, Defeasibility and Knowledge », p. 379.
3. *Ibid.*, p. 377.
4. Hacker, *op. cit.*, p. 316 adopte en définitive la même lecture que Mc Dowell.
5. Mc Dowell, art. cit., p. 379-81.
6. Travis, *op. cit.*, chap. 2, p. 54 : « c'est une partie fondamentale de notre nature que nous soyons toujours ouverts à de nouvelles raisons ; toujours prêts à être impressionnés, par

multiplicité de critères[1], il semble ne pas reconnaître en revanche le caractère essentiellement ouvert de leur liste[2]. Or même si certains critères peuvent revenir à l'identique d'une circonstance à l'autre, il n'y a pas de liste préétablie des critères susceptibles de valoir (avec réussite ou pas) selon les circonstances : il faut attendre ces dernières, pourrait-on dire, pour savoir ce qui en elles vaut comme critères d'un certain concept, et non pas considérer que le lien entre telles circonstances et tels critères préexiste à l'occurrence de celles-ci, comme si elles se contentaient de choisir au sein d'une liste close. C'est en ce sens que Wittgenstein écrit :

> (...) les psychologues qui refusent d'admettre que l'essence de la tristesse consiste dans des phénomènes d'expression corporels *déterminés*, ou dans des gestuelles *déterminées*, sont parfaitement dans leur droit. En effet, qui serait en mesure de donner une liste exhaustive des marques distinctives propres à la tristesse ? Et une fois supposé qu'il y ait bien l'une ou l'autre de ces marques distinctives, sommes-nous sûrs que nous ne nous y trompons pas ? Je ne le crois pas. Il y a ici des circonstances infiniment nombreuses, des variétés et des nuances, lesquelles empiètent les unes sur les autres, et tout essai d'énumération serait oiseux. Le mieux est encore de reconnaître ce qui suit : que les mots « très abattue » sont employés dans tels cas, et encore dans certains autres plus ou moins apparentés à ceux qui viennent d'être cités[3].

Si l'on admet que ce sont les circonstances qui déterminent ce qui vaut à chaque fois comme critères, on doit alors accepter de dire que la multiplicité des critères est ouverte (il n'y a pas de « liste exhaustive » des marques distinctives, les circonstances sont « infiniment nombreuses »). Et voilà que l'identité des critères épouse le caractère non encore déterminé des circonstances susceptibles de se produire. Comme l'écrit Cavell : « Quand vous nommez "comportement de douleur" un fragment de comportement, vous avez déjà intégré les circonstances dans lesquelles ce comportement (par exemple, gémir) *est* comportement de douleur »[4]. Plutôt que : « un tressaillement est un comportement de douleur dans certaines circonstances » (ce critère de la douleur est effectivement satisfait dans certaines circonstances), il faut donc dire : « un comportement est un tressaillement,

exemple, par des raisons que nous n'avions pas imaginées jusque-là pour considérer quelque chose comme étant, ou comme n'étant pas, [par ex.] en cuivre ».

1. *Op. cit.*, p. 311-312.

2. Travis, *The Uses of Sense*, p. 155. *Cf.* également *Unshadowed Thought*, London, Harvard University Press, 2000, p. 26.

3. DWW, p. 235-236.

4. *Op. cit.*, p. 84. Pour un point de vue proche, *cf.* J. Conant, « Wittgenstein on Meaning and Use », *Philosophical Investigations*, n° 21, 1998, p. 241.

i.e. un comportement de douleur, dans certaines circonstances» (ce comportement est un critère de la douleur dans certaines circonstances). Et que les circonstances de notre pratique du langage soient toujours susceptibles de varier[1] constitue une solide raison de ne pas considérer qu'il existe un certain nombre fixe de critères prédéfinis qui possèderaient leur statut indépendamment des circonstances effectives[2]; la nouveauté toujours possible de celles-ci oblige à reconnaître leur rôle de création critériale. Le concept de ressemblance de famille est précieux à cet égard. S'il exprime le lien d'une circonstance à une autre, il indique en même temps la possibilité de la variation ouverte, dans la mesure où un nombre indéfini de circonstances nouvelles peuvent se ressembler; il écarte l'idée d'une entité sémantique unique et inaltérable (comme le corps de signification) et lui substitue la réalité d'une succession irréductible d'applications du langage qui se ressemblent.

Mais alors il ne faut pas dire, le cas échéant, que le critère est satisfait tout en n'étant pas accompagné du fait dont il est le critère, mais que le critère n'est satisfait qu'*en apparence* et qu'il ne constitue donc pas réellement un critère du fait considéré[3]. Pour cette raison, lorsqu'il est une simple feinte, le comportement apparent de douleur dans des circonstances adéquates *n*'est *pas* un critère de la douleur. Ne pas négliger cette nuance, c'est déjà se libérer d'une certaine image de la sémantique de notre langage. Outre (et à la suite de) ce premier renversement, le critère doit être pensé comme immanent au cours de la pratique et à sa temporalité: il n'est déterminé qu'au moment où se présentent telles nouvelles circonstances de l'usage du langage. Le partage des critères propre à une communauté linguistique ne doit donc pas être pensé comme la possession commune d'une grammaire qui consisterait en un ensemble de normes transcendantes atemporelles simplement incarnées par les situations particulières[4].

Au sens strict, par conséquent, ce ne sont pas les critères qui fournissent le fondement sur lequel nous nous accordons dans notre pratique du langage[5]. Ce serait une erreur de penser, en conformité avec le conventionnalisme linguistique classique, que nous avons d'abord convenu entre nous d'un certain nombre de critères que nous appliquerions ensuite au cours de notre utilisation du langage. Tout au contraire, pour Wittgenstein, c'est la

1. «Car bien sûr, dit Wittgenstein à leur sujet, chaque jour quelque chose de différent arrive» (BrB, p. 245).
2. Cavell, *op. cit.*, p. 132.
3. Mc Dowell, art. cit., p. 380-1.
4. Bouveresse, *La parole malheureuse*, Paris, Minuit, 1971, p. 239-240.
5. Cavell, *op. cit.*, p. 66-67.

communauté d'usage qui permet de déclarer des critères communs, ou encore : c'est parce qu'il y a d'abord une communauté de *réactions*[1] aux différentes circonstances d'application de nos expressions que nous sommes susceptibles de nous retrouver sur des critères – et cette communauté est précisément celle d'une « forme de vie »[2]. Du point de vue de Wittgenstein, pourrait-on dire, le conventionnalisme linguistique classique n'est que la projection sur un unique instant – celui d'une institution mythique – de l'accord de nos réactions qui se manifeste de fait au cours du temps.

Le § 242[3] des *Recherches* fournit une pièce maîtresse de notre lecture :

> A la compréhension au moyen du langage n'appartient pas seulement un accord (*Übereinstimmung*) dans les définitions, mais (aussi surprenant que cela puisse sonner) un accord dans les jugements. Cela semble abolir la logique ; mais ne l'abolit pas. – C'est une chose de décrire la méthode de mesure, c'en est une autre de trouver des résultats de mesure et de les exprimer. Mais ce que nous appelons « mesurer » est également déterminé par une certaine constance des résultats de mesure.

Le segment de phrase « pas seulement dans les définitions mais [également] dans les jugements », autour duquel s'organise ce texte capital, signifie précisément qu'est requise une communauté de réactions pour pouvoir déclarer les mêmes critères, c'est-à-dire pour pouvoir partager les mêmes « définitions », que l'institution mythique du conventionnalisme prétendait établir. « En fait, écrit Wittgenstein, si quelqu'un doit jouer un jeu de langage, la possibilité de le faire dépendra de sa propre *réaction* et de celle des autres. Le jeu dépend de l'accord (*agreement*) de ces *réactions* entre elles ; *i.e.* il faut qu'ils décrivent tous les mêmes choses comme étant "rouges" »[4] – et cet accord dans la description de la couleur est un exemple d'accord dans les jugements. Il apparaît donc de nouveau que, pour Wittgenstein, le langage commence avec la régularité[5], l'« accord » constitutif de cette régularité désignant tout à la fois le partage par différents locuteurs d'une même règle et l'accord entre les différentes applications

1. Ce qui ne signifie pas que toutes nos réactions qui importent du point de vue sémantique déterminent des critères (*cf.* le cas de l'expression de la sensation en première personne). Pour l'importance du concept de réaction, *cf.* Travis, *op. cit.*, p. 45-47, 53-54, 65-70 ; Cavell, *op. cit.*, p. 66 et 178 ; Mc Dowell, art. cit., p. 385.

2. PU, § 241.

3. *Cf.* également BGM, VI, § 39 et « NPESD », p. 77 pour la même affirmation.

4. « NPESD », p. 44 – nous soulignons. *Cf.* également PU, § 143, 145, 284 et BGM, VI, § 35 pour le concept de réaction.

5. « Le phénomène du langage repose sur la régularité (*Regelmässigkeit*), l'accord (*Übereinstimmung*) dans l'activité » (BGM, VI, § 39). *Cf.* également « NPESD », p. 44.

successives de cette même règle opérées par les locuteurs[1]. La norme grammaticale ne consiste donc pas en une règle indépendante, quant à la détermination de son sens, de la pratique qu'elle régit. « Ce sont les régularités observables, écrit Bouveresse, qui font en quelque sorte exister la règle, et non l'inverse »[2]. Bien entendu, on peut fixer les règles d'application (la définition) d'une expression ou d'un jeu, puis faire usage de cette expression ou de ce jeu. Mais on aurait tort de tenir ce cas pour paradigmatique de la physionomie de notre pratique du langage, car parler de la règle d'un usage n'est très souvent qu'une autre façon d'exprimer une communauté de réactions[3] et sa solidité : que nous réagissions tous aux mêmes choses en les décrivant avec assurance comme étant « rouges » est une condition (et éventuellement un mode d'expression de) la règle d'application de « rouge ». La régularité d'actions et de réactions qui définit l'accord est donc antérieure à la règle (sans celle-là, il n'y aurait pas de sens à parler de celle-ci) et dans cette mesure, la pratique est constitutive de la définition – où l'on rejoint le terme de la conversion à laquelle nous invitait le § 144 des *Recherches*.

Si l'accord des jugements se situe bien dans l'application du langage (« il faut qu'ils décrivent tous les mêmes choses comme étant "rouges" »), il en constitue cependant un aspect qui ne peut être réduit à un partage d'opinions[4]. Contrairement à ce que suggère la question de l'interlocuteur à l'entame du § 241, il est bien plutôt une communauté de *réactions*, et il faut donner à ce terme si important toute la force de la naturalité[5]. Le ciment de la communauté ne doit pas être conçu comme un ensemble d'avis sur lesquels des individus se retrouveraient, mais comme une nature (physiologique, affective, sensible, psychique etc.) partagée – ce que Wittgenstein appelle « la manière d'agir commune aux hommes »[6] – sur le fond de laquelle seulement des opinions communes et divergentes peuvent être formulées et qui nous conduit à attribuer aux mêmes paramètres, dans des circonstances données, le statut de critères de nos affirmations. Si dans le fait de *réagir* judicativement de la même façon se trouve déjà une norma-

1. *Ibid.*, § 34.

2. Bouveresse, *La parole malheureuse*, p. 239-240.

3. « Le mot "accord" (*Übereinstimmung*) et le mot "règle" (*Regel*) sont *apparentés*, ils sont cousins » (PU, § 224). *Cf.* Travis, *op. cit.*, p. 43.

4. BGM, VI, § 30 et 49.

5. Les lectures vérificationniste, anti-réaliste et de type *community-view* de Wittgenstein commettent toutes l'erreur, en raison de leur artificialisme commun, de confondre la réaction avec une opinion et donc de gommer le trait de naturalité propre à la physionomie de la pratique du langage.

6. PU, § 206.

tivité, il s'y trouve donc plus qu'une entente sur la vérité de certaines propositions. La normativité et la naturalité qui constituent notre « forme de vie » sont ici étroitement intriquées.

Si la signification d'un terme se dessine et se décide dans son usage (et non pas lors d'une illusoire institution originelle), c'est plus précisément le trait temporel de la « constance (*Konstanz*) » de cet usage vers lequel pointe Wittgenstein afin de souligner le caractère déterminé de cette signification : l'« accord dans les jugements » consiste en leur « constance » ; je dois à la fois obtenir les mêmes résultats pour la même opération de mesure d'une fois sur l'autre[1], et pratiquer la mesure de la même façon que les autres membres de la communauté. La constance évoquée au § 242 désigne donc une façon commune de « continuer » la pratique linguistique[2]. Le terme « constance » inclut en outre l'idée qu'est nécessaire une certaine régularité de l'application de nos expressions pour que nous accordions que quelqu'un (éventuellement nous-même) maîtrise un langage[3]. Qu'une certaine fréquence dans l'application commune de nos expressions vienne à disparaître, et nous ne pourrons plus considérer que nous partageons les mêmes critères[4].

2) La reconnaissance par Wittgenstein du caractère illégitime de toute négation de la temporalité de notre langage s'oppose à une image classique de la sémantique[5], défendue par Frege notamment :

> (...) chez Frege, la droite qui relie deux points existe déjà (*schon*) avant (*ehe*) que nous la tracions, et il en va de même quand nous disons que les passages de la série + 2 par exemple sont déjà (*bereits*) effectués avant (*ehe*) que nous les effectuions oralement ou par écrit, en quelque sorte avant que nous les tracions.
>
> L'on pourrait répondre à celui qui dit cela : ici tu emploies une image (*Bild*)[6].

C'est cette image que Frege fait sienne lorsqu'il considère que les règles d'emploi d'un signe sont prescrites par sa signification[7], d'une façon qui

1. « NPESD », p. 288.

2. PU, § 184-201 et 208. *Cf.* Mc Dowell, « Criteria, Defeasibility and Knowledge » et Cavell, *op. cit.*, p. 194 (« connaître la signification d'un mot, maîtriser le concept dont le mot est l'intitulé, c'est être capable de poursuivre avec ce mot dans de nouveaux contextes »).

3. DWW, p. 221, 225 et 231 ; PU, § 142-143 et 182.

4. BGM, I, § 34, 38, 40, 61.

5. Travis parle d'une « dominant picture » (*op. cit.*, chap. 1).

6. BGM, I, § 21-22 et DWW, p. 181. *Cf.* également PU, § 188.

7. *Grundgesetze der Arithmetik*, Hildesheim, Olms Verlag, 1998, II, § 158, p. 156, cité par Waismann dans LSP, p. 339.

n'est pas sans rappeler la détermination sémantique prétendument opérée par le corps de signification.

Dans *The Uses of Sense*, Travis souligne le caractère anti-frégéen de l'approche wittgensteinienne de la sémantique[1], en montrant qu'elle écarte l'image d'une sémantique entièrement prédéterminée qui aurait fixé *par avance* toutes les applications possibles des mots et des pensées qu'elle régit, comme si elle suffisait à établir toutes leurs contributions sémantiques possibles (*i.e.* les choses qu'ils sont susceptibles de dire) sans que l'utilisation effective ni son occasion particulière interviennent en aucune façon. Nos expressions seraient utilisées *Speaker-use insensitively*, dit Travis, qui qualifie le langage présenté par cette image de *no speaker language*. Sans doute notre langage est-il sémantiquement déterminé[2], mais comme on le voit, toute la question est de savoir comment il convient de comprendre ce caractère. Selon Wittgenstein, et contrairement à ce que suggère l'« image dominante », la détermination sémantique se concilie avec une certaine variabilité sémantique[3], qui résulte de la « sensibilité à l'usage par le locuteur » (*S-use sensitivity*). Si l'on reprend l'exemple de Pia et de son érable japonais, on peut dire que dans les deux circonstances et les deux énonciations distinguées, c'est bien le même terme « vert » qui est appliqué aux mêmes feuilles, mais qu'il accomplit des contributions sémantiques différentes dans la mesure où il est lié à deux ensembles de conditions de vérité distincts, de telle sorte que dans un cas l'affirmation de Pia (« Les feuilles sont vertes ») est vraie et dans l'autre fausse. La *signification* du terme « vert » ne suffit donc pas à déterminer ce que *dit* Pia dans chacune de ces deux occasions[4], et la variation sémantique consiste dans le fait qu'« en différentes occasions, appeler un item "vert" confèrera à vos mots différentes propriétés relatives à la vérité »[5] (ou) que différentes choses compteront comme le fait d'être vert. « L'idée est qu'on ne peut pas, écrit Travis, à partir des seuls faits de [telle] occasion [présente], entièrement prédire les faits sémantiques [*i.e.* notamment certaines conditions de vérité] qui vaudront en d'autres occasions »[6].

L'examen du rapport problématique du temps et du langage chez Frege[7] au moyen des analyses de Travis nous permettra de préciser la situa-

1. *Cf.* en particulier chap. 1, p. 74 et chap. 6, p. 292.

2. PU, § 189.

3. *Op. cit.*, p. 13.

4. « Pragmatics », p. 93 et 100.

5. *Ibid.*, p. 100.

6. *The Uses of Sense*, p. 29-30.

7. *Logische Untersuchungen*, 1. Der Gedanke, trad. fr. Cl. Imbert dans *Écrits logiques et philosophiques*, *Recherches logiques*, 1. La pensée, Paris, Seuil, 1971, p. 178, 184, 191, 193-

tion temporelle du critère wittgensteinien. Dans sa première « Recherche logique », Frege opère relativement au temps la distinction de la « pensée » (ou du « sens ») et de l'« expression verbale de la pensée ». Il considère que les pensées se différencient temporellement, c'est-à-dire qu'une différence de situation de ce que signifie une pensée dans la série du temps (*i.e.* une différence de date) équivaut à une différence d'identité : deux pensées complètes ne se distinguant l'une de l'autre que par les instants dont elles parlent respectivement sont différentes l'une de l'autre[1]. De cette façon, Frege expulse hors de la sémantique toute possibilité de variation[2] due au temps : si une pensée porte sur un instant et se trouve être vraie ou fausse de cet instant, elle ne fait que cela et pour toujours. Le temps est donc immobilisé, puisqu'à chaque variation sémantique temporelle apparente Frege réplique par une application radicale du principe d'identité, qui substitue aux différents états sémantiques d'une *même* pensée *différentes* pensées dont la sémantique est invariable. Seule une pensée incomplète – en l'occurrence, dont la date n'est pas exprimée – peut donner l'illusion de posséder une sémantique susceptible de varier au cours du temps ; dès lors que cette incomplétude est corrigée, l'illusion doit disparaître. Comme le souligne Travis[3], Frege a sans doute raison lorsqu'il remarque que selon la saison à laquelle elle sera prononcée, la phrase « Les feuilles sont vertes » dira des choses différentes, puisque l'une de ses occurrences pourra être vraie et une autre fausse. Il est cependant beaucoup plus discutable de tirer argument de cela pour soutenir que nous avons alors affaire à *deux* pensées, et d'abord parce qu'une telle conclusion présuppose qu'il existe des pensées distinctes en nombre déterminé[4] parmi lesquelles il s'agirait seulement de choisir selon l'occasion considérée. Selon Frege, seules la « saisie » et l'« expression verbale » (l'« élément linguistique ») de la pensée, en tant qu'elles appartiennent au monde réel sensible – où « tout se déroule dans le temps » – sont soumises à la temporalité et à la variation qu'elle impose[5]. Et si des changements dans l'expression d'une pensée interviennent relativement au temps, ce n'est qu'en raison d'un changement du point de vue temporel du locuteur sur la pensée en question, qui demeure quant à elle

194 et *Nachgelassene Schriften*, Hamburg, Meiner, 1969, trad. fr. Ph. de Rouilhan et Cl. Tiercelin (dir.), *Écrits posthumes*, Nîmes, J. Chambon, 1994, p. 159 et 281.

1. « La pensée », p. 193. Voir Travis, *Unshadowed Thought*, p. 28.

2. Travis, *The Uses of Sense*, p. 13 et 287 et « Pragmatics », p. 89.

3. Art. cit., p. 92.

4. Selon cette conception, « il existe *une* façon correcte de compter les pensées » (*Unshadowed Thought*, p. 29).

5. « La pensée », p. 193.

intemporelle[1]. Le temps appartient donc à la pensée comme date et non comme durée, *i.e.* comme situation au sein d'un ordre fixe et non comme persistance et changement au cours du temps.

Un sort très différent est réservé par Wittgenstein à la variation sémantique. Là où Frege voit la « saisie » de pensées distinctes qui se situent, quant à elles, hors du temps, Wittgenstein voit pour sa part une succession irréductible d'applications de la *même* expression ayant entre elles des relations de ressemblance de famille, cette succession dessinant l'usage de l'expression appliquée, qui ne peut jamais être entièrement prédit. Bouveresse remarque au sujet de cette divergence : « Wittgenstein ne cesse, sur ce point [*i.e.* l'application de la règle] de nous ramener de l'aspect de coexistence des entités à l'aspect de succession temporelle des processus, c'est-à-dire à la pratique concrète des jeux de langage qui sont ici en question »[2]. Autrement dit, Wittgenstein nous ramène au langage *se faisant*, c'est-à-dire à sa physionomie dynamique et à sa réalité « spatio-temporelle »[3]. Cette temporalité est celle de la pratique ordinaire, triviale, quotidienne du langage et c'est en elle que se décident et opèrent nos critères.

Mais la reconnaissance d'une temporalité sémantique risque fort de soulever la question suivante : comment concilier le caractère normatif grammatical et le caractère créatif temporel du critère ? Comment l'atemporalité de la grammaire pourrait-elle s'accommoder de la temporalité des circonstances ? Rechercher une telle conciliation « semble abolir la logique ». C'est qu'une certaine conception implicite de ce qu'est une norme grammaticale nous tenaille et nous empêche de reconnaître la temporalité sémantique que nous venons d'évoquer. Pour s'en détacher et supprimer le caractère problématique de la question soulevée, les concepts d'action et de réaction nous seront particulièrement précieux.

Le langage peut être créatif au sens où l'on réagit à de nouvelles circonstances en déterminant de nouveaux critères d'application qui ont une valeur normative, sans que pour autant ces critères aient dû être établis par avance, c'est-à-dire sans que la règle correspondante ait dû être appliquée par avance (mentalement ou idéalement)[4], comme le suggérait pourtant la conception frégéenne de la sémantique. Le normatif se loge alors dans une certaine façon d'agir et de réagir, et non pas dans une entité

1. *Ibid.*, p. 178 (la variation « hier »/« aujourd'hui » est la marque d'un tel changement de point de vue).

2. Bouveresse, *La parole malheureuse*, p. 234.

3. Mc Dowell, « Non-Cognitivism and Rule-Following », p. 148.

4. BGM, I, § 3.

qui préexisterait à l'action. Une « forme de vie » désigne ainsi un ensemble de modes de réaction (ou, comme le dit Wittgenstein, de « modes d'action ») – et le lexique de la modalité nous délivre ici de celui de la substance. De ce point de vue, le concept de réaction n'apporte pas une explication nouvelle, mais permet de voir la réalité de la pratique linguistique sans qu'une certaine explication nous trouble : il permet de ne négliger aucun des deux aspects de notre pratique du langage (normativité et créativité), tandis que, lorsque nous philosophons, nous sommes tentés de sacrifier l'un à l'autre[1]. Si le critère est déterminé à chaque fois par notre réaction à des circonstances particulières, il peut donc être à la fois *grammatical* (il relève d'un certain mode de réaction, de statut normatif) et *temporel* (il n'est déterminé qu'au moment où l'on a affaire à des circonstances d'application, éventuellement nouvelles)[2]. C'est cette communauté de réactions que décrit Cavell au moyen du concept de projection :

> Nous apprenons et enseignons des mots dans certains contextes et on attend alors de nous, et nous attendons des autres, la capacité de projeter ces mots dans d'autres contextes. Rien n'assure que cette projection aura lieu (en particulier, ni la saisie d'universaux ni celle de livres de règles), de même que rien n'assure que nous effectuerons et comprendrons les mêmes projections. Que dans l'ensemble nous le fassions provient du fait que nous partageons des lignes d'intérêt et de sentiment, les sens de l'humour, de ce qui est important et de la satisfaction, de ce qui est choquant, de ce qui est similaire à quelque chose d'autre, de ce qu'est un reproche, le pardon, de quand une profération est une assertion, un appel, une explication – tout le tourbillon de l'organisme que Wittgenstein appelle des « formes de vie ». Le langage et l'activité des hommes ne reposent sur rien de plus, mais sur rien de moins que cela[3].

On voit désormais tout ce qui sépare l'idée de vérification de celle de critère primaire. Si au début des années 1930 le présent constituait un « centre » dans la mesure où la sémantique d'un énoncé était fondée sur l'expérience présente vérificatrice, le présent du critère primaire n'a pour sa part aucun privilège sémantique. Il n'importe plus sémantiquement comme l'occurrence d'une expérience, à l'occasion de laquelle s'opèrerait

1. PU, respectivement § 191-197 et 198-201 où l'un (le cours temporel de l'application de la règle) puis l'autre (la détermination normative de l'action par la règle) aspects sont successivement sacrifiés.

2. C'est précisément ce que Travis appelle *S-use sensitivity* et l'on ne s'étonnera donc pas de l'importance qu'il accorde à la notion de réaction dans sa lecture de Wittgenstein (*The Uses of Sense*, chap. 2, p. 47 *sq.*).

3. « The Availibility of Wittgenstein's Later Philosophy », p. 42. Voir également *Les voix de la raison*, « Projeter un mot », p. 260 *sq.*

le contact du langage et de la réalité, mais comme le développement d'une pratique. La sémantique ne dépend donc plus de la temporalité de l'expérience de la même façon et « expérience » ne désigne plus le courant de conscience; la sémantique de notre langage ne dépend plus du *Strom des Lebens* (1929)[1] centré sur le présent, mais du *Fluss des Lebens* (1948-1949)[2] envisagé selon sa progressivité et son extension. En somme, pourrait-on dire, nous ne rejoignons plus l'extension temporelle de l'usage à partir du présent de l'expérience immédiate et de la proposition phénoménologique, mais nous débouchons sur le présent comme sur un prolongement (une « projection ») de l'usage ordinaire de notre langage.

En outre, le vérificationnisme considérait que la méthode de la vérification devait être donnée de façon *pré*déterminée pour qu'un énoncé ait une signification. Or cette exigence revient à considérer que l'on doit décider une fois pour toutes, dans l'instant de l'utilisation de la proposition ordinaire considérée, tout ce qui est susceptible de valoir à l'avenir comme justification de cette proposition (*i.e.* comme sa méthode de vérification)[3]. Avec la notion de critère, au contraire, Wittgenstein montre l'articulation de la pratique et de la grammaire : les critères à venir d'une expression quelconque ne sont pas encore décidés (« il est superflu d'avoir établi cela à l'avance »[4]), ce qui n'empêche pas l'usage de l'expression en question d'être déterminé, puisque nous ne compterons pas n'importe quoi à l'avenir comme une application pertinente de cette expression. La physionomie de notre pratique linguistique ne cesse de concilier ces deux aspects. Il n'est donc pas question de réhabiliter l'externalisme russellien, mais bien de penser autrement la relation interne de la proposition et de sa vérification.

Par conséquent, l'instant présent d'application n'est plus celui dans lequel sont renfermées toutes les applications possibles d'une règle ou d'une expression, ni le lieu de réalisation d'un programme qui est entièrement déterminé par avance, mais le développement, la continuation, le progrès du cours de la pratique linguistique. Ce changement de statut du présent ressort clairement de la confrontation avec l'idée de langage privé.

Que veut dire le locuteur du langage privé? Le présent pur comme seul véritable critère

Le locuteur privé défend une conception phénoménologique[5] radicale du critère. Il considère en effet à la fois que le seul critère linguistique

1. Ms 107, p. 222.
2. LS I, § 913.
3. Travis, *op. cit.*, chap. 2, p. 54.
4. BGM, I, § 3.
5. Au sens wittgensteinien de 1929.

véritable lui est fourni par son expérience présente et que seule son expérience privée est exclusivement présente : il trouverait en elle une justification absolue de l'application du nom dont il la baptise – au moins lors de la première occurrence de cette expérience – et pour cette raison entretiendrait avec elle une relation sémantique privilégiée. « C'est pour ainsi dire en sa présence (*in its presence/in ihrer Anwesenheit*), dit le locuteur privé, que je parle de mon expérience »[1]. Il importe dès lors d'être attentif à la filiation qui unit la figure du locuteur privé (évoquée surtout à partir du milieu des années 1930) à celle du solipsiste instantanéiste (élaborée à partir de 1929), c'est-à-dire à la parenté de leurs projets respectifs d'un langage privé et d'un langage phénoménologique. De cette façon s'éclairciront l'adoption par le défenseur du langage privé du privilège du présent et donc la place que l'idée d'un tel langage ménage au temps.

La parenté des deux figures est explicitement attestée par le texte suivant :

> La difficulté qu'il y a à dire que ce que l'on voit est un *aspect* de l'objet : nous sommes tentés de dire que cet aspect est privé – qu'il est seulement *mon* aspect. Je puis alors persister à dire : ce qui est réel n'est que l'aspect que je vois *en ce moment* (*now*) – mais je ne puis décrire l'aspect que je vois *en ce moment* (*now*), parce que je n'en ai pas le temps[2].

Le lien entre le caractère privé (l'aspect de l'objet qui m'apparaît) et une certaine conception du présent (le présent fluant du solipsiste instantanéiste) se formule ici en rapprochant l'idée de langage privé et celle de langage phénoménologique (auquel fait directement allusion « mais je ne puis décrire l'aspect que je vois en ce moment, parce que je n'en ai pas le temps »). Cela ne signifie pas cependant que le langage primaire serait un langage privé, comme si le phénomène dont parle Wittgenstein en 1929 était privé, mais que dans le cas du langage privé comme dans celui du langage primaire, le même idéal d'une détermination sémantique exhaustivement opérée par le présent est voué à jouer un rôle décisif. Voilà le cœur de la filiation.

Si les critères forment des points d'accord sur lesquels repose notre pratique commune du langage, l'activité de donner (fournir, indiquer) des critères constitue cependant un jeu de langage bien particulier. En règle générale, nous ne mentionnons pas (et n'éprouvons pas le besoin de mentionner) les critères qui justifient l'application que nous opérons de tel ou tel de nos concepts. Wittgenstein consacre une attention particulière à

1. « NPESD », p. 14.
2. « LSD », p. 155-156.

ces situations d'hésitation dans lesquelles la nécessité d'une telle mention se fait ressentir. L'une des situations qui donnent naissance à ce besoin est celle de la tentative d'utiliser un terme de façon privée[1], où le terme « privé » désigne d'abord une propriété de ce qui est nommé (par exemple, la sensation) – chose à laquelle seul celui qui l'a pourrait accéder – et en conséquence une propriété de la sémantique du nom de cette chose.

Le problème rencontré par le locuteur privé est d'assurer la continuité temporelle de l'emploi du nom de sa sensation[2]. Il résulte de l'impossibilité de définir aussi bien la correction du souvenir de la sensation privée que l'identité de cette sensation. C'est donc la persistance d'une même signification à travers le temps de l'usage qui fait difficulté[3]. Toutefois, que le locuteur privé ne dispose pas de tels critères ne peut suffire à répudier sa tentative, et cela à un double titre. D'une part, parler de nos propres sensations nous place tous, en réalité, dans la même situation que lui[4] : mon emploi des noms de sensation ne repose pas plus sur le recours à des critères que celui du locuteur privé. D'autre part, utiliser parfois le souvenir comme unique critère du passé relève effectivement de la pratique ordinaire du langage[5]. On ne peut donc pas se contenter d'objecter au locuteur privé qu'il ne dispose pas de critère de correction pour le souvenir de sa sensation. Mais alors que lui manque-t-il qui suscite le besoin de critères de correction de son souvenir et de critères d'identité de sa sensation là où nous n'utilisons pas de critère en temps normal ?

Wittgenstein répond clairement à cette question : ce qui manque au locuteur privé, c'est « le jeu de langage normal avec l'expression (*Ausdruck*) de la sensation »[6]. Cela signifie avant tout que je dois moi-même maîtriser ce jeu de langage pour pouvoir parler de mes sensations sans recourir à des critères. Il ne faut donc pas se laisser abuser par l'absence de critère : elle n'est pas, dans le cas des énoncés psychologiques à la première personne, la marque d'un savoir absolument et instantanément certain qui serait dès lors dispensé de toute élaboration critériale externe du nom de sensation, mais celle d'un « rapport »[7] du nom à la sensation qui ne fait aucune place aux concepts de savoir et de justifi-

1. PU, § 258 et 288.
2. *Ibid.*, § 258.
3. Voir *supra*, p. 92 *sq*.
4. *Ibid.*, § 290 et 377 ; « NPESD », p. 19. Voir Bouveresse, *Le mythe de l'intériorité*, p. 524.
5. *Ibid.*, § 56 (*in fine*). *Cf.* pour cette même idée : *ibid.*, II, xiii, p. 322 ; LS I, § 837 ; PB, § 49/BT, § 105, p. 520.
6. *Ibid.*, § 288. *Cf.* Ms 124, p. 227 ; Bouveresse, *Le mythe de l'intériorité*, p. 524-525.
7. *Ibid.*, § 244 et 256.

cation[1]. Ces énoncés sont en effet le plus souvent des « expressions », et non pas des « descriptions » constituant un ensemble de connaissances[2]. Mais cela ne les dispense nullement de la nécessité d'être appris et d'appartenir à un jeu de langage[3]. Le nom de sensation que *j*'emploie n'a de signification pour *moi* que par son appartenance à l'*usage* que constitue le jeu de langage de l'expression de la sensation[4]. Ainsi, même lorsque la justification par le recours à des critères n'a pas lieu d'être, une normativité s'atteste dans la régularité de la pratique : « certes, écrit Wittgenstein, je n'utilise pas de critère pour m'assurer de l'identité de mes sensations, mais j'emploie la même expression »[5]. C'est donc l'identité de l'usage (« la *même* expression »), c'est-à-dire une régularité d'action et de réaction, qui donne sa légitimité à mon utilisation des noms de sensation[6], et c'est en raison de cette identité que l'on peut parler de la persistance de la signification de l'expression considérée.

De là où l'instantanéisme sémantique pensait pouvoir se réfugier[7] (*i.e.* dans l'intimité privée de la première personne), il se voit donc délogé. C'est que le projet du locuteur privé repose sur une négation de la temporalité grammaticale de notre langage qui empêche le moment d'application du prétendu nom de sensation privé d'être celui d'une réaction déterminée à des circonstances et celui du développement d'un même usage[8].

Comment caractériser dès lors l'isolement du présent de l'expérience privée ? Le § 261 des *Recherches* nous aidera à répondre.

> Quelle raison avons-nous d'appeler « E » un signe pour une *sensation ?* « Sensation » est un mot de notre langage commun, et non d'un langage que je suis le seul à comprendre. L'usage de ce mot a donc besoin d'une justification que tout le monde comprenne. – Et cela n'avance à rien de dire : il n'est pas nécessaire que ce soit une *sensation* ; s'il écrit « E », c'est qu'il a « quelque chose » – et nous ne pourrions pas en dire plus. Mais « avoir » et « quelque chose » appartiennent également à notre langage commun. – Ainsi, lorsqu'on philosophe, on en arrive finalement au point

1. *Ibid.*, § 246 et 289.
2. *Ibid.*, § 244.
3. Qui en l'occurrence s'est substitué à l'expression naturelle de mes vécus et l'a pour ainsi dire linguistiquement affinée (*ibid.*, § 244, 256-257).
4. *Ibid.*, § 381 et II, viii, p. 264 : « Une "sensation" a pour nous un intérêt tout à fait déterminé ».
5. *Ibid.*, § 290. Voir § 289 et 377.
6. *Cf.* pour cette idée « NPESD », p. 75 et 77.
7. PU, § 264 (à rapprocher du § 27).
8. On comparera sur ce point la présentation des situations respectives du locuteur privé et du locuteur ordinaire (« NPESD », p. 56 et 75).

où l'on souhaite n'émettre qu'un son inarticulé (*der unartikulierte Laut*). – Mais un tel son n'est une expression que dans un jeu de langage déterminé, qu'il faut maintenant décrire.

L'évocation du son inarticulé à ce stade des *Recherches* est très significative. Cette idée apparaît pour la première fois en 1929[1], dans le contexte de l'élaboration d'un langage phénoménologique et de son échec, l'altération permanente de l'expérience ne laissant pas le temps au langage de développer l'articulation requise par une proposition descriptive[2]. Au § 261 des *Recherches*, l'idée du son inarticulé se présente comme l'aboutissement d'un mouvement de renoncement progressif aux caractéristiques publiques de notre langage ordinaire (renoncement au terme « sensation », puis à « avoir » et « quelque chose ») : « Ainsi on en arrive finalement, lorsque l'on philosophe, à ne souhaiter émettre qu'un son inarticulé ». Or cette idée ne semble pas revêtir ici le sens temporel qui lui échoit lors de ses autres occurrences au sein du corpus wittgensteinien[3]. La difficulté qu'elle soulève au § 261 paraît être seulement celle de la concevabilité de l'objet privé selon des catégories qui n'appartiennent pas au langage public : ce serait la mise à l'écart de tout caractère public qui obligerait le locuteur privé à renoncer à un langage articulé, caractère articulé et caractère public allant nécessairement de pair. Pourtant, ne peut-on pas envisager une expression à la fois privée et articulée ? Pourquoi l'exigence de renoncer à tout terme public devrait-elle s'accompagner de la nécessité de se restreindre à un son inarticulé ? En outre, il est étrange qu'après avoir présenté le renoncement aux termes publics comme une contrainte (au début du § 261), Wittgenstein envisage le recours au son inarticulé comme le « souhait » du locuteur privé : pourquoi cette valeur optative ?

Si le locuteur privé a pour projet paradoxal de parler de « sensation » tout en se passant de l'usage de ce terme, c'est qu'il souhaite dégager de la signification de celui-ci un résidu désignant exclusivement la sensation qu'il éprouve *présentement*. Or, pense-t-il, seul un son inarticulé pourrait épingler ce présent instantané et fugitif[4]. Que Wittgenstein établisse une corrélation forte entre le privé et l'inarticulé s'explique donc par le fait que le locuteur privé prétend bien moins fonder un langage pérenne qu'exprimer l'instant privé présentement vécu selon toute sa singularité. Dans ce cadre, l'impossible pérennité est destinée à montrer le caractère intenable

1. Voir *supra*, p. 81 *sq*.
2. Voir *supra*, p. 31 *sq*.
3. Y compris dans certaines occurrences postérieures aux PU : BPP I, § 721 et WC, p. 13.
4. *Cf*. l'idée de « commencer la philosophie par un son vocal inarticulé, censé renvoyer à ce "maintenant" inexprimable » (DWW, p. 161).

du projet d'un tel langage, et non pas à empêcher le locuteur privé d'utiliser durablement le nom de sensation, pour la bonne et simple raison que ce n'est pas ce à quoi il aspire. A la différence de la formulation que Wittgenstein donne de l'idée de son inarticulé dans les occurrences du début des années 1930[1], le locuteur privé des *Recherches* souhaite émettre un tel son dans le seul but d'exprimer son expérience présente. Le son inarticulé n'est donc plus envisagé dans son rôle d'inauguration du langage phénoménologique, mais dans celui de dénomination de l'expérience présente. Et de ce fait, il doit être décrit comme le nom d'une sensation que l'on obtient une fois que l'on a extrait de l'usage temporellement étendu ce qui relève exclusivement de l'utilisation présente[2].

Au terme de ce processus d'extraction devrait être isolé le pur privé (ce qui n'est qu'à moi), c'est-à-dire le purement présent[3]. L'intention du locuteur privé trouve donc à formuler son origine et sa motivation dans une remarque comme celle-ci :

> Mais d'une certaine façon, notre langage ne fait pas ressortir le fait qu'il y a là quelque chose d'unique, à savoir la véritable expérience présente (*real present experience*), et ce que vous souhaitez/ce que vous me recommandez/est-ce seulement que je me résigne à cet état de choses ?[4].

L'utilisation d'un langage privé est destinée à substituer à l'utilisation de notre langage une autre forme d'expression capable de dire l'expérience présente singulière dans sa pureté (*real*) sans la dissoudre dans le cours du temps. Le texte cité fait écho à la décision grammaticale qui conduit le solipsiste instantanéiste (Augustin, par exemple) à réprimander le langage ordinaire et à adopter un mode d'expression suffisamment adéquat pour exprimer la valeur (prétendument) privilégiée du présent. En réalité, nous avons affaire ici à un cas de sublimation, selon le sens que nos analyses antérieures ont donné à ce terme.

Il importe de conserver au projet du locuteur privé ce sens temporel que les *Recherches* elles-mêmes lui attribuent. Une certaine image de la temporalité du langage est à l'œuvre dans l'idée de langage privé : celle d'un privilège du présent, selon laquelle le langage n'exprimerait véritablement la réalité que s'il exprimait exclusivement et adéquatement le présent. Que le locuteur privé « souhaite » se passer des termes publics n'a donc rien d'étrange, puisque ces termes souilleront inévitablement, selon lui, la

1. PB, § 68, p. 97-98; BT, § 101, p. 492.
2. « LSD », p. 174 et 176.
3. Notamment « NPESD », p. 10, 56, 75 et 86; « LSD », p. 175-176; PU, § 273-276, 277 et 280.
4. « NPESD », p. 37.

singularité irréductible de son expérience présente en la décrivant au moyen de termes qui ont déjà servi et qui serviront encore. Son projet, pourrait-on dire, repose sur l'inquiétude que notre langage commun, parce qu'il consiste en un certain usage étendu dans le temps, ne réussisse pas à exprimer l'instant présentement vécu. Encore une fois, parce qu'elle est commune et sert à différents instants, tout se passe comme si (pour le locuteur privé) « notre forme d'expression [elle-même] disait quelque chose de faux » [1].

1. PU, § 402.

CONCLUSION

A bien des égards notre travail aura été d'étirer la pensée de Wittgenstein dans la dimension de sa genèse. Pourtant, il ne s'est pas agi par là d'exhumer l'activité préparatoire qui a conduit à l'œuvre achevée, ni d'éclairer le chantier qui l'a vu naître et qu'elle a depuis longtemps quitté, mais de montrer l'œuvre elle-même qui, chez Wittgenstein, se tient tout entière dans ce processus génétique. Rendue à son mode propre de constitution, celui d'une pratique thérapeutique progressive qui se donne pour fin la libération de l'entendement philosophique par le questionnement ressassant des affirmations qu'il engendre, la pensée de Wittgenstein se trame de continuités inédites que les lectures classiques trop stratifiantes tendent à effacer, et laisse scintiller des facettes qui, jusque-là, étaient demeurées dans l'ombre. La méditation du temps est de leur nombre, à la façon d'une inquiétude insistante qui traverse, tout en les unissant, les formes diverses qu'elle revêt.

Sous le regard neuf de ce mode de lecture s'est dessiné avant tout le cheminement tortueux accompli par ce que l'on pourrait appeler l'« effet de présentification » inhérent à notre rapport au langage. Wittgenstein n'aura cessé de lutter contre lui. Cet effet prend la forme exemplaire de l'impression de forger soi-même les mots que l'on est en train d'utiliser, ou encore celle de la présence apparemment nécessaire de ce dont on parle en raison même du fait que l'on en parle. La soif d'actualité qu'il déclenche trouve à s'étancher à la source de ce que nous avons désigné comme le mythe du présent. Elément assurément central de la méditation wittgensteinienne du temps, ce mythe donne lieu tout au long des années 1930 et 1940 à un retour progressif, à partir d'une conception phénoménologique du présent, au sens ordinaire et trivial de ce terme. Ce sont d'abord, dans le cas de l'expression du temps, la déflation philosophique de l'adjectif « présent » et de l'adverbe « maintenant », dont la description fait pièce à la conception du présent fluant, ainsi qu'une certaine dépsychologisation des concepts de durée, de vouloir-dire, de souvenir et d'attente, qui accomplissent ce retour. C'est ensuite, dans le cas de l'expression de la temporalité du langage, la conversion à une image de ce dernier qui reconnaît sa physionomie temporellement étendue et appelle de ce fait en écho une conversion de la conception que nous nous faisons de la sémantique de nos mots : alors peut être retrouvée et discernée la fonction sémantique du présent ordinaire au moyen des concepts de critère et de réaction. Sur le fond de la confrontation avec la tendance phénoménologique, qui connaît son acmé en 1929 mais agite de ses remous tout le parcours philosophique de Wittgenstein, et de l'exigence de se tenir au plus près non plus des phénomènes immédiats mais de l'usage effectif de notre langage ordinaire, se découpe peu à peu une figure nouvelle du temps, ramifiée en ses expressions diverses, asymétriques et irréductibles les unes aux autres.

Le souffle de la contestation wittgensteinienne ébranle ainsi les fondements même de la philosophie du temps, dont elle fait trembler le cœur, c'est-à-dire la recherche d'une définition, à laquelle on peut dire qu'à peu près tous les auteurs ont sacrifié en considérant le substantif « temps » pour lui-même, isolément des emplois effectifs que lui ménage la vie quotidienne, et en cherchant un quelque chose qui lui corresponde. Quitter cet usage métaphysique du mot pour revenir au temps ordinaire imprime une inflexion radicale à la pensée et ouvre le champ toujours à explorer de l'expression courante de la temporalité. Autrement dit, il faut accomplir sans relâche le travail minutieux de repérage des erreurs de compréhension de notre langage, qui caractérisent en son fond notre condition d'êtres parlants, afin de voir enfin ce que nous avons toujours eu sous les yeux sans réussir à le voir pourtant. Ainsi seulement pourrons-nous reprendre d'un pas philosophique nouveau, ordinaire celui-là, la méditation du temps. Mais entamer cette nouvelle marche pourrait bien supposer que l'on traverse d'abord un champ de ruines sur les traces de Wittgenstein. « Si mon nom doit survivre, écrivait-il en 1931, alors ce ne peut être que comme le *terminus ad quem* de la grande tradition philosophique occidentale. En quelque sorte comme le nom de celui qui a mis le feu à la bibliothèque d'Alexandrie » [1].

1. Ms 183, p. 64.

BIBLIOGRAPHIE

Œuvres de Wittgenstein

Tagebücher 1914-1916, Schriften 1, Frankfurt a. M., Suhrkamp, 1984, trad. fr. G-G. Granger, *Carnets 1914-1916*, Paris, Gallimard, 1971.

Tractatus logico-philosophicus, Schriften 1, Frankfurt a. M., Suhrkamp, 1984, trad. fr. G.-G. Granger, Paris, Gallimard, 1994.

« Some Remarks on Logical Form », *Proceedings of the Aristotelician Society*, suppl. t. IX (1929) ; repris dans 5.

Lectures and Conversations on Aesthetics, Psychology and Religious Belief, Oxford, Blackwell, 1966, trad. fr. J. Fauve, *Leçons et conversations, suivies de Conférence sur l'éthique*, Paris, Gallimard, 1971.

Wittgenstein und der Wiener Kreis, Schriften 3, Frankfurt a. M., Suhrkamp, 1984, trad. fr. G. Granel, *Wittgenstein et le Cercle de Vienne*, Mauvezin, T.E.R, 1991.

Philosophische Bemerkungen, Schriften 2, Frankfurt a. M., Suhrkamp, 1984, trad. fr. J. Fauve, *Remarques philosophiques*, Paris, Gallimard, 1975.

Remarques sur le Rameau d'or *de Frazer*, trad. fr. J. Lacoste, Lausanne, L'Âge d'Homme, 1982.

Wittgenstein's Lectures, Cambridge 1930-32, Oxford, Blackwell, 1980, trad. fr. E. Rigal, *Les cours de Cambridge, 1930-1932*, Mauvezin, TER, 1988.

Wittgenstein's Lectures, Cambridge 1932-35, Oxford, Blackwell, 1979, trad. fr. E. Rigal, *Les cours de Cambridge, 1932-1935*, Mauvezin, TER, 1992.

Philosophische Grammatik, Schriften 4, Frankfurt a. M., Suhrkamp, 1984, trad. fr. M.-A. Lescourret, *Grammaire philosophique*, Paris, Gallimard, 1980.

Dictées de Wittgenstein à Waismann et pour Schlick I, trad. fr. A. Soulez (dir.), Paris, PUF, 1997.

The Blue and Brown Books, Oxford, Blackwell, 1958, trad. fr. M. Goldberg et J. Sackur, *Le Cahier bleu et le Cahier brun*, Paris, Gallimard, 1996.

Philosophical Occasions 1912-1951 (Philosophie, Ts 213, § 86-93 ; G.E. Moore, *Wittgenstein's Lectures, 1930-1933* ; « Notes on Private Experience and

Sense-Data »; « Notes for the "Philosophical Lecture" »; « The Language of Private Experience and Sense-Data »; « Lectures on the Freedom of the Will »), Cambridge, Hackett, 1993, trad. fr. J.-P. Cometti, *Philosophica I* (L. Wittgenstein, Philosophie (Ts 213, § 86-93); G.E. Moore, *Les cours de Wittgenstein en 1930-33*), Mauvezin, TER, 1997; trad. fr. E. Rigal, *Philosophica II* (« Notes pour le cours sur l'expérience privée et les *sense-data* »; « Le langage de l'expérience privée et des *sense-data* »; « Notes pour la "Conférence philosophique" »), Mauvezin, TER, 1999; trad. fr. A. Soulez, *Leçons sur la liberté de la volonté*, Paris, PUF, 1998.

Eine Philosophische Betrachtung, *Schriften 5*, Frankfurt a. M., Suhrkamp, 1984.

Wittgenstein's Lectures on the Foundations of Mathematics, Cambridge 1939, London, Harvester Press, 1976, trad. fr. E. Rigal, *Cours sur les fondements des mathématiques, Cambridge 1939*, Mauvezin, TER, 1995.

Bemerkungen über die Grundlagen der Mathematik, *Schriften 6*, Frankfurt a. M., Suhrkamp, 1984, trad. fr. M.-A. Lescourret, *Remarques sur les fondements des mathématiques*, Paris, Gallimard, 1983.

Philosophische Untersuchungen, *Schriften 1*, Frankfurt a. M., Suhrkamp, 1984, trad. fr. E. Rigal (dir.), *Recherches philosophiques*, Paris, Gallimard, 2004.

Bemerkungen über die Philosophie der Psychologie (I), *Schriften 7*, Frankfurt a. M., Suhrkamp, 1984, trad. fr. G. Granel, *Remarques sur la philosophie de la psychologie (I)*, Mauvezin, TER, 1989.

Bemerkungen über die Philosophie der Psychologie (II), *Schriften 7*, Frankfurt a. M., Suhrkamp, 1984, trad. fr. G. Granel, *Remarques sur la philosophie de la psychologie (II)*, Mauvezin, TER, 1994.

Wittgenstein's Lectures on Philosophical Psychology 1946-47, London, Harvester Press, 1988, trad. fr. E. Rigal, *Les cours de Cambridge 1946-1947*, Mauvezin, TER, 2001.

Letzte Schriften über die Philosophie der Psychologie (I), *Schriften 7*, Frankfurt a. M., Suhrkamp, 1984, trad. fr. G. Granel, *Etudes préparatoires à la 2e partie des Recherches philosophiques*, Mauvezin, TER, 1985.

Letzte Schriften über die Philosophie der Psychologie (II), Das Innere und das Äussere, Oxford, Blackwell, 1992, trad. fr. G. Granel, *L'intérieur et l'extérieur, Derniers écrits sur la philosophie de la psychologie (II)*, Mauvezin, TER, 2000.

Bemerkungen über die Farben, *Schriften 8*, Frankfurt a. M., Suhrkamp, 1984, trad. fr. G. Granel, *Remarques sur les couleurs*, Mauvezin, TER, 1984.

Über Gewissheit, *Schriften 8*, Frankfurt a. M., Suhrkamp, 1984, trad. fr. J. Fauve, *De la certitude*, Paris, Gallimard, 1976.

Zettel, *Schriften 8*, Frankfurt a. M., Suhrkamp, 1984, trad. fr. J. Fauve, *Fiches*, Paris, Gallimard, 1971.

Vermischte Bemerkungen, Schriften 8, Frankfurt a. M., Suhrkamp, 1984, trad. fr. G. Granel, *Remarques mêlées*, Mauvezin, TER, 1984.

Wittgenstein. Conversations 1949-1951, O.K. Bouwsma, Cambridge, Hackett, 1986, trad. fr. L. Raïd, *Conversations avec Wittgenstein (1949-1951)*, Marseille, Agone, 2002.

Textes originaux

Les références au *Nachlaß* respectent la classification établie par G.H. von Wright, « The Wittgenstein Papers », *Wittgenstein*, London, Blackwell, 1982, trad. fr. E. Rigal, « Les papiers de Wittgenstein », *Wittgenstein*, Mauvezin, TER, 1986. Le *Nachlaß* a été consulté dans les trois éditions suivantes :

Ludwig Wittgenstein, Wiener Ausgabe Gesamtwerk, Herausgegeben von M. Nedo, Wien, Springer Verlag, 1994-1996 (*Band 1-5*).

L. J. Wittgenstein's Nachlaß, Cornell, Start, Microfilm by Photo Science of Cornell University, 1968.

Wittgenstein's Nachlaß, The Bergen Electronic Edition, Oxford, Oxford University Press, 1998.

Ouvrages sur Wittgenstein

ANSCOMBE G.E.M., *An Introduction to Wittgenstein's Tractatus*, Philadelphia, University of Pennsylvania Press, 1959.

BAKER G.P. and HACKER P.M.S., *Scepticism, Rules and Language*, Oxford, Blackwell, 1984.

– *Wittgenstein's Philosophical Investigations*, vol. 1 de *An Analytical Commentary on Wittgenstein's Philosophical Investigations*, Oxford, Blackwell, 1980.

– *Wittgenstein. Meaning and Understanding*, vol. 1 de *Essays on the* Philosophical Investigations, Oxford, Blackwell, 1992.

– *Wittgenstein. Rules, Grammar and Necessity*, vol. 2 de *An Analytical Commentary on Wittgenstein's Philosophical Investigations*, Oxford, Blackwell, 1985.

BLACK M., *A companion to Wittgenstein's « Tractatus »*, Cambridge, Cambridge University Press, 1964.

BOUVERESSE J., *Dire et ne rien dire*, Nîmes, J. Chambon, 1997.

– *Essais III. Wittgenstein et les sortilèges de l'esprit*, Marseille, Agone, 2003.

– *La force de la règle*, Paris, Minuit, 1987.

– *Le mythe de l'intériorité*, Paris, Minuit, 1981.

– *Philosophie, mythologie et pseudo-science. Wittgenstein lecteur de Freud*, Combas, Éditions de l'Éclat, 1991.

– *La rime et la raison*, Paris, Minuit, 1973.

BUDD M., *Wittgenstein's Philosophy of Psychology*, Routledge, London, 1989.

CAVELL S., *The Claim of Reason*, Oxford, Oxford University Press, 1979, trad. fr. S. Laugier et N. Balso, *Les voix de la raison*, Paris, Seuil, 1996.

– *This New Yet Unapproachable America: Essays after Emerson after Wittgenstein*, Frederick Ives Carpenter Lectures, 1987, trad. fr. S. Laugier, *Une nouvelle Amérique encore inapprochable*, Combas, Éditions de l'Éclat, 1991.

COOK J.W., *Wittgenstein's Metaphysics*, Cambridge, Cambridge University Press, 1994.

DILMAN I., *Induction and Deduction*, Oxford, Blackwell, 1973.

EDWARDS J.C., *Ethics Without Philosophy. Wittgenstein and the Moral Life*, Tempa, University Press of Florida, 1982.

FAVRHOLDT D., *An Interpretation and Critique of Wittgenstein's Tractatus*, Copenhaguen, Munskgaard, 1967.

GLOCK H.-J., *A Wittgenstein Dictionary*, Oxford, Blackwell, 1996.

HACKER P.M.S., *Insight and Illusion*, Oxford, Clarendon Press, 1986.

– *Wittgenstein. Meaning and Mind*, vol. 3 de *An Analytical Commentary on Wittgenstein's Philosophical Investigations*, Oxford, Blackwell, 1990.

– *Wittgenstein. Mind and Will*, vol. 4 de *An Analytical Commentary of the* Philosophical Investigations, Oxford, Blackwell, 1996.

HALLETT G., *A Companion to Wittgenstein's Philosophical Investigations*, London, Cornell University Press, 1977.

HINTIKKA J. et M., *Investigating Wittgenstein*, Oxford, Blackwell, 1989; trad. fr. M. Jawerbaum et Y. Pesztat, *Investigations sur Wittgenstein*, Bruxelles, Pierre Mardaga, 1986.

KIENZLER W., *Wittgensteins Wende zu seiner Spätsphilosophie 1930-1932*, Frankfurt a. M., Suhrkamp, 1997.

KRIPKE S., *Wittgenstein. On Rules and Private Language*, Oxford, Blackwell, 1982, trad. fr. Th. Marchaisse, *Règles et langage privé*, Paris, Seuil, 1996.

MARION M., *Wittgenstein, Finitism and the Foundations of Mathematics*, Oxford, Clarendon Press, 1998.

SCHULTE J., *Erlebnis und Ausdruck*, Wien, Philosophia Verlag, 1987.

SOULEZ A., *Essai sur le libre jeu de la volonté*, Paris, PUF, 1998.

STERN D.G., *Wittgenstein on Mind and Language*, Oxford, Oxford University Press, 1995.

TRAVIS Ch., *Les liaisons ordinaires. Wittgenstein sur la pensée et le monde*, trad. fr. B. Ambroise, Paris, Vrin, 2003.

– *The Uses of Sense*, Oxford, Clarendon Press, 1989.

WRIGHT C., *Wittgenstein on the Foundations of Mathematics*, Massachusetts, Harvard University Press, 1980.

Ouvrages collectifs. Anthologies. Recueils d'articles

ANSCOMBE G.E.M., *Metaphysics and the Philosophy of Mind, The Collected Papers of G.E.M. Anscombe*, vol. 2, Oxford, Blackwell, 1981. [1]

BOUVERESSE J., *La parole malheureuse*, Paris, Minuit, 1971. [2]

— LAUGIER S., ROSAT J.-J. (éd.), *Wittgenstein, dernières pensées*, Marseille, Agone, 2002. [3]

CHAUVIRÉ Ch., LAUGIER S., ROSAT J.-J. (éd.), *Wittgenstein : les mots de l'esprit*, Paris, Vrin, 2001. [4]

COPI I.M., BEARD R.W. (ed.), *Essays on Wittgenstein's* Tractatus, London, Routledge, 1966. [5]

CRARY A., READ R. (ed.), *The New Wittgenstein*, London, Routledge, 2000. [6]

DIAMOND C., *The Realistic Spirit. Wittgenstein, Philosophy, and the Mind*, London, MIT Press, 1995. [7]

DUMMETT M., *Truth and Other Enigmas*, London, Duckworth, 1978. [8]

EDWARDS P. (ed.), *The Encyclopedia of Philosophy*, London, Macmillan, 1967. [9]

GALE R.M. (ed.), *The Philosophy of Time*, London, Macmillan, 1968. [10]

HALE B., WRIGHT C. (ed.), *A Companion to the Philosophy of Language*, Oxford, Blackwell, 1997. [11]

HOLTZMAN S.H., LEICH C.M. (ed.), *Wittgenstein : to Follow a Rule*, London, Routledge & Kegan Paul, 1981. [12]

MCCARTHY T., STIDD S.C. (ed.), *Wittgenstein in America*, Oxford, Clarendon Press, 2001. [13]

MCDOWELL J., *Meaning, Knowledge and Reality*, London, Harvard University Press, 1998. [14]

– *Mind, Value and Reality*, London, Harvard University Press, 1998. [15]

PHILLIPS D.Z., WINCH P. (ed.), *Wittgenstein. Attention to Particulars*, New York, Saint Martin's Press, 1989. [16]

SHANKER St. (ed.), *L. Wittgenstein. Critical Assessments*, 4 vol., London, Croom Helm, 1986. [17]

SLUGA H., STERN D. (ed.), *The Cambridge Companion to Wittgenstein*, Cambridge, Cambridge University Press, 1996. [18]

SOULEZ A. (éd.), *Dictées de Wittgenstein à Waismann et pour Schlick II. Etudes critiques*, Paris, PUF, 1997. [19]

– *Manifeste du Cercle de Vienne et autres écrits*. Carnap, Hahn, Neurath, Schlick, Waismann, Wittgenstein, (1926-1933), Paris, PUF, 1985. [20]

— SEBESTIK J. (éd.), *Wittgenstein et la philosophie aujourd'hui*, Paris, Klincksieck, 1992. [21]

WINCH P. (ed.), *Studies in the Philosophy of Wittgenstein*, London, Routledge & Kegan Paul, 1969. [22]

WRIGHT VON G.H., *Wittgenstein*, Oxford, Blackwell, 1982, trad. fr. E. Rigal, Mauvezin, TER, 1986. [23]

Articles [1]

ALBRITTON R., « On Wittgenstein's Use of the Term "Criterion" », dans [17], vol. 2, p. 183-193.

ALVA NOË R., « Wittgenstein, Phenomenology and What It Makes Sense to Say », *Philosophy and Phenomenological Research*, vol. LIV, 1, mars 1994, p. 1-42.

ANSCOMBE G.E.M., « The Reality of the Past », dans M. Black (ed.), *Philosophical Analysis*, New York, Ithaca, 1950; repris dans [1], p. 103-119.

– « Memory, Experience and Causation », dans H.D. Lewis (ed.), *Contemporary British Philosophy*, London, G. Allen & Unwin, 1974; repris dans [1], p. 120-130.

BAKER G., « Criteria: A New Foundation for Semantics », dans [17], vol. 2, p. 194-225.

BAR-HILLEL Y., « Indexicals Expressions », *Mind*, vol. LXIII, n° 251, juillet 1954, p. 359-379.

BLACK M., « The Direction of Time », *Analysis*, t. XIX, janvier 1959, p. 54-63.

BOUVERESSE J., « La notion de "grammaire" chez le second Wittgenstein », *Revue Internationale de Philosophie*, 88-89, 1969; repris dans [2], « La compétence, l'usage et l'usage de la compétence », p. 227-246.

BOUWSMA O.K., « The Mystery of Time », *Journal of Philosophy*, vol. LI, n° 12, juin 1954, p. 341-363.

BUTLER R.J., « A Wittgensteinian on "The Reality of the Past" », *The Philosophical Quaterly*, vol. 6, n° 24, juillet 1956, p. 304-314.

CAVELL S., « The Availability of Wittgenstein's Later Philosophy », *Philosophical Review*, vol. 71, 1962, p. 67-93; repris dans [17], vol. 2, p. 36-57.

CONANT J., « Wittgenstein on Meaning and Use », *Philosophical Investigations*, n° 21, juillet 1998, p. 222-250.

– « Elucidation and nonsense in Frege and early Wittgenstein », dans [6], p. 174-217.

COOK J.W., « Human Beings », dans [22], p. 117-151.

DIAMOND C., « Critical Study: Wright's *Wittgenstein* », dans [7], p. 205-223.

DO CARMO SILVA C.H., « The Problem of Time in Wittgenstein », dans *Sprache, Logik und Philosophie*, Akten des vierten internationalen Symposiums, Wien, Hölder-Pichler-Tempsky, 1980, p. 469-474.

DUMMETT M., « Realism », *Synthese* 52 (1982), p. 55-112; repris dans K. Jaegwon et S. Ernest (ed.), *Metaphysics, An Anthology*, Oxford, Blackwell, 2000, p. 561-590.

– « The Reality of the Past (1969) », dans [8], p. 358-374.

– « Wittgenstein's Philosophy of Mathematics », dans [17], vol. 3, p. 121-137.

1. Lorsque l'article figure dans l'un des recueils mentionnés précédemment, nous renvoyons à celui-ci par le nombre correspondant.

FINDLAY J.N., « Time : A Treatment of Some Puzzles », *Australian Journal of Philosophy*, 19, 1941 ; repris dans [10], p. 143-162.
GALE R.M., « Is It Now Now ? », *Mind*, vol. 73, 1964, p. 97-105.
– « Indexical Signs, Egocentric Particulars, and Token-Reflexive Words », dans [9], vol. 3, p. 151-155.
– « Some Metaphysical Statements about Time », *Journal of Philosophy*, vol. LX, n° 9, April 25, 1963, p. 225-237.
HINTIKKA J., « Wittgenstein as a Philosopher of Immediate Experience », dans *L. Wittgenstein : Half-Truths and One-and-a-Half-Truths*, Dordrecht, Kluwer, 1996; trad. fr. A. Soulez et F. Schmitz, « Wittgenstein philosophe de l'expérience immédiate », dans *La vérité est-elle ineffable ?*, Combas, Éditions de l'Éclat, 1994, p. 48-72.
KENNY A., « From the Big Typescript to the Philosophical Grammar », *Acta Philosophica Fennica*, t. XXVIII, 1976, p. 41-53.
LAUGIER S., « Le sujet de la certitude », dans [3], p. 237-262.
MCDOWELL J., « Criteria, Defeasibility and Knowledge », dans [14], p. 369-394.
– « Non-cognitivism and Rule-following », dans [12], p. 141-162.
– « On "The Reality of the Past" », dans [14], p. 295-313.
– « Wittgenstein on Following a Rule », dans [15], p. 221-262.
MCEVOY J., « St Augustine's Account ot Time and Wittgenstein's Criticisms », *The Review of Metaphysics*, vol. 38, 1983/84, p. 547-577.
MC GUINESS B., « Mysticism of the *Tractatus* », *Philosophical Review*, vol. 75, 1966, p. 305-328.
PERRY J., « Indexicals and Demonstratives », dans [11], p. 586-612.
PUTNAM H., « Was Wittgenstein Really an Anti-Realist about Mathematics ? », dans [13], p. 140-194.
QUINE W.V., « Le mythe de la signification », dans *Cahiers de Royaumont, La philosophie analytique*, *Philosophie*, n° 4, Paris, Minuit, 1962, p. 139-169.
RORTY R.M., « Relations, Internal and External », dans [9], p. 125-133.
ROSAT J.-J., « Schlick, Waismann, Wittgenstein et la grammaire des lois de la nature », *Les Études philosophiques*, n° 3/2001, p. 317-333.
SCHMITZ F., « Relation interne, inférence et règle. Du *Tractatus* à "autre chose" », dans [19], p. 13-87.
SMART J.-J., « The River of Time », *Mind*, oct. 1949, p. 483-494.
SOULEZ A., « La structure d'anticipation chez Wittgenstein : une phénoménologie à part », dans *Acta du Colloque Wittgenstein* (C.I.Ph., 1988), Mauvezin, TER, 1990, p. 211-231.
– « Wittgenstein and Phenomenology or : Two Languages for one Wittgenstein », dans B. McGuinness et R. Haller (ed.), *Wittgenstein in Focus – Im Brennpunkt : Wittgenstein*, Amsterdam Atlanta, Rodopi, 1989, p. 157-183.

SPIEGELBERG H., « The Puzzle of L. Wittgenstein's *Phänomenologie* », dans [17], vol. 1, p. 222-240.

STERN D., « The Availability of Wittgenstein's Philosophy », dans [18], p. 442-476.

– « Heraclitus' and Wittgenstein's River Images : Stepping Twice in the Same River », *Monist*, vol. 74, 1991, p. 579-604.

STROUD B., « Wittgenstein and Logical Necessity », dans [17], vol. 3, p. 289-301.

SUTER R., « Augustine on Time with Some Criticisms from Wittgenstein », *Revue Internationale de Philosophie*, t. XVI, 1962, p. 378-394.

TRAVIS Ch., « Pragmatics », dans [11], p. 87-107.

WAISMANN F., « How I See Philosophy », dans H.D. Lewis, (ed.), *Contemporary British Philosophy*, London, Allen & Unwin, 1956, p. 345-380.

WIGGINS D., « Meaning and truth conditions : from Frege's grand design to Davidson's », dans [11], p. 3-28.

WILLIAMS D.C., « The Myth of Passage », dans [10], p. 98-116.

Autres ouvrages

AUGUSTIN, *Confessions*, trad. fr. P. de Labriolle, Paris, Les Belles Lettres, 1989.

AUSTIN J.-L., *Philosophical Papers*, Oxford, Oxford University Press, 1961, trad. fr. L. Aubert et A.-L. Hacker, *Ecrits philosophiques*, Paris, Seuil, 1994.

BERGSON H., *Essai sur les données immédiates de la conscience*, Paris, PUF, 1959.

– *Matière et mémoire*, Paris, PUF, 1959.

BROAD C.D., *Scientific Thought*, London, Routledge, 1952.

CARNAP R., *Der Logische Aufbau der Welt*, Berlin, Im Weltkreis-Verlag, 1928 ; trad. fr. Th. Rivain et E. Schwartz, *La construction logique du monde*, Paris, Vrin, 2002.

CAVELL S., *Must We Mean What We Say ?*, New York, Ch. Scribner's Sons, 1969.

COFFA J. A., *The Semantic Tradition from Kant to Carnap*, Cambridge, Cambridge University Press, 1991.

DESCARTES R., *Œuvres de Descartes*, Adam et Tannery (éd.), Paris, Vrin, 1996.

DRIESCH H., *Ordnungslehre. Ein System des Nichtmetaphysischen Teiles der Philosophie*, Jena, E. Diederichs Verlag, 1923.

FLASCH K., *Was ist Zeit ? Augustinus von Hippo. Das XI. Buch der Confessiones. Historisch-philosophische Studie*, Frankfurt a. M., Klostermann, 1993.

FREGE G., *Écrits logiques et philosophiques*, trad. fr. Cl. Imbert, Paris, Seuil, 1971.

– *Die Grundlagen der Arithmetik*, Hambourg, Meiner, 1988, trad. fr. Cl. Imbert, *Les fondements de l'arithmétique*, Paris, Seuil, 1969.

GALE R.M., *The language of Time*, London, Routledge & Kegan Paul, 1968.

GARDIES J.-L., *La logique du temps*, Paris, PUF, 1975.

HEGEL G.W.F., *Enzyklopädie der philosophischen Wissenschaften*, trad. fr. B. Bourgeois, *Encyclopédie des sciences philosophiques*, III. Philosophie de l'esprit, Paris, Vrin, 1988.

HÉRACLITE, *Fragments*, trad. fr. M. Conche, Paris, PUF, 1986.
HUME D., *A Treatise of Human Nature*, trad. fr. Ph. Saltel et Ph. Baranger, *Traité de la nature humaine*, Livre I, L'entendement, Paris, GF-Flammarion, 1995.
HUSSERL E., *Die Idee der Phänomenologie*, Husserliana, Bd. II, La Haye, Nijhoff, 1950, trad. fr. A. Löwit, *L'idée de la phénoménologie*, Paris, PUF, 1970.
– *Logische Untersuchungen, Zweiter Band*, I Ausdruck und Bedeutung, Husserliana, Bd. XIX/1, La Haye, Nijhoff, 1984, trad. fr. H. Elie, A.L. Kelkel, R. Schérer, *Recherches logiques*, t. 2, Paris, PUF, 1961.
– *Vorlesungen zur Phänomenologie des inneren Zeitbewusstseins (1893-1917)*, Husserliana, Bd. X, La Haye, Nijhoff, 1966, trad. fr. H. Dussort, *Leçons pour une phénoménologie de la conscience intime du temps*, Paris, PUF, 1964.
JAMES W., *The Principles of Psychology*, London, Harvard University Press, 1981.
– *Psychology : Briefer Course*, London, Macmillan & Co, 1892, trad. fr. N. Ferron, *Précis de psychologie*, Paris, Les Empêcheurs de tourner en rond, 2003.
KANT I., *Kritik der reinen Vernunft*, trad. fr. A. Delamarre et F. Marty, *Critique de la raison pure*, Paris, Gallimard, 1980.
KÖHLER W., *Gestaltpsychology*, New York, Horace Liveright, 1929, trad. fr. S. Bricianer, *Psychologie de la forme*, Paris, Gallimard, 2000.
LOCKE J., *An Essay concerning Human Understanding*, trad. fr. Coste, *Essai philosophique sur l'entendement humain*, Paris, Vrin, 1972.
MALCOLM N., *Memory and Mind*, London, Cornell University Press, 1977.
MCTAGGART J., *The Nature of Existence*, Cambridge, Cambridge University Press, 1927.
MOORE G.E., trad. fr. F. Armengaud, *G.E. Moore et la genèse de la philosophie analytique*, Paris, Kliensieck, 1985.
PRIOR A., *Past, Present and Future*, Oxford, Clarendon Press, 1967.
– *Time and Modality*, Westport, Greenwood Press, 1957.
QUINE W.V., *Word an Object*, Massachusetts, MIT, 1960, trad. fr. J. Dopp et P. Gochet, *Le mot et la chose*, Paris, Flammarion, 1977.
RAMSDEN EAMES E., *Bertrand Russell's Theory of Knowledge*, London, Allen & Unwin, 1969.
RESCHER N., URQUHART A., *Temporal Logic*, Wien, Springer, 1971.
RICŒUR P., *Temps et récit*, 3 tomes, Paris, Seuil, 1983-1985.
RUSSELL B., *The Analysis of Mind*, London, Routledge, 1995.
– *An Inquiry into Meaning and Truth*, London, Allen & Unwin, 1940, trad. fr. Ph. Devaux, *Signification et vérité*, Flammarion, Paris, 1969.
– *Mysticism and Logic and Other Essays*, Longmans, London, Green & Co, 1918 ; trad. fr. D. Vernant (dir.), *Mysticisme et logique*, Paris, Vrin, 2007.
– *Our Knowledge of the External World*, London, Allen & Unwin, 1914, trad. fr. Ph. Devaux, *La méthode scientifique en philosophie*, Paris, Payot, 2002.

– *The Philosophy of Logical Atomism*, London, Allen & Unwin, 1956, trad. fr. J.-M. Roy, *La philosophie de l'atomisme logique*, dans *Écrits de logique philosophique*, Paris, PUF, 1989.

– *An Outline of Philosophy*, London, Allen & Unwinn, 1927.

– *The Problems of Philosophy*, London, Oxford University Press, 1912, trad. fr. F. Rivenc, *Problèmes de philosophie*, Paris, Payot, 1989.

– *Theory of Knowledge*, London, Routledge, 1992 ; trad. fr. J.-M. Roy, *Théorie de la connaissance*, Paris, Vrin, 2002.

RYLE G., *The Concept of Mind*, London, Hutchinson, 1949, trad. fr. S. Stern-Gillet, *La notion d'esprit*, Paris, Payot, 1978.

SCHOPENHAUER A., *Die Welt als Wille und Vorstellung*, trad. fr. A. Burdeau, *Le monde comme volonté et comme représentation*, Paris, PUF, 1966.

SMITH Q., *Language and Time*, Oxford, Oxford University Press, 1993.

TRAVIS Ch., *Unshadowed Thought*, London, Harvard University Press, 2000.

WAISMANN F., *Logik, Sprache, Philosophie*, Stuttgart, Reclam, 1976.

INDEX NOMINUM

INDEX RERUM

TABLE DES MATIÈRES

DEUXIÈME PARTIE

LE TEMPS PSYCHOLOGIQUE ET LE TEMPS DU LANGAGE

ACHEVÉ D'IMPRIMER
EN OCTOBRE 2007
PAR L'IMPRIMERIE
DE LA MANUTENTION
A MAYENNE
FRANCE
N° 307-07

Dépôt légal : 4e trimestre 2007